U0038325

道教與佛教

傅偉勳・楊惠南 主編
蕭登福 著

東大圖書公司

《現代佛學叢書》總序

本叢書因東大圖書公司董事長劉振強先生授意，由偉勳與惠南共同主編，負責策劃、邀稿與審訂。我們的籌劃旨趣，是在現代化佛教啟蒙教育的推進、佛教知識的普及化，以及現代化佛學研究水平的逐步提高。本叢書所收各書，可供一般讀者、佛教信徒、大小寺院、佛教研究所，以及各地學術機構與圖書館兼具可讀性與啟蒙性的基本佛學閱讀材料。

本叢書分為兩大類。第一類包括佛經入門、佛教常識、現代佛教、古今重要佛教人物等項，乃係專為一般讀者與佛教信徒設計的普及性啟蒙用書，內容力求平易而有風趣，並以淺顯通順的現代白話文體表達。第二類較具學術性分量，除一般讀者之外亦可提供各地學術機構或佛教研究所適宜有益的現代式佛學教材。計畫中的第二類用書，包括⑴經論研究或現代譯注，⑵專題、專論、專科研究，⑶佛教語文研究，⑷歷史研究，⑸外國佛學名著譯介，⑹外國佛學研究論著評介，⑺學術會議論文彙編等項，需有長時間逐步進行，配合普及性啟蒙教育的推廣工作。我們衷心盼望，關注現代化佛學研究與中國佛教未來發展的讀者與學者共同支持並協助本叢書的完成。

傅偉勳　楊惠南

三版序

《道教與佛教》一書，初版於 1995 年 10 月，再版於 2009 年 9 月，今將刊出三版。由初版至再版，內容曾有大量增補，今三版將再新增第八章〈從文獻上看道教對印度本土及佛教密宗的形成與影響〉。本章係從中國的文獻著手，並引證印度、日本、大陸學者等的相關研究，來探述道教對印度本土及佛教密宗的影響。愈來愈多的史料證明，密教的興起和道教有密切關係，佛教大、小乘均無壇場儀軌，而密教有息（息災）、增（增長福慧）、懷（增長權勢成就事業）、誅（降伏魔怨）四大壇場。這些壇場科儀，有許多是受道教的影響而形成的。アジツト・ムジケルジ著、松長有慶譯《タントラ東洋の知惠》以為「在一百九十二種正規的曼陀羅裡，有六十四種的曼陀羅，是從這地區（中國）被帶過來的。」❶佛教密宗與道教的關係，在今日看來，將愈來愈清楚。

佛教起源於印度，世人稱之為小乘，其實小乘才是真正的原始佛教。小乘以三法印來做為真佛教的印證工具，以無常、苦、空、無我為一教之宗旨，用以區別敵我。大乘，其起也晚，始於西元二世紀，尤其是中國的大乘佛教，自東漢安世高譯禪學經典、支婁迦讖譯般若經，皆摘取老莊思想以譯經，受中土道家、道教的影響甚

❶アジツト・ムジケルジ著、松長有慶譯《タントラ東洋の知惠》，日本新潮社，1981 年 11 月，頁 42 至 43。

深，呂澄《中國佛學源流略講・序論一》說：「中國佛學的根子在中國，而不在印度。」❷筆者《道家道教影響下的佛教經籍》上下冊，即是以《大正新修大藏經》、《卍續藏經》及敦煌寫卷佛經為主，一一將其受中土影響的佛經摘出論述❸。

大乘佛教思想已由小乘的無常、苦、空、無我，轉而為常、樂、我、淨。二者的教義截然不同，且相互牴觸，完全不能相容。自南北朝而下，歷代學者常談論的儒、釋、道三教會通，以為三教宗旨相同，其實能和儒、道相通的佛教，是已深受中土思想影響的大乘佛教；如以小乘佛教而言，則三教無法會通。

佛教不僅小乘、大乘的基本哲學理論不同，其根本學說也存在著太多違理失真處，如因果說、六道輪迴說、世界說、十二因緣等，名目眾多。為篇幅所限，今即依其前三項，摘論其謬誤處。

一、因果說

佛教重因果，龍樹《中論・卷四》說：「眾因緣生法，我說即是無（空）；亦為是假名，亦是中道義。未曾有一法，不從因緣生，是故一切法，無不是空者。」❹此是龍樹的千古名句，《中論》約撰成中土三國魏明帝時；但如說「未曾有一法，不從因緣生」，那麼果由

❷呂澄《中國佛學源流略講》，台北，里仁書局，1985 年 1 月，頁 4。

❸蕭登福《道家道教影響下的佛教經籍》，台北，新文豐出版公司，2005 年 3 月。

❹龍樹《中論》，《大正藏》第三十冊頁 33b。

因成，如此相追溯，則組成第一果之第一「因」，是如何來的？既是第一因，必定不能再從因來，如此則此第一因將成無因之果；是則萬法由緣生，便不能成立；緣起性空說亦將成為虛妄。且可由緣起來說性「空」，亦可由緣起來說性「有」；正因為「性有」，所以可以由緣起而聚；如本空，則不可由緣成。由此也可見說「有」談「空」，兩者皆未免偏執。十二因緣以「無明」為始，為第一因，也是無因有果；且十二因緣以淫為無明，為生命之始，其說也多有可議處。

從上述，因果說不能解決第一義諦的問題。釋迦時代的因果僅限於論善惡，並不用來解釋宇宙現象。後來的佛學者則將之擴大，用來解釋所有的現象。以為在現世中，如是因未必有如是果，於是而延長為三世因果。但今世既已無法展現因果，他世和今世又有何差別？又，因果無法涵蓋所有現象，如物種的突變，人心的喜怒好惡不同，而呈現在異時所得的吉凶亦別。如古代貴重玻璃，視為七寶之一，今世則輕賤，同一物事，不同時代而貴賤有別。同理，同樣的行事作為，時移勢異，卻也貴賤有別，吉凶善惡不同；古人以淫為萬惡之首，孝為百善之先，所謂：「萬惡淫為首，百善孝為先。」今則不然，歐美人亦無此說。今再舉因果律在地獄說上的謬誤。佛教首重五逆罪，但五逆只行於一時，其入獄受苦卻不僅是一世，而是萬劫，入地獄無出期。因小果大，猶如偷小錢而判其喪大命。佛教的地獄，不是人類為人類設刑，而是憎恨人類的外太空異種對人類所設，不是因果律而是仇恨律。且如有因果律，地獄中虐殺人類的鬼類牛頭馬面，是否會受報，於是就有不同的說法出現，有一說他們是化身，不受惡報，這樣不是又違反因果律的存在了嗎？

二、六道輪迴說

佛教用六道來涵括所有有生命的眾生，所謂：天、人、阿修羅、地獄、餓鬼、畜生。以現在的分類法來看，它是沒法涵蓋所有的生命體，其中阿修羅，是印度人神話產物，餓鬼的焰口不能吞食，也僅是印度的鬼，無法涵攝所有的鬼道（中國僵屍、西洋吸血鬼），更遑論其他。六道以外的生命體甚多，外星人也是生命體，六道無法涵攝。不僅如此，佛教將世界區分有情、無情，有情為眾生，無情為器世間，把植物看做沒生命的「無情（無情識作用）」，將草木和山河大地等土石視為同類，這樣的說法，是謬誤的。植物也有生命現象，有生老病死，有喜怒哀樂，將植物看成沒生命，不符合現今的科學驗證。

三、世界說

佛教的世界觀，據《長阿含經》卷十八至卷二十二所說，是以須彌山為中心，須彌山高出水面上有八萬四千由旬；深入大海中的，也有八萬四千由旬。須彌山四周，依次被七座較小的山所圍繞著。其外為四天下，四天下即四大洲，依次東邊為「弗於逮」，北面為「鬱單越」，南面為「閻浮提」，西面為「俱耶尼」。須彌山、七重小山、四天下，彼此之間，一一皆被大海所阻隔。在四天下之外，又「有八千天下圍繞其外，復有大海水周匝圍繞八千天下。復有大金剛山，遶大海水。金剛山外，復有第二大金剛山。」❺金剛山，有的經典也譯作「鐵圍山」。以上為一個世界。一千個像上述所說的世界（即千個須彌山，千個七小山，千個四天下及金剛山等），稱為一「小千世界」，千個小千世界，稱為「中千世界」，千個中千世界，稱為「大千世界」。因為「大千世界」它包涵三個千，所以也稱為「三千大千世界」。天堂在須彌山一半（四天王天）以上，包括須彌山上之虛空。地獄在兩大鐵圍山之間（十寒地獄）及須彌山海底下（八熱地獄）。有關佛教的世界說，詳見筆者《漢魏六朝佛道兩教之天堂地獄說》❻。

佛教的世界說，完全是古印度人在未能了解整個世界真實情形下所做的描述，猶如中國的大九州說、四海說，都與事實差距甚遠。

佛教在基本理論上的謬誤甚多，不能一一細論，甚至連深被人喜愛的《金剛經》，也有不少謬誤處。舉例而言，自唐·慧能而後，世人每以《金剛經》:「應無所住而生其心」為至理名言。其實「心」是指心思、思惟，是能生。既生其「心」，即是有所思惟；有所思惟，即是有思惟的對象（所生）；有思惟的對象，即是「有所住」。

---

❺語出《長阿含經》卷十九〈地獄品〉。

❻蕭登福《漢魏六朝佛道兩教之天堂地獄說》修訂版，香港，青松出版社，2013年2月。

因此以哲學理論來說，是不能「無所住而生其心」。如把此句說成：雖然有所住，但不加以執著。那麼和《論語・子罕篇》孔子所說「毋意、毋必、毋固、毋我」有何不同？且「無所住而生其心」，就猶如《列子・仲尼篇》引公孫龍所說：「有意不心」。只是名相定義之爭罷了，並不是什麼了不起的話語。「有意不心」中的「意」是指「意念」，「心」是指「思惟」；「意」、「心」的關係，猶如「白馬」和「馬」一樣。「白馬」可以是「非馬」，「有意」當然可以「不心」。「有意不心」在哲理上尚且比「無所住而生其心」來得合邏輯。名家的「有意不心」受到攻擊，《金剛經》中的「無所住而生其心」這句話，卻因六祖慧能因此悟道的關係，成為佛徒重要的名言，想想它和《列子》的「有意不心」，有何分別呢？待遇何以會有如此的不同？不僅如此，《墨子・小取》說：「夫且讀書，非讀書也。好讀書，好書也。且鬥雞，非鬥雞也。好鬥雞，好雞也。且入井，非入井也。止且入井，止入井也。且出門，非出門也。止且出門，止出門也。世相與共是之。若若是，且夭，非夭也，壽夭也。有命，非命也。非執有命，非命也，無難矣。此與彼同類。」與《金剛經》：「所謂眾生，非不眾生，是名眾生。」同其繚繞。又，《金剛經》不可以音求如來，不可以形求如來，無所去無所來等說，所言「如來」其實即是老莊「道體」之說。小乘（原始佛教、正統佛教）無此，大乘受中國老莊道體論道物一體的影響，而有眾生皆有佛性之說，也把「道」神格化為「如來」。

宗教皆有其存在的理由，在中國，儒、釋、道三教已成為華人習俗及哲理思維的根源所在。但其中的釋教，是受中土文化深遠影響的大乘佛教，而不是原始佛教的小乘佛教。就大乘佛教而言，正如呂澄所說，其根子在中國而不在印度。

蕭登福

謹序於 2022 年 11 月 11 日

再版序

《道教與佛教》一書，是西元 1994 年應臺大哲學系楊惠南教授之邀而撰寫的，至今已十餘年了，臺灣有些大學在介紹佛、道兩教時，曾以此書為教材；筆者在香港、馬來西亞、新加坡等地看過書店販售此書，也曾在《星洲日報》及網站上看到星、馬華人引用筆者所說中元節的來源來做討論。可見佛、道兩教的論題，目前依然是華人社會中所關注的事情。佛、道兩教，原為華人社會常見的宗教，迭有興衰，近日佛教勢力的大盛，其實是始於民初太虛和尚的宗教改革，太虛參考西方的宗教，改革教義、改革組織、財產公有化，倡導現代佛教、人間佛教，自此之後佛教由遠離人群，閉關自修的宗教，逐漸走向人間，走向生活化；不僅如此，今日佛教在教義上也較過去的佛教寬容，逐漸把媽祖信眾、關帝信眾拉入佛教範圍中，其影響力大增。魯迅在西元 1918 年寫信給許壽裳時曾說：「中國根柢全在道教。」❶這句話可能隨著佛教僧伽集團的努力而有所改變，只是這樣的改變，對華人的民族性而言，是好是壞，則值得深思。

世界上不同的宗教，造就不同的習俗、文化與思維模式。宗教對一個國家的興衰，常帶有決定性的影響。猶太人能在亡國二千年後再度立國，使猶太人凝聚在一起，不因流浪各國而被同化，其中

---

❶《魯迅全集》第九卷頁 285，人民文學出版社西元 1958 年出版。

猶太教的信仰，應是主因。今日以美國為首的西方國家和阿拉伯國家的對抗，基本上也是基督教文明和回教文明兩種不同宗教的抗爭。因此在人類尚不能擺脫宗教束縛下，慎選自己民族所適合的宗教，去蕪存菁，才能使民族更加昌盛，並促進國家發展，進而使全人類都能更團結、和諧，這樣的宗教才是我們想要的宗教，也才是適合全人類的宗教。

以存在於中國的佛、道教而言。道教是和中國文化一起成長的宗教。古老的宗教，尤其是一個民族長期發展出來的宗教，往往找不到教主，新興的宗教才有教主。舉例來說，佛教的教主是釋迦，但隨印度文明發展而來的婆羅門教，卻無法說出它的教主；中國的道教也是如此。再擴之，猶太教、古埃及的宗教等等，都是一個民族長期發展出來的，無創教教主可言。道教認為生命來自高貴的道體，所謂道生德畜，物形勢成❷；以生為貴，樂生養生；甚而想以人類之力來延生、長生，認為「我命在我不在天」。早期主張三命（正命、遭命、隨命）及重視道法自然；以安國濟眾者為神，以積善修煉者為仙。《禮記．祭法篇》所言的法施於民、以死勤事、以勞定國、能禦大災、能捍大患者，死後都將成神，受後人供祀。這類神，即是道廟中常見供奉的忠臣烈士，或為國為地方盡力犧牲的鄉賢。

相對的，佛教以生為苦，以為生命來自無明起行，由淫穢而後

❷《老子．五十一章》:「道生之，德畜之，物形之，勢成之。」

有名色、六入，而後有生、老、病、死。以四諦、十二因緣、六度為修道之方，強調因果輪迴，倡導忍辱、布施及一心唸佛。較偏重個人修行，而不是以為國為民犧牲為得道成神❸。尤其過度的強調忍辱、布施，造成了捨身餵虎、割肉飼鷹等殺一人命，以救一物命的愚施。三國．康僧會譯《六度集經》中所敘述的眾多「布施」故事，大都屬於愚施愚忍，甚至是背天理而行者，如〈須大拏經〉敘述釋迦前世的須大拏太子，逼棄自己二子為別人奴，二子逃走，被太子尋回，二子「抱父戰慄涕泣」，但依舊再被布施予梵志，其後更將己妻布施給梵志為婦；這些都是極度泯滅人性的做法，為求布施之美名，將子女、妻子贈予別人；使妻子、子女受盡苦痛，以求一己之果報，悖逆倫常，且是不可思議的做法，卻被《本生經》等愚經的作者所極度稱揚，以為可以「獲如來無所著正真道、最正覺道法御、天人師、獨步三界、為眾聖王」。佛經中太多的忍辱故事，如《六度集經．卷五．忍辱度無極章第三》所述自稱忍辱者，被王斷手腳耳鼻而不起瞋恨，終於因忍辱感動天神。經中以能忍辱為美者，也大都負面者多。過度的倡導忍辱，將使民族性改變成逆來順受，

---

❸有關佛道二教的差異，詳見筆者〈試論佛道二教之初期交會，兼論二教對「淫慾」與「生命」的看法〉，收入華梵哲學系主編《第六次儒佛會通論文集》下冊頁45～73，華梵大學西元2002年7月出版。該文又收入筆者《道家道教與中土佛教初期經義發展》附錄，上海古籍出版社西元2003年9月出版。

不敢向不合理的強權抗爭，只能讓對方「多行不義必自斃」；但如果大家都忍辱，有誰來執法讓他「自斃」呢？

佛教創自釋迦，在釋迦死後，一般經典將之區分為正法、像法、末法三個時期，佛經中對三期的說法不一，或說各一千年；或說正法五百，像法一千，末法一萬年。但不管三期時間的長短，小乘佛教才是正統的佛法，才是正法；大乘佛教已經是像法、末法的產物，尤其傳播到中國來的大乘佛教，吸收了中國道家道體論，把小乘無常、苦、空、無我，不承認有真我存在；轉變成常、樂、我、淨的彌陀淨土，認為有真常不變的真我存在（如來藏真常心）；已遠離釋迦三法印或四法印（諸行無常、諸法無我、一切皆苦、涅槃寂靜）的說法。中國的大乘，其中所雜「邪說異端」最多，是外道的教派。但中國大乘卻反過來自稱自己才是真正的佛法，能度大眾的「大乘」，並把正法時代釋迦所傳者蔑視為自了漢的「小乘」，把末法教派當成佛教正宗來弘揚。大乘佛教起於西元二世紀以後，中國的大乘佛經都是西元二世紀（東漢）後才撰造出來的，距離釋迦時代（春秋）已極遙遠，這期間未聞有降鸞、扶乩，亦未見有釋迦出世，而仍執著於「佛說」，則大乘之佛說已非佛說。其實小乘、大乘、密宗三者之間的差異，親自到斯里蘭卡、新加坡、馬來西亞、西藏等地，實地觀察，不難看出差別。星馬一帶華人接觸過小乘佛教者，大都能知道小乘是否定真我，不承認有真我的存在。而東南亞的馬來西亞，是多種族組合成的國家，在其境內可以看到印度教、小乘佛教、中國大乘佛教、道教、一貫道、回教、基督教等等不同宗教廟宇，這些宗教由他們各自的廟宇建築、所祀神祇、供養儀式等等，都可以看出明顯差別。中國的大乘佛教和印度教、小乘佛教，不管廟宇外貌、所祀神祇形貌、供品及儀式等，都有極大不同，已遠離釋迦所傳的佛教。

佛教自十二世紀回教入侵印度後，基本上在印度已消失，消失的原因近世學者討論者多，但佛教襲取婆羅門教及其他教派的說法已成已說，雖有自己特色，婆羅門教的成分居多，構成佛教最重要因素的因果、輪迴說，即出自婆羅門教，佛教無法取代婆羅門教，這應也是佛教消失的原因之一。再者，上層知識份子不易信教，下層民眾習於傳統婆羅門教之因果輪迴與神祇信仰，並以此為基底，綜匯其它印度各教派學說而形成今日的印度教，成為多數印度民眾信仰的宗教❹，這應也是佛教在印度自西元十二世紀後消失的另一原因。今日臺灣的佛教徒雖不斷企圖把中國大乘佛教輸入印度，雖然中國大乘佛教也仍保有因果、輪迴等說，但畢竟雜入太多中國的哲學思維，已和印度的文化、宗教有所不同，能否在印度發揚光大，可能還要看臺灣佛徒傳教能力及其與印度教合流的程度而定了。

佛、道教在中國長期以來雖有抗爭，大抵尚能並存共榮；尤其

---

❹今日之印度教，是以古印度婆羅門教為基礎，而吸收了佛教、耆那教和民間信仰而成的宗教，也稱為新婆羅門教。說法見吳永年、季平著《當代印度宗教研究》第二章頁39，上海外語教育出版社西元1998年10月出版。

自宋元以下，三教合一思想盛行，使中國能走向中庸之道而不偏頗。但今日的佛教，自太虛而後，開始出現現代佛教、人間佛教、生活佛教等名相，在改革教義、有效的組織及宣教下，正逐步使三教歸為一教。早在明末，羅清五部六冊成立的羅教，即是以佛為主來融匯道教及儒教，倡導在家眾修行佛法的方式，其說和今日的生活佛教很類似，差別僅是倡導者為在家眾和出家眾的不同。但羅清在家眾的教派大盛後，卻常遭到同時期的名僧憨山德清、蓮池袾宏、紫柏真可的弟子道開等，以佛教正統自居的僧人所圍攻，斥為假正助邪的異端❺。由羅教轉化而來的一貫道，在西元 1946 年傳入臺灣，西元 1953 年起被視為邪教，長期來在臺灣被佛教僧侶發表文章及利用當時政府來加以攻擊取締，如臺北佛教書局出版的釋回明《暗路明燈》、釋宏妙《天道真傳》、施文塗《歧路指歸》，佛徒並向政府檢舉一貫道的活動等等❻，逼得一貫道在西元 1964 年起，以道教支派的名義，躲入道教中❼。這些強調在家行佛，主張會通三教的新興教派，自明末至民國，長期來被佛徒「高僧」視為邪教異端。但今日的人間佛教、生活佛教，強力吸收臺灣媽祖信徒，將媽祖視為佛徒，倡導隨媽祖行佛法，如此的宗教觀，和新興宗教的會通三教，

❺馬西沙、韓秉方著《中國民間宗教史》第五章頁 184～185，上海人民出版社西元 1992 年 12 月出版。

❻宋光宇《天道鉤沈》第四章頁 25，臺北元祐出版社西元 1984 年再版。

❼宋光宇《天道鉤沈》第二章頁 9～10，臺北元祐出版社西元 1984 年再版。

已逐漸接近，是思想的進步，還是別有用意？但可以預見的，佛教僧侶這樣的做法，可以昌大自己的勢力範圍。而在跟隨媽祖行佛法之後，接著也可能出現跟著佛教護法伽藍關帝行佛法。於是很快的，可以把佛教變成華人社會的唯一宗教；也可以預見不注重改革、不注重組織與宣教的道教，將會快速流失，不久將會因缺乏組織與宣教而終歸消失。而華族長期來受道教影響，以生為貴，樂生養生；尊崇能勤事、定國、禦災、捍患者為神，鼓勵世人為民為國犧牲奉獻的華族精神，將會因此而有所改變。代之而起的，是佛教以生為苦，以忍辱、布施、唸佛為行道，並認為佛教及印度是自己的文化母國，中國的文學、哲學都是受佛教思想影響而形成的；如此將會影響華族人的人生觀與習俗，華人的民族性將會因此而改變，但是否會改得比較好？很耐人尋思。

再者，不同的教徒，會產生各種不同的認同心態，西方天主教、基督教徒，尊重教皇其人，以耶路撒冷為聖地；中東及全球的回教徒，終生以朝拜麥加為職志；亞洲的佛教徒，對印度有信仰上的情感依賴，以釋迦說法、行道處為聖蹟。同樣的，道教產生於中土，形成中華文化最深沈的根柢，也曾是華人社會最主要的宗教信仰，散居世界的華人，會有前往中國尋根謁祖的認同感。這些可以看出宗教跟國家民族的關係密切，甚至關係著國家的興衰存亡。但隨著時移勢變，在今日的華人社會中，道教已逐漸在流失，逐漸被其它宗教所取代，華人對自己固有文化、習俗的認同感，也將逐漸消失。

臺灣佛教，早期盛行生活化的齋教，今日所見的佛教，是民國初年太虛改良佛教所奠定下來的，有別於齋教，也有別於傳統佛教，姑稱之為現代佛教。佛教由小乘、大乘、密教，而至今日的現代佛教（人間佛教、生活佛教），共有四大時期，都在隨順時代而改變。反觀道教，雖存在於中國民間，但缺乏組織與改良者，所見的只是糟粕，在今日競爭的時代中，將因缺乏競爭力而被淘汰消失。將來，「中國根柢全在道教」將迅速的轉而為「中國根柢全在佛教」，中國的民族性將會隨之而改變。中國的佛教徒，心態上以印度為文化母國；這種情形，在筆者所參加的學術研討會上，遇到佛經和中國思想相同處，佛學者即據佛經以為是中國受印度影響，完全無法想像是華人的文化會影響佛教，這種否定自己民俗文化、喪失民族自信心的情形，處處可見。

佛教以生為苦，以因果和輪迴為說，強調忍辱、布施，而太強調因果及愚忍、愚施，它所造成的負面影響相當大；印度的種性制度數千年來未改，因果輪迴說是主因。西藏人棄今生，以嚮往佛土為務，以來生為遠景，難以現代化，佛教的因果說不無關係。況且因果說並非正理，《中論．卷四．觀四諦品》第十八偈說：「眾因緣生法，我說即是無，亦為是假名，亦是中道義，未曾有一法，不從因緣生，是故一切法，無不是空者。」❽龍樹由因果（因緣）入手來說空，但既是「空」，何以會產生「有」？佛經中都以「自然」來

❽《大正藏》第三十冊頁 33 中。

解說「空」、「有」間真空生妙有的狀態及第一義諦的存在情況，而不用「因果」為說。這是因為在第一義諦上，「因果」說主張「果」由「因」成，輾轉相尋，無法解釋第一因如何產生的問題。第一因如是因果所成，則必又有其因，既有其因，則非第一因；如第一因前無因果，則此第一因終成無「因」有「果」之矛盾，所以譯經師改採道家道教「自然」之說，以補其缺。這種情形，從支婁迦讖（如《佛說伅真陀羅所問如來三昧經》）、竺法護（如《佛說海龍王經》）等大量的譯經中❾，不難看出來。實者「自然」是自己如此，否定因果，和「因果」的果由因成，是相矛盾的說法，而卻同時出現在中土大乘佛經中，大乘經的雜亂可知。

人類如無法擺脫宗教，處在今日競爭的社會中，知識份子須共同來思考，如何改良華人現有的宗教，並建立適合現今社會與未來社會的宗教，此時應是最適當的時機了。華人社會長期來受儒、釋、道三教的影響，如能由儒、釋、道三教中，截長補短，綜匯成可以適合民族性的宗教，當能更便利。猶如印度以從古以來的婆羅門教為主，融合耆那教、佛教等，最後匯歸成現在的印度教一般。在歷史洪流中，融匯三教為一的做法，在宋代已開始，明代羅教及現代的一貫道，都曾努力過；今日佛教的接受媽祖、關帝信眾，把媽祖視為佛徒，把關帝視為守門的伽藍，雖是對媽祖及關帝的一大不敬，

❾參見筆者《道家道教影響下的佛教經籍》附錄三，頁 1184～1207，新文豐出版公司出版。

但往好的方面看，也有三教合一的意味在；筆者希望未來的走向，是以華族文化習俗為主流來做融匯，才能保留華族樂生、貴生、養生，為國為民、犧牲奉獻的傳統精神。

蕭登福謹予於

西元 2009 年 8 月 20 日

臺中大里

自 序

道、佛二教是影響國人生活最為深遠的兩大宗教。這兩大宗教，一屬本土，一為外來。佛教初期，多依附道教；道教後來也頗採佛說；兩者最後皆在中國生根發展。

就道教來說，始自戰國時齊威、燕昭之倡導，經秦皇、漢武等帝王之揄揚，再經六朝名士之愛尚，至唐、宋、明三代而被奉為國教，道教可以說已根深蒂固的生長於中國土地上了；在這長期的孕育、發展過程中，不管壇儀與義理，都自有它的完整體系與可看的一面。但在元、清二代時，由於當時帝王的揚佛而抑道，尤其清世大倡喇嘛教，道教明顯的受到抑制，於是歷經清代長達二百多年來的長期束縛下，遂使得道教逐漸式微。今日道教雖在民間仍擁有廣大信徒，但其理論與科儀則逐漸喪失，所存者僅是糟粕而已。今日的社會中，不僅像淮南王、嵇康、王羲之、葛洪、陶弘景、周敦頤、朱熹、俞正燮等對道教有所了解的大學問家已不復見，知識分子中甚且已難得再找到幾個能了解道教義理的人。這種情形，不僅使得它無力再和佛教相抗衡，更使得世人對道教常有誤解的情形產生。這些誤解，甚至包括了認為道教只是佛教的仿襲者。

因此，今日世人談到道、佛二教，都只知道道教受佛教影響者多，卻少有知道佛教亦曾吸收道教的思想理論。因而我們如說道教影響佛教至深且巨，很少能為人所信，也很難拆除人們自設的這道藩籬。這其間的原因，是由於世人只看到佛經中，都標明某朝某人所譯，看起來像是言而有徵；而道經則大都不標明年代，難以斷定跟佛經間的前後關係。再者，國人對自己國內的歷史、學說，瞭如指掌；道經中所講的神仙名字，何時才出現，此種理論何時形成，學者大都能明白，並能指出其真偽；但對於遙遠印度的風習、歷史，卻一無所知；更加上冠以佛所說的大頭銜，於是真偽便全憑傳譯者所說而認定。

今舉例來說，如西元一世紀以後才出現的阿彌陀佛名號，佛徒卻相信他在多劫前即已存在，學者也不敢直斥它的不實；而年代出現比阿彌陀佛早的西王母、女媧，則因大家熟知中國歷史，便硬說他們是虛構的人物。正由於國人勇於自貶且諳於知彼，因此元朝佛徒慫恿帝室焚燬道經時，倡言老子只有寫過《道德經》，其他道教經典皆偽，全該焚燬；此種理由，歷來竟無人指斥其非。但我們如也以此標準來衡量佛經，那麼釋迦牟尼又何曾寫過一本佛經？再說，國人認為《老子化胡經》所說老子西出秦關入天竺，化為釋迦牟尼之事為偽，歷來焚滅該書的呼聲不斷，然而卻同意佛經說老子為摩訶迦葉所化，孔子為儒童菩薩所化，理由是它們是外譯而來的，就不會有偽❶，也不會有人要求焚燬。再如咒語，學者鄙視道教的符

---

❶佛教《造天地經》:「寶曆菩薩下生世間曰伏羲，吉祥菩薩下生世間曰女媧，摩訶迦葉號曰老子，儒童菩薩號曰孔子。」《清靜法行經》云:「佛遣三弟子震旦教化。儒童菩薩，彼稱孔丘；淨光菩薩，彼稱顏回；摩訶迦葉往，彼稱

咒；而佛教的咒語，在梵文中，原都有意義可尋的，但信徒卻認為用中國話唸不能起作用，用印度話唸就靈；關於這點，我想印度的知識分子大概也會驚訝於他們的語文，竟是梵天所用的文字，竟有消災除魔的作用；只不知用英文唸又會如何？

大家都譏詆道教攀附《老》、《莊》、《列》的思想，採用中土陰陽五行及方術之說；而卻很輕易的諒解佛教的輪迴說、因果論，是襲取印度教。且自小乘而大乘而密教，佛教不知吸取了多少當時學者、民俗及外道思想，融為己說。大小乘的差別，在教理上，已由無常、苦、空、無我，轉變為常、樂、我、淨；在哲理的訴求上，幾已完全相反，而我們卻仍然同意它們都是佛教；然而對道教卻不這樣寬容。關於大小乘的差別，我們舉一段小乘的《長阿含經》和大乘的《大般涅槃經》，同樣描述釋迦牟尼死亡的情形，就不難看出大小乘兩者的差異。《長阿含經》中，依然可以看出釋迦對生老病死的無奈，而《大般涅槃經》則全把它當做是釋迦的神通示現。這種差別，和我們看《論語》中的孔子是樸質且深具人性的，但到後來，漢儒、宋儒則逐漸把他聖化、神化的情形是相同的。

中土學者，允許佛教中吸收了其他思想、民俗所形成的後起大乘思想，為佛教主流；卻不允許道教吸收老莊思想為它的一部分。學者們更甚且把先秦至西漢的神仙信仰，稱為方士道，而把東漢．

老子。」（見《海錄碎事》十三引）釋迦的年代在老子之後，哪能遣摩訶迦葉前往中國，成為老子？更遑論伏羲、女媧遠在釋迦之前了。

張道陵改良後的神仙信仰，說是道教；嚴格區分方士道與道教，而不知張道陵只是許多改良者之一，並非創教者❷。以經典而言，在張道陵之前，已有道經存在，如《陵陽子明經》、淮南子撰寫的道書、《太平經》等。再以組織教眾而言，道教初期是由帝王倡導，如戰國時之齊威王、宣王，及其後的秦始皇、漢武帝。初期道教不是昌盛於民間，自無嚴密組織可言；但縱使是以組織教眾來看，也早在東漢初期已存在；光武帝建武十七年，卷人維汜及其弟子李廣，都曾以宗教信仰，組織信徒，聚眾造反，事見《後漢書．馬援傳》。不論經典，不論教眾的組織，甚至存思、導引、藥餌、食氣、黃白冶煉等修仙之方，都不始於張道陵；這足以說明道教不是張道陵所創。方士道和道教的差距，遠比佛教大小乘的差距小，然而學者卻

❷學者認為道教創自張道陵，並說到張道陵時，才開始以老子為道教之祖，跟道家攀上關係。其實張道陵的五斗米教，不論在修仙方法上、在神仙信仰上，均與先秦至兩漢的方士說息息相關。道教與老子的關係，以及老子被用來修仙，也都是在張道陵前，甚至在先秦時已存在，並不始自張道陵；《楚辭．遠遊》談到仙人王子喬時說：「漠虛靜以恬愉兮，澹無為而自得。」王充《論衡．道虛》說：「世或以老子之道為可以度世，恬淡無欲，養精愛氣。」這些記載都說明道教跟老子的關係在張氏之前已存在。有關這方面的探討，請參見拙作《先秦兩漢冥界及神仙思想探原》一書，西元 1990 年 8 月文津出版社出版；及拙作〈道教與道家──兼論道教創立年代〉一文，該文發表於西元 1993 年 5 月 15 日臺北淡江大學舉辦的第二屆宗教文化學術研討會。

斥道而揚佛，硬說道教創於張道陵。這種心態，都是由於國人對自己的過度貶抑、無自信；和對對方歷史文化的無知，進而盲目信仰的心理所影響。此種心態，正如曹丕《典論．論文》所說的「常人貴遠賤近，向聲背實」。

其實今日的佛教已非原始的佛教，而中國的佛教，其中更雜糅了太多中土的思想和文化；也由於這些東西的加入，才能使得佛教不像在印度一樣的遭到淘汰，更進而能壯大而屹立不搖；並由中國向韓國、日本等地傳播。

又，宗教並無貴賤與高低之別，都同樣有它安撫民眾的效力，不應各自貢高，互相排斥。佛、道兩教，既然都是由長期演變，吸收各種養分而來，且同樣在中國土地上長期成長，自然兩教會相互吸收、相互影響。然而國人則較易看出佛教對道教的影響，甚少能道出道教對佛教的影響來。筆者以為兩種文化、兩種宗教，在相互交會時，都會出現摩擦與交融的現象。更由於筆者早期的研究佛教，和近十年來的研究道教，在翻閱兩教經典時，常會看到兩者交融的情形。加上因為世人了解佛教影響於道教者多，知道道教影響於佛者少；但事實上，道教對佛教的影響，可能遠比佛教影響於道教者多。因而本書僅就世人所較少論及的道教影響於佛者，來加以論述。

又，佛教傳入中原後，或為傳教方便，或因梵僧無太多的佛經可譯，於是便會有偽造經典，及援引中土思想、習俗、物事以摻入佛經的情形出現。更由於中印的交通，實不像想像中的難；早在《史記．西南夷列傳》中，已記載商人把四川的布和邛竹杖，經由印度販賣到大夏國。是西漢時，中土商人已遠涉印度，非僅後來印度僧侶來中土而已。且據唐．玄奘《大唐西域記》卷五所載，同時代的印度戒日王已遠慕唐太宗之威名。甚且中國西漢初已有的月中玉兔傳說，唐時也出現在印度民間（見《大唐西域記》卷七〈三獸窣堵波〉及本書第三章第一節的論述）。再者，更據史籍所載，唐時，不僅印僧知道來華的路線，甚至連當時印度的戒日王都知道前往中國的道路有多條，唐．慧立本、彥悰箋《大唐大慈恩寺三藏法師傳》卷五所載，玄奘法師欲歸國時，戒日王堅留不住，說：

> 弟子慕重師德，願常瞻奉，既損他人之益，實懼於懷，任師去住。雖然，不知師欲從何道而歸？師取南海去者，當發使相送。

連印度帝王都知道往中國之路有多條，那麼彼邦的人士一定是常有往來者。中國的漢唐，都是當時國際聞名的大國，聲威遠振，印度僧侶慕名東來的，實遠比中土僧人西去的多。以此情形，而說印度不受中國影響，實在也難；而說佛經不受中國影響，則更難。更有甚者，據唐．道宣《續高僧傳．玄奘傳》所載，印度原無《大乘起信論》，玄奘「譯唐為梵」；則連中土所造佛經也有反譯回印度的情形出現。

道教影響於佛者，有儀軌上的，有哲理上的，有習俗禁忌，及鍊養術法上的。在哲理上的，如道教《太極圖》被唐代的宗密拿來解釋佛教唯識學、清代的行策用來說明禪宗曹洞宗的理論。又如莊子道體無所不在之說，對道生倡導眾生皆有佛性、《大乘起信論》標榜真如體性、隋．吉藏《大乘玄論》卷三〈佛性義〉主張草木有佛性、唐．湛然《金剛錍》以為無情有佛性等等，均有影響與啟發；甚至唐代禪宗的不立文字、明心見性、頓悟成佛等，也都與老莊的思想有關。再者，在儀軌及習俗、煉養上，道教的講經儀、壇儀、符印、星斗崇拜、安宅、葬埋、藥餌、冶煉、食氣、導引、靈籤、節慶等等，也都曾對佛經有所影響，常被佛經所襲用。而道教房中術與佛教密宗無上瑜伽，更有密切關係。本書即就這些方面，道教所影響於佛經者，來加以論述。並希望在宗教平等下，國人能拾回對自己文化的自信心。

蕭登福序於

西元 1955 年．中秋

臺中大里

道教與佛教 目次

《現代佛學叢書》總序
三版序
再版序
自　序

第一章　道教壇法科儀對佛教的影響

第一節　道教講經科儀對佛教的影響　2
一、中土儒學及道教的講經制度　3
二、中土儒講及道教說經對佛教的影響　21
第二節　道教壇場科儀對佛教的影響　29
一、道教壇場與佛教密宗金胎兩大曼荼羅　36
二、道教之壇儀禁忌與佛教壇制　41
第三節　結語　47

第二章　道教信仰、習俗、方術對佛經的影響

第一節　道教星斗崇拜及時日吉凶等信仰對佛經之影響　49
第二節　道教符、籙、印對佛經之影響　54
第三節　道教宅葬、靈籤等信仰對佛經之影響　57

第四節　道教辟穀、食氣及藥餌、冶煉等方術對佛經之影響　63
第五節　道教方技房中術與佛教密宗無上瑜伽　72
一、佛教密宗的無上瑜伽　72
二、道教房中術與佛教密宗　74
第六節　道教節慶、習俗對佛經之影響　85
第七節　結語　91

第三章　道家道教哲理思維對佛教的影響

第一節　莊子道體論與道生思想　94
第二節　莊子道體論與《大乘起信論》的真如佛性說　110
第三節　莊子道體論與吉藏《大乘玄論．佛性義》之草木有佛性說　113
第四節　莊子道體論與湛然《金剛錍》無情有佛性說　115
第五節　道家老莊對佛教禪宗的影響　118
第六節　道教《太極圖》與佛教唯識學及禪宗的關係　130
第七節　結語　142

第四章 道教司命司錄系統對佛教檢齋及善惡童子說之影響

第一節 序言 145
第二節 道教司命系統與檢校功過日期 149
一、道教司命神的演變 149
二、道教司命神吏所用以記錄的簿籍及下凡核閱人世善惡功過的日期 152
第三節 道教司命系統對佛教的影響 166
一、道教影響下的佛教司命系統及檢齋日 167
二、左右雙童、判官及善惡簿記所衍生的業簿、業鏡、業秤、檀拏幢 182
三、道教庚申會對佛教之影響 191
第四節 結語 197

第五章 道教十二獸、十二神與佛教十二藥叉神將

第一節 十二獸探源 203
第二節 十二獸與道教十二神、十二將 212
一、三十六禽 213
二、十二神 216
三、十二將 224
第三節 佛經中所見之十二獸、十二藥叉、十二因緣 230

一、北涼·曇無讖譯《大方等大集經》中所見的十二獸 230
二、智顗、湛然十二獸精物為妖說 233
三、十二藥叉神將與十二時神、十二獸、十二佛菩薩 237
四、宋·施護《十二緣生祥瑞經》中的十二因緣與十二獸 240
第四節　結語 250

第六章　道教中元節對佛教《盂蘭盆經》及目連傳說的影響

第一節　序言 259
第二節　道教中元節 263
第三節　《佛說盂蘭盆經》的真偽 275
一、中印曆法不同，道佛節慶互異 280
二、道重家族佛重個人，救贖方式各異，救贖七世父母和中土帝王立七廟有關 282
三、孝親觀念為中土特色；印土並不強調孝 290
四、此經有貶抑道士語，應出道教救贖後 292
五、此經內容與道教中元日誦唸的道經相近 292
六、此經供僧眾借以薦拔，仿自漢世三張之飯賢消災 292
七、小乘經典無此經，印度無此俗 293

八、小乘經無目連救母，目連救母是由〈優多羅母墮餓鬼緣〉所衍生出來的 294
第四節 歷代中元節慶和目連救母故事的衍變 300
第五節 結語 332

第七章 道教血湖地獄對佛教《血盆經》的影響

第一節 序言 339
第二節 道教血湖地獄 342
一、道經中的血湖地獄 342
二、血湖地獄的成因 349
第三節 佛教《血盆經》 352
第四節 結語 361

第八章 從文獻上看道教對印度本土及佛教密宗的形成與影響

第一節 序言 366
第二節 中土密教經典中所呈現的道教成分 371
一、星斗崇拜對印度密教的影響 372
二、道教符籙咒印對密教的影響 374
三、道教壇場及陰陽五行生剋說對密教壇場術儀的影響 375
四、道教修持法門及房中術對密教的影響 377
五、道教習尚及禁忌對密教的影響 381

第三節　印度學者研究中所見中土道士對印度密教形成之影響　384
第四節　結論　384
參考書目

第一章

道教壇法科儀對佛教的影響

道教和佛教在壇法科儀方面，相近者多，對於這種雷同的情形，學者向來都認為是道教採自佛教；其理由是佛經有譯作年代，有譯者姓名；且許多是在大譯經場，由多數飽學之士所組成的譯經團所斟酌譯出的；在此情形下，所譯出來的經文，不應是抄襲中土的東西，相反的是中土抄襲了佛經。其實這種論見，是由於對印度的不了解，同時也是不能以事情產生的年代先後來做具體的推論所形成的。以壇法科儀而言，道教早在秦漢之世的方士神仙時期，據史籍所載，就經常有方士向帝王進獻祭壇、科儀；而秦始皇、漢武帝時之方士鼓吹封禪，則又是祭儀中之大者。

再者，道教仿照人間帝王的政治組織與制度，來規劃教儀；所以人間有帝王將相，天界也有帝王將相；人民呈給帝王的書信稱上章，教徒給神祇的書信也稱上章。帝王舉事有一定的禮儀規範，因此道教行事也有一定的科戒儀軌。

道教的壇法科儀，既然早在道教的方士期即已具備，而佛教初期以了悟四諦、十二因緣為主，並不重視祭祀儀軌，佛教壇場祭儀談得最多最完備的，是興起於西元八世紀時的密宗；在年代上，已較道教晚了許多。因而佛道兩教在壇法科儀上的雷同，由歷史的源承看，及由所用的名相多中土物事上看，則應是佛教抄襲道教者多。今由於佛、道的各種壇法科儀眾多，難以一一比對細論；謹先論述道、佛兩教在講經方面的儀軌異同，再來論述道教壇法方面對佛教的影響。

第一節　道教講經科儀對佛教的影響

道教講經，有一定的科儀，除主講的法師（高功）之外，另有都講一人、監齋一人、侍經一人、侍香一人、侍燈一人等，各有各的職司。其中最主要的是法師的解經及都講的誦讀經文、唱讚與發問。同時在講堂上正式說經時，也有一定的步驟、科儀，如發爐、復爐，及昇座、入座、下座時讚詠。這些儀軌制度，在六朝的道書，如《洞玄靈寶齋說光燭戒罰燈祝願儀》等中，都已有詳盡的記載。

佛教的說經，除有法師解經、都講讀經外，另有香火、維那、梵唄等職。其中都講之名稱，全襲中土；而香火、維那等名稱，雖與道教異，其職司則同；且道教科儀進行時由法師執手爐行道，而佛教亦效之；道教有「定座詠」、「下座詠」，佛教也有「押座文」、「解座梵」。再者，道教經典中，對講經科儀有完整規定，而佛經中則無此科儀，僅散見於唐代僧侶及雜文與講經有關的記載中。道教的講經科儀是承繼中土兩漢以來的講經制度，在源起的年代上，比佛教始見講經的記載文獻早出甚多。因而由上述的種種情形來做推論，佛、道兩教這種講經科儀的雷同情形，應是佛教承襲道教而來，而不是道教抄襲佛教。梁．慧皎《高僧傳》卷五〈道安〉:「(道安)所制僧尼軌範、佛法憲章，條為三例：一曰行香定座，上經上講之法；二曰常日六時行道飯食唱時法；三曰布薩差使悔過等法。天下寺舍，遂則而從之。」可見在東晉．道安之前，佛教並無講經上講儀法，也沒有悔過法。而今所見的佛教講經儀法，則又都是唐宋時僧徒所記。是佛教講經法始於道安，而科儀則備於唐宋。茲再詳論於下：

一、中土儒學及道教的講經制度

A、儒家講經

道教講經，由法師主講，都講誦讀及問難；這些儀軌、制度，究其源，乃是承繼兩漢儒者說經及六朝清談、玄論的科儀而來的。尤其「都講」一詞，更是源起於漢代，純是中土的產物。再者，講經時的問難特色，亦是始於西漢。在西漢之世，儒者說經，已常有相互論難的情形出現，此風甚至是倡自帝王；更有進者，東西兩漢，都曾有帝王主持儒學會議，命人專司發問，並評斷其優劣。而以史料來看，則至遲在東漢初，儒家的說經，便已建立了制度；這種制度，如講經時有專解經文的經師，有專司誦讀、發問的「都講」；講經時，先由都講誦讀一段經文，等經師解釋完後，再誦讀下一段，依次進行。這些儒學講堂的制度，後來便形成了道教說經的儀軌。

底下先來論述兩漢說經的情形：

《漢書．儒林傳．施讎傳》：

（漢宣帝）甘露中，與五經諸儒雜論同異於石渠閣。

《漢書．儒林傳．梁丘賀傳》：

（梁丘賀）傳子臨，亦入說，為黃門郎。甘露中，奉使問諸儒於石渠。

《漢書．儒林傳．瑕丘江公傳》：

自元康始講，至甘露元年，積十餘歲，皆明習；乃召五經名儒太子太傅蕭望之等大議殿中，平《公羊》、《穀梁》同異，各以經處是非。

《後漢書》卷七十九〈儒林傳．戴憑傳〉：

正旦朝賀，百僚畢會，帝（光武）令群臣說經者，更相難詰。義有不通，輒奪其席以益通者。憑遂重五十餘席。

《後漢書》卷三十七〈丁鴻傳〉：

肅宗詔鴻與廣平王羨及諸儒樓望、成封、桓郁、賈逵等，論定五經同異於北宮白虎觀，使五官中郎將魏應主承制問難，侍中淳于恭奏上，帝親稱制臨決。

《後漢書．儒林傳．李育傳》：

（章帝建初）四年，詔與諸儒論五經於白虎觀，育以《公羊》義難賈逵，往返皆有理證，最為通儒。

《東觀漢記》(《北堂書鈔》卷九十六〈談講十三〉引)：

楊政，字子行，治《梁丘易》，與京兆祁聖先同好，俱名善說經書。京師號曰：「說經硜硜楊子行，論難幡幡祁聖先。」

上面所說，是西漢及東漢經師講經論難的情形。在西漢，由皇帝主持的大型儒學會議為宣帝時的石渠閣論議，東漢則為章帝時的白虎觀論議。會議中，除學者相互論難外，皇帝甚且派有專人質問，如漢宣帝時，梁丘臨奉命問石渠閣諸儒；東漢章帝時則是魏應承制問難。會場中，也有評斷優劣的人員，東漢的章帝則是親臨判決。

兩漢帝王所倡行的這種說經論辯方式，對一般的學者，當然也會有影響的，我們從「京師號日：『說經硜硜楊子行，論難幡幡祁聖先。』」一語，可以看出漢代一般經師的說經，常伴隨著論難。

西漢說經時雖有論難，但在當時似乎尚未成為定制，到了東漢，由文獻看來，則似乎已把它制度化了。當時一般的講經，除設有主講人外；另有專司讀誦經文和論難的人員，他也是主講的助手，稱為「都講」；這些都講在東漢，似乎都是從學塾裡最優秀的學生中選拔出來的。

《後漢書．丁鴻傳》：

> 鴻年十三，從桓榮受《歐陽尚書》，三年而明章句，善論難，為都講。

《後漢書．侯霸傳》：

> （侯霸）篤志好學，師事九江太守房元，治《穀梁春秋》，為元都講。

《後漢書．楊震傳》：

> 楊震少好學，受《歐陽尚書》於太常桓郁，明經博覽，無不窮

究。諸儒為之語曰：「關西孔子楊伯起。」常客居於湖，不答州郡禮命數十年，眾人謂之晚暮，而震志愈篤。後有冠雀銜三鱣魚，飛集講堂前，都講取魚進曰：「蛇鱣者，卿大夫服之象也。數三者，法三臺也。先生自此升矣。」

經師和都講的關係，至為密切。講經的形式，通常是先由都講誦讀一段經文，再由經師釋義，如此循環至講畢，而都講除誦讀外，也兼司發問。

漢代的都講，以史料看來，雖以誦讀經文與發問為主；誦讀，可方便經師講說，發問能引出玄義；但東漢之世，都講既由學生擔任，則發問方面，可能形成了問多而難少的現象。然而到了六朝之後，都講已不限於學生，再加上當時清談論辯之風甚盛，彼此間相互論難玄理，《世說新語》的〈言語〉、〈文學〉所載的清談論玄，可以看出時人談理時，當仁不讓，相互激辯；這種風習自然也影響了講經時的問難，使它轉為更激切；不再僅僅是問而已，駁難也漸成講經重點；同時在六朝時，講經之執事人員也逐漸增多了。《續晉陽秋》（《世說新語．言語》〈孝武將講孝經〉條，梁．劉孝標注引）：

寧康三年九月九日，帝講《孝經》，僕射謝安侍坐，吏部尚書陸納侍講，兼侍中卞耽執讀，黃門侍郎謝石、吏部郎袁宏並執經，中書郎車胤、丹陽尹王混摘句。（上述文字，諸本略有微異，此

採近人楊勇《世說新語校箋》本)

劉宋．劉義慶《世說新語．言語》云：

孝武將講《孝經》，謝公兄弟與諸人私庭講習，車武子難苦問謝，謂袁羊曰：「不問，則德音有遺；多問，則重勞二謝。」袁曰：「必無此嫌。」車曰：「何以知爾？」袁曰：「何嘗見明鏡疲於屢照，清流憚於惠風？」

《世說新語．文學》：

支道林、許掾諸人，共在會稽王齋頭。支為法師，許為都講。支通一義，四坐莫不厭心，許送一難，眾人莫不抃舞。但共嗟詠二家之美，不辯其理之所在。

《魏書》卷八十二〈祖瑩傳〉：

時中書博士張天龍講《尚書》，選為都講。生徒悉集，瑩夜讀書勞倦，不覺天曉。催講既切，遂誤持同房生趙郡李孝怡《曲禮》卷上座。博士嚴毅，不敢還取，乃置《禮》於前，誦《尚書》三篇，不遺一字。講罷，孝怡異之，向博士說，舉學盡驚。

六朝時，學者清談，常激烈的交相論辯；儒講受其影響，因此在講經時，也出現了激烈的論難。又，《續晉陽秋》中提到晉孝武帝講經時的執事人員，已有侍講、執讀、執經、摘句等職司；其中「執讀」，即開講時誦讀經文的人員；「摘句」，宋．劉應登云：「摘句者，摘其疑以問也。」是講經時發問質疑的人；至於侍講和執經，疑是整理經卷，幫忙講解經文及回答疑問的人；由其講經時執事人員的眾多，可以看出晉時儒講制度的完整。

B、道教說經

道教創自中土，是襲取中土民情風習、政治體制及禮儀而成的；在講經方面，道教也沿襲了中土經師及都講的設置；講解者為高功法師；誦讀經文、讚唄及發問者為都講。此外，維持全場秩序的為「監齋」，整理講堂經函几褥的為「侍經」；掌管講堂燒香，料理爐器的為「侍香」；掌管燈燭照明的為「侍燈」。這些講堂的職司，在道經《洞玄靈寶齋說光燭戒罰燈祝願儀》、《無上黃籙大齋立成儀》、《要修科儀戒律鈔》、《道門通教必用集》中，都有記載：

《上元金籙簡文真仙品》（《無上黃籙大齋立成儀》卷三十三第六〈釋補職〉引，見《正統道藏．洞玄部．威儀類．白字號》）云：

> 登齋威儀，當宿昔舉高功法師、都講法師、監齋一人、侍經一人、侍香一人、侍燈一人。

劉宋．陸修靜《洞玄靈寶齋說光燭戒罰燈祝願儀》(《正統道藏．洞玄部．威儀類．化字號》)：

經言：「齋時日夕，各三時燒香、悔過；唯一心聽受經法妙賾之義。」故轉經說法，像古真人教化時也。聖人傳授經教，教於世人。使未聞者聞，未知者知。欲以此法橋，普度一切人也。行道之時，故不可得亂語，論及世務，唯當請問法師經義、禁戒；法師當為解說真要。能使內外夷然，敬受經一句，則司命延加十算，後皆聰明智慧。若內外躁競，毀忤經文一句，則司命奪十算，後墮癡愚盲道。故真人不言，言必有中，言皆合於法言。人能弘道，非道弘人，此之謂也。

說戒畢，法師依舊選署眾官。眾官長跪受簡札，明日行道，各典所署。

法師：經云：「當舉高德，玄解經義。」斯人也，道德內充，威儀外備，俯仰動止，莫非法式。三界所範，鬼神所瞻。關啟祝願，通真召靈；釋疑解滯，導達群賢。

都講：經云：「才智精明，閑鍊法度。」其任也，行道時節，上下食息，先自法師，次引眾官，禮拜揖讓，皆當讚唱。

監齋：其職也，司察眾過，彈糾愆失。秉執科憲，隨事舉白。必使允當，不得隱濫。

侍經：其職也，營侍尊經，整理巾蘊、高座、几案、四座、席地，拂拭齊整，不得怠懈。

侍香：其職也，當料理爐器，恆令火然灰淨，六時行道，三時講誦，皆預備辦，不得臨時有闕。

侍燈：其職也，景臨西方，備辦燈具，依法安置。光焰火然，恆使明朗。若遇風雨，火勢不立，諮白法師，宜停乃停，不得怠替，輒令闕廢。

選署畢，左迴上香，東向祝，復香。眾官引行，出治，按次列坐，勿解帶。法師更為宣科說禁，告示威儀。眾官靜聽。

道士登齋，皆當各齋巾褐、手板、履具。不得臨時交換彼我，於事有闕，勿得牽引非己之服。齋日燒香上講，都講當率眾官先下床，西向，倚法師，然後下座。引行尊卑，以次安行雅步，到於道户，不得更相越錯。遲疾不均，皆依事糾罰。燒香竟，及下講，率眾官先出治户，還，悉西向，倚法師後至上床。眾官一時禮一拜，然後就坐。

道士登齋起居，皆當關白監齋，禮法師一拜，次禮香三拜而去，還亦如之。有違，罰如後條：

到齋堂屐履不整，罰油二升。

坐起不庠序，罰硃半兩。

不正坐，罰香二斤。

翻覆香火，罰香半斤。

臨行事，與外人言，罰香一斤。

侍經不整飾高座、觸物，罰香半斤。

語及世務，罰油二升。

語言戲笑，罰硃一兩。

倚語低睡，罰硃半兩。

翻覆燈油，罰油五升。

巾褐不整，罰香半斤。

內外不豫相檢飭，音聲高厲，罰油五升。

聽經倚據，不執簡，罰油一升。

不注念清虛，心想意倦，為眾所覺，罰油二升。

起出齋堂，不相關白，罰油二升。

垂髮馳步，罰香一斤。

讀經忽亂，請問敗句，罰油五升。

唱聲不齊，罰油二升。

行香不洗手、漱口，罰油二升。

坐起揖讓失儀，罰香半斤。

巡行不依次第，罰香半斤。

侍香香煙中絕，罰油四升。

都講不謹唱讚，罰香一斤。

起行來，及還坐，不禮經三拜，徑去，罰香一斤。

侍燈燈火中滅，罰香一斤。

臨燒香突行，罰油一升。

齋主供具不辨，觸物有闕，罰香一斤。

執糾見過不彈，私隱，罰油六升。

受關不啟上，罰油三升。

齋次而因起居逃遁不返，為眾所糾，罰油一斗，香一斤。❶

妄言綺語，論及私鄙，罰香一斤，油五升，硃三兩。

《金籙》曰：「登齋下座，於法有虧，從一至三，監齋依事彈罰；從三以上，當斷功削除，宣示同學，不得容在法座。監齋容縱不糾，亦同生者之罰。」

「又，上座法師於事有虧，當錄愆失，送簡監齋。從一至三，斷功三百日，不得更在法座。」

《威儀》曰：「罰物送齋主宣示百姓，然後供公家用。」凡此禁制，並出《玄都上宮明科》舊典。戒於惰慢，檢肅愆違。

《上元金籙簡文真仙品》當是劉宋．陸修靜《洞玄靈寶齋說光燭戒罰燈祝願儀》中所引到的《金籙》。又陸氏在文中，並說這些科儀禁制都是從《玄都上宮明科》舊典出來的；由此可見道教的這些說經儀軌的存在，在陸氏之前已有多本道經談到；它的儀軌的成立，至遲不會晚於晉世。又，《上元金籙簡文真仙品》說到講堂的職司有法師、都講、監齋、侍經、侍香、侍燈等職稱；而陸修靜《洞玄靈寶齋說光燭戒罰燈祝願儀》更進一步說明了這些人所掌的職司、說

❶經中之「起居」，指上廁所而言。

經儀軌、講堂禁制等。但陸修靜之文，對講經的程序儀軌，敘述較略，僅說在上講前須先燒香，然後由都講先下床面向西，等候法師先行，然後率眾依序走到講堂；講完後，再率眾從道觀（治）走回；並沒談到講經的過程。至於對講經儀軌敘述較詳盡的，則有下列二書：

金明七真撰《洞玄靈寶三洞奉道科戒營始》卷四第三（《正統道藏．太平部．儀字號》）：

講經儀

法師盥漱、冠帶如法，弟子持香花拜請導引，一如科說。法師登經像前席端立，執香鑪當心訖。唱：「人各恭敬。歸依大道，當願眾生，解悟正真，發無上心。歸依經法，當願眾生，智慧洞開，深廣如海。歸依玄師，當願眾生，辨幽釋滯，並弘正道。」法師登閣道平立，唱：「平坐」，如法。待法師三上香竟，復唱：「靜念」，如法。又存念訖，唱：「讚詠」，如法。咒曰：「寂寂至無宗，虛峙劫刃阿。豁落洞玄文，誰測此幽遐。一入大乘路，孰計年劫多。不生亦不死，欲生因蓮華。超淩三界塗，慈心解世羅。真人無上德，世世為仙家。」次唱：「請轉法輪。」復唱：「一切誦，普誦無上尊。」七遍。都講便敘經、唱經。法師皆約敕座下，禮經一拜。按文解釋，罷講。作《安和樂未央》聲。每講罷，法師執香爐捻香，願以此講經功德，莊嚴皇帝、太子、諸王、公侯、牧伯、州縣令長、天下人民、講經信士、見在法徒、一切眾生、三塗苦輩，藉此善根，悉得體解大乘，歸心正道。咸出愛河，俱遊法海。更唱：「人各恭敬，至心歸命太上三尊、十方眾聖。願皇帝百福莊嚴，萬善雲集。至心稽首正真三寶，以此講經功德，資被群生，離苦解脫。至心稽首，禮得道眾聖，依法。弟子香花送法師至本處，禮拜如法。科曰：凡講經，皆依此法。違，奪算一千二百。」

唐．三洞道士朱法滿編《要修科儀戒律鈔》卷二第六〈講說鈔〉（《正統道藏．洞玄部．戒律類．唐字號》）：

講說鈔

夫真經聖典，煥發諸天。玉字金篇，流傳今日。道深甚奧，祕藏難開。若非大大能人，寧使迷迷見曉。

一明背向者：《昇玄經》曰：「講經之時，法師與經師對坐。座高五尺，坐時東西南北隨便。以三拜為限。」

二明存思者：《老君存思圖》曰：「上講時，先存三色，次存三一。」行道有六時，上講恆三時：食後、上晡、人定，三時。入齋堂，捻香，禮三拜。巡迴依次坐。坐竟，有眾者，法師以板擊席，仍放板膝前。臨目握固，存頭氣青、兩手氣赤、兩足氣白；三氣繞身。訖，次存三一者，三處之神，同一道也。其道本一，應感成三，三界內外，無乎不在。統化生物，號三天。太上宣教，侍經，號三素。老君降人成德，號曰三一。三一在人，人有三宮：頭腦名為上元宮，其神曰夷。心內名為中元宮，其神曰希。臍下名為下元宮，其神曰微。皆如嬰兒，俱長一寸；靜坐正拱，無欲無為，體無應有。次存三師，先起向座，於座前禮三尊三拜。次仍存經師、籍師、度師，各禮一拜。合六拜，乃登高座。次存侍衛：登座大坐，斂板，當以鳴鼓三十六通，咽液三十六過。臨目見左青龍右白虎，前朱雀後玄武。足下八卦神龜，三十六獅子伏在前。頭巾七星，五臟生五氣，羅文覆身。上三一侍經，各千聖萬騎，仙童玉女衛之。

夫存思為靜念之首，入定為息慮之端。辯鑒神遊，不疾而速。座下以存三師、三一、上座，又思侍衛威靈。三拜，足表三尊。六拜，乖於四眾。今座下無勞存思，但三拜訖，上座安坐。先存三一，次三師，後存威靈、侍衛；稍將簡要。存思之法，心想易周，過事盤迴，乃近時務。謹依舊典，書而述焉。

三明讚誦：《本相經》云：「齋主請法師開講，便起，三上香，齎香爐詣法師前，三拜長跪，請曰：『弟子等千載幸會，遭值法輪，元始遺教，流布於世。今日某雖復奉道，希聞靈音，唯願法師流布慈澤。』法師許，欲昇高座，詠曰：

弟子仰法師，　　敢啟有所陳。　　眾生闇塞久，

思聞至法音。

大慈開長夜，　　設化萬劫新。　　主人建福齋，

延及四輩人。

法師昇高座時詠曰：

齋直道所務，　　妙品元始貴。　　故設祖劫橋，

廣度諸民物。

爾日設清齋，　　帳座羅五色。　　天仙遊誕上，

五帝列方職。

功曹傳符命，　　擁衛左右直。　　我昇龍輿座，

玉梯附机息。

神霄助授護，　　天魔不舉目。　　五神不移動，

披宣太上域。

定座詠曰：

大道無為中，　　積氣運起形。　　為眾設橋梁，

故遺無等經。

修之得長樂，　　莫有三界生。　　燒去六塵垢，

一心靜念聽。

下座詠曰：

妙品演布化，　　迢迢霄玄音。　　等受無礙智，

三梁度黃津。

神霄功曹使，　　疲勞小停神。　　三會因勞賞，

當報不負言。

須啟更當白，　　便曹未恚懸。　　下座服居位，

禮拜三寶尊。」

夫論修建福田，皆希言簡事；要類以繁重，行者難遵。今人唯受齋主拜請，兼以上座、下座、讚詠，足得以成法事，何俟曲碎云為，故兩存焉，恐情有去取耳。

金明七真《洞玄靈寶三洞奉道科戒營始》一書，近人日本大淵忍爾《道教史的研究》以為撰成於唐初；而日人吉岡義豐《河上公本與道教》，則以為撰於陳朝。今由唐．史崇撰《一切道經音義妙門由起》一書已引《三洞奉道科戒》，所引文字與本書相同，可證此書玄宗前已存在；且文中常用「一如科說」、「科日」之語，表示文中所言並非作者之意；而唐．朱法滿所編《要修科儀戒律鈔》也引用諸經以立說；可以知道這些書所談的儀軌，都不是撰者個人自創，而是有所憑依的。這兩經所談到的說經儀軌極詳盡，可以相互彌補。

綜歸來說，在魏晉南北朝時，道教的講經，已出現完善的制度。在職司上，有法師、都講、監齋、侍經、侍香、侍燈等六職。法師主司解釋，都講誦讀經文和唱讚，監齋管理全場秩序，侍經整理經函几案，侍香燃香，侍燈司管照明。在開始講經時，會場的每一個人都必須遵守秩序，例如必須坐正，不得私語，不得昏睡，燈火香燭不能熄；有事出去及進來，須禮拜法師、經書等等。如違反條規，監齋則加以糾罰，所罰的東西有香、油、硃砂等物，這些東西則被充為公

用。

至於講堂說經的程序，各經說法略有微異，大抵情形如下述：講經時，眾人進入齋堂，捻香禮拜聖像，然後入座；法師在齋主或弟子以手爐❷、香花拜請導引下，接過手爐，進入講堂。法師持手爐置於胸前，站在經書、聖像之前，都講領導眾人唱讚，詞為：「歸依大道，當願眾生解悟正真，發無上心。歸依經法，當願眾生，智慧洞開，深廣如海。歸依玄師，當願眾生，辨幽釋滯，並弘正道。」然後法師走到登高座的臺子時，及登上高座後，都有讚詠，詞見唐人朱法滿所錄。接著法師上香，然後觀想講堂前有左青龍、右白虎、前朱雀、後玄武，腳下有八卦神龜，前頭有三十六獅子，有千乘萬騎的神祇來護衛。然後讚唱、唸咒，再來唱讚請求開講；接著便正式講經，都講誦讀一段經文，法師加以解說。講完一段經文，都講再唸下段，法師再解說，如此相循環，直到講完。都講是坐在法師的對面，可以東西向對坐，也可以採南北向對坐。講完後，法師下座時有「下座詠」。並開始演奏《安和樂未央》的樂曲。然後法師執手爐捻香、祝願。把講經功德迴向給皇帝大臣及眾人。然後唱讚，詞云：「人各恭敬。至心歸命太上三尊、十方眾聖，願皇帝百福莊

---

❷手爐，也稱為柄香爐；係有長柄可供持握的小香爐，六朝及唐朝說經時，經師手中常持此物；並以它來做為道場儀式開始和結束的象徵；開始執持時，稱為「發爐」；儀式結束放回原處，稱為「復爐」。說見拙撰《敦煌俗文學論叢》第一篇，西元 1988 年 7 月臺灣商務出版社出版。

嚴，萬善雲集。至心稽道正真三寶，以此講經功德，資被群生，離苦解脫，至心稽首禮得道眾聖。」然後再由弟子持香花送法師至休息處。以上是參考諸經而述的道教講經儀。道教的整個儀式，是以「發爐」始，以「復爐」止。在儀軌上道教、佛教都有三歸依，近人以為是道教學佛教，但道教的三歸依，在六朝時已見諸記載，且行諸科儀。而佛教的三歸依，雖則吳．康僧會譯《六度集經．卷五．忍辱度無極章．五四釋家畢罪經》：「覩佛來，或搏頰呻吟云：『歸命佛，歸命法，歸命聖眾。』」似是已有三歸依的情形出現。但見諸科儀則出現在隋．慧遠法師撰《大乘義章》卷十〈三歸義門〉及唐人科儀中；以科儀言則究竟佛先道先，還難以斷言。

又，在唱讚方面，《洞玄靈寶三洞奉道科戒營始》保存了一部分，而《要修科儀戒律鈔》則有「欲昇高座時詠」、「昇高座時詠」、「定座詠」、「下座詠」等；參酌兩者，可以使偈讚更詳明。

又，道教講經所選定的時間，是食後、上晡、人定等三時。食後，是食時之後，古人的食時即是辰時，指早上的七、八時；晡，是申時，即是下午的三、四時；人定，是黃昏以後，夜半以前；換句話說，講經的適合時間，是早上吃飯後講兩小時，下午三時以後講兩小時，以及晚上七點以後講兩小時。一天一共講經六小時，而今日兩個小時，為古代一個時辰；所以道經說三時講經。

二、中土儒講及道教說經對佛教的影響

佛教的說經，在職司上有法師、都講、維那、梵唄、香火等五職；法師、都講的職司和道教相近，但道教的都講兼司唱讚，而佛教則將唱讚另予獨立，名為「梵唄」。維那的職司則和道教的監齋相同；而道教的侍香、侍燈，佛教則合為一職，稱為「香火」。由職司來看兩教極為相似。

又，在發爐，法會開始時，道教《洞玄靈寶三洞奉道科戒營始》說：「執香鑪當心訖。唱：『人各恭敬。歸依大道，當願眾生，解悟正真，發無上心。歸依經法，當願眾生，智慧洞開，深廣如海。歸依玄師，當願眾生，辨幽釋滯，並弘正道。』」而今時佛家朝時課誦儀軌中，仍有三歸依，文句極為相近，文云：「自皈依佛，當願眾生，體解大道，發無上心；自皈依法，當願眾生，深入經藏，智慧如海；自皈依僧，當願眾生，統理大眾，一切無礙。」兩者極為相似。

而劉宋．陸修靜《洞玄靈寶齋說光燭戒罰燈祝願儀》說到齋堂講經時昏睡違禮的處罰條文，說：

> 道士登齋起居，皆當關白監齋，禮法師一拜，次禮香三拜而去，還亦如之。有違，罰如後條：
>
> 到齋堂屐履不整，罰油二升。

坐起不庠序，罰硃半兩。

不正坐，罰香二斤。

翻覆香火，罰香半斤。

臨行事，與外人言，罰香一斤。

侍經不整飾高座、觸物，罰香半斤。

語及世務，罰油二升。

語言戲笑，罰硃一兩。

倚語低睡，罰硃半兩。

翻覆燈油，罰油五升。

巾褐不整，罰香半斤。

內外不豫相檢飭，音聲高厲，罰油五升。

聽經倚據，不執簡，罰油一升。

不注念清虛，心想意倦，為眾所覺，罰油二升。

起出齋堂，不相關白，罰油二升。

……

陸修靜是引用道經的科條而來的，而後來梁簡文帝所制定的《八關齋制序》，裡面簡文帝所定的罰條，則與道經頗相類似，今引之於下：

梁簡文帝《八關齋制序》（《全梁文》卷十二引）：

夫五宅易昏，四流不汨；業動心風，情漂愛燄……宜制此心蛇，祛斯醉象。立制如左，咸勉聽思。謹條八關齋制如左：

睡眠，籌至不覺，罰禮二十拜，擎香爐聽經三契；一。出不請刺，罰禮十拜；二。

出過三契經不還，罰禮十拜；三。

鄰座睡眠，維那至而不語者，罰禮十拜；四。

鄰座睡眠，私相容隱，不語維那者，罰禮十拜；五。

維那不勤聽察，有犯制者，不即糾舉，為眾座所發覺者，維那罰禮二十拜，擎香鑪聽經三契；六。

白、黑維那更相糾察，若有阿隱，罰禮二十拜；七。

聽經契終，有不唱讚者，罰禮十拜；八。

請刺無次第，罰禮十拜；九。

請刺，白黑刺有誤者，罰禮十拜；十。

文中的白黑，是指僧俗二眾；黑指出家人，白指在家眾。將梁簡文帝所制定的罰條，拿來和道經罰條相比，不難窺見相似處。而陸修靜其人及其所引道經，則年代都在梁簡文帝之前。

道、佛二教在講經儀法職司上，相同的如此多，當是相互模仿。至於誰模仿誰呢？證之史料，則應是佛教仿自道教，理由如下：

都講一詞，創自中土。道經對講經儀式，早在東晉即已有詳細的科儀記述，而佛教的說經儀軌則僅散見於唐、宋人的記載中。且佛道兩教講經時，所用的長柄手爐、如意、拂子、麈尾等物，皆出自中土；馬王堆西漢一號墓有香爐出土，漢世宮中，有女侍史專司執香爐燒燻的工作❸；麈尾、如意、拂子等，為魏晉清談名士所常執持之物，近人商承祚《長沙出土楚漆器圖錄》，載有湖南長沙出土戰國時代的拂麈柄。再者，道教的儀式以發爐始，以復爐終，而時至今日，佛教法會及早晚課，仍有「爐香乍爇，法界蒙薰」之語，法會時，僧徒依然執持手爐行道，這些都係道教發爐的遺蛻。由儀式看，由名物看，佛教的說經，都應當是沿承中土儒講及道教說經儀法而來，與天竺無涉。關於此部分之論述，及名物之考證，請再參見筆者所撰《敦煌俗文學論叢》一書第一篇，西元 1988 年 7 月臺灣商務印書館出版。

又，佛教的說經儀軌，散見於唐、宋人的記載中，其中敘述較完整的，為唐時來中土遊學的日僧圓仁；今將相關資料錄之於下：日僧圓仁《入唐求法巡禮行記》卷二：

新羅一日講儀式

辰時打鐘，長打擬了，講師、都講二人入堂。大眾先入列坐。講師、讀師入堂之會，大眾同音稱嘆佛名，長引；其講師登北

❸《後漢書》卷四十一〈鍾離意傳附藥崧傳〉注引蔡質《漢官儀》云：「尚書郎；伯使一人，女侍史二人，皆選端正者。伯使從至上車門還。女侍史絜被服，執香爐燒燻，從入臺中，給使護衣服也。」

座，都講登南座了；讚佛便止。時有下座一僧作梵：「云何於此經」等一行偈也。作梵了，南座唱經題目，所謂唱經長引，音多有屈曲。唱經之會，大眾三遍散花。每散花時，各有所頌。唱經了，更短音唱題目。講師開經目，三門分別，述經大意。釋經題目竟，有維那師，披讀申事興所由。其狀中，具載無常道理，亡者功能，亡逝日數。

同書又云：

赤山院講經儀式

辰時，打講經鐘，打驚眾鐘訖。良久之會，大眾上堂，方定眾了，講師上堂。登高座間，大眾同音，稱嘆佛名，音曲一依新羅，不似唐音。講師登座訖，稱佛名便停；時有一僧作梵，一據唐風，即「云何於此經」等一行偈矣。至「願佛開微密」句，大眾同音唱云：「戒香、定香、解脫香」等頌。梵唄訖，講師唱經題目，便開題，分別三門。釋題目訖，維那師出來，於高座前談申會興之由，及施主別名，所施物色。申訖，便以其狀轉與講師。講師把麈尾，一一申舉施主名，獨自誓願。誓願訖，論義者論端舉問。舉問之間，講師舉麈尾，聞問者語。舉問了，便傾麈尾，即還舉之。謝問便答，帖問帖答，與本國同。但難，儀式稍別；側手三下後，申解白前，卒爾指申，難聲如大瞋人，盡音呼諍。講師蒙難，但答不返難。論義了，入文談經，講訖，大眾同音，長音讚嘆。讚嘆語中，有迴向詞。講師下座，一僧唱「處世界如虛空」偈，音勢頗似本國。講師昇禮盤，一僧唱三禮了。講師、大眾同音，出堂歸房。更有覆講師一人，在高座南，下座便談講師昨所講文，至如會義句，講師牒文釋義了，覆講亦讀，讀盡昨所講文了，講師即讀次文。每日如斯。

宋．元照《四分律行事鈔資持記》卷下三：

夜下明設座，或是逼夜不暇陳設，故開隨坐，三中六法。初、禮三寶。二、昇高座。三、打磬靜眾（自註云：「今多打木」）。四、贊唄（自註云：「文是自作，今並他作。聲絕，秉爐說偈、祈請等」）。五、正說。六、觀機進止，問聽如法，樂聞應說（自註云：「文中不明下座，今加續之」）。七、說竟迴向。八、復作贊唄。九、下座禮辭。僧傳云：「周僧妙每講下座，必合掌懺悔云：『佛意難知，豈凡夫所測，今所說者，傳受先師，未敢專輒；乞大眾於斯法義，若是若非，布施歡喜。』」最初鳴鐘集眾，總為十法。今時講導，宜依此式。

上述是佛教講經的儀軌，而日僧圓仁所記者，是圓仁來中土求法，於唐文宗開成四年（西元 839 年），在山東文登縣清寧鄉赤山村赤山法花院，所看到的講經儀式。據圓仁所述，佛教的講經儀式，大抵如下：打鐘警眾，大眾入座畢；講師、都講進入講堂時，眾人唸佛；講師、都講入座後，梵唄僧梵唱；接著都講唱經題，講師以序分、正宗分、流通分三門來解釋經題，講完題目後，維那師出來說明法會緣起，誦唸施主姓名所施物色；然後講師為施主祈福，再接著由會中眾人發問；在問難時，講師將手中所持的麈尾豎起。論難完後，接著開始正式「入文談經」；等到講經完後，再讚唄、迴向，然後講師歸房休息，覆講師將上次法師所講的大意，加以向聽眾解說。

圓仁文中把法師稱為講師，都講也被稱為讀師。同時提到了覆講；而覆講，依其所坐的方位及道宣《續高僧傳》卷十一〈釋靈裕傳〉:「至於都講覆述，勵懷非任。」可知覆講者，即是都講。

我們把佛教的講經儀軌和上述道經所述道教講經儀軌相比，不難看出兩者極為相似。除都講讀經，法師講經，儀式中有讚唄、迴向外；法師所執手爐及麈尾等物，乃是沿承中土講堂風習。又，佛教講經前有「押座文」，今敦煌寫卷即發現數篇「押座文」；而法師下座時有「解座梵」，《續高僧傳》卷三十八〈釋慧恭傳〉:「經訖下座，自為解座梵。」佛教的「押座文」、「解座梵」，即是道經所載的「定座詠」和「下座詠」。

但，對於講堂中各執事者的職司，佛教經典中，並無具體明文記載，筆者上文所以說佛家講堂有法師、都講、維那、香火、梵唄者，乃是筆者綜匯唐人所記而來，並非有現成經文可據。唐・道宣《續高僧傳》卷一〈北魏菩提流志傳附寶意傳〉云：

初，寶意沙門，神理標異，領牒魏詞，偏盡隅奧。帝每令講《華嚴經》，披釋開悟，精義每發。一日，正處高座，忽有持笏執名者，形如天官，云：「奉天帝命，來請法師講《華嚴經》。」意曰：「今此法席尚未停止，待訖經文，當從來命。雖然，法事所資，獨不能建，都講、香火、維那、梵唄，咸亦須之，可請令定。」使者即如所請，見講諸僧。既而法事將了，又見前使，云：「奉天帝命，故來下迎。」意乃含笑熙怡，告眾辭訣，奄然卒於法座。都講等僧，亦同時殞。

由上所述，知講堂之設，除法師解經、都講讀經外，另有香火、維那、梵唄等職。維那之職，據梁簡文帝《八關齋制序》：「白、黑維那，更相糾察。」敦煌寫卷斯 2073 號《爐山遠公話》：「維那檢校，莫遣喧囂。」可以得知維那職在維持全場秩序。梵唄，也稱為讚唄；香火、梵唄的職司，佛經也無明文交待，依文義看，當是梵唄主司讚唱，香火整治爐香、燈火。佛教講經有法師、都講、維那、梵唄、香火等五職，和道教的法師、都講、監齋、侍經、侍香、侍燈等；兩者雖員額名稱有別，而所司者則相近。這些講堂職司，道經中有明文交待，而佛教則僅能綜匯散記而知。由這些雷同，可以看出佛教講經儀軌是受道教影響而來。

又，佛教不僅講經科儀抄襲道教，在壇場科儀制度上，也多仿效之，論述於下。

第二節　道教壇場科儀對佛教的影響

道教壇場科儀對佛教的影響甚多，如道教壇場上的稱名上奏、道教九宮神壇、傳經科戒，及忌見經期婦女、喪家、好用童男女等，對佛教科儀、禁忌，均有深遠影響。

道教的壇場科儀，沿承自先秦祭神時的齋戒郊祀。周時據典籍所載，在祭祀的前十天就必須要齋戒沐浴；齋戒有兩種，一為散齋，一為致齋。前七天的齋戒在廟外，稱為散齋，這七天內除沐浴潔身外，須「不御、不樂、不弔」，換句話說是不行房事、不聽音樂、不出外參加婚喪雜事；此外還須戒葷，《莊子．人間世》：「顏回曰：『回之家貧，唯不飲酒茹葷者，數月矣。如此，則可以為齋乎？』曰：『是祭祀之齋，非心齋也。』」由《莊子》文中顏回跟孔子的對話，可以知道古時祭祀時的齋戒，是不飲酒吃葷；這是指在廟外的散齋而言。至於祭前三天的致齋，是在廟裡進行。這三日，則是觀想所祭祀神祇的生活情形、他的言笑、志意、所喜愛做的事、所愛吃的飲食；經過三天這樣專心的觀想之後，便能看到我們齋戒祭祀的對象出現在眼前，可以跟神明的精神相交往；這也就是孔子所說的「祭如在，祭神如神在」（語見《論語．八佾》），因此須經過致齋三日後，才能來祭祀神明，跟神明相交通感應。今將《禮記》中相關的記載，引錄於下：

《禮記．祭統》：

是故君子之齊（齋）也，專致其精神之德也。故散齋七日以定之，致齋三日以齊之。定之之謂齊。齊者，精明之至也。然後可以交於神明也。

《禮記．祭義》：

致齊於內，散齊於外。齊之日，思其居處，思其笑語，思其志意，思其所樂，思其所嗜。齊三日，乃見其所為齊者。

漢．鄭玄注云：

致齊，思此五者也。散齊七日，不御、不樂、不弔耳。見所為齊者，思之熟也。所嗜，素所飲食也。

清．孫希旦《禮記集解》注云：

愚謂致齊於內，專其內之所思也。散齊於外，防其外之所感也。

所樂，所樂為之事也。所嗜，飲食之物也。齊三日必見所為齊者，由其專精之至也。

古時祭祖先，祭天地鬼神，都須要齋戒，禮儀極為莊嚴肅穆。但商周雖重視祭祀，然而有關壇儀規制的記載，則大都已亡佚闕略。今日所見先秦典籍中，有關壇儀方面，較詳盡，且較早期的記載，當為《墨子．迎敵祠》，文云：

敵以東方來，迎之東壇，壇高八尺，堂密八，年八十者八人主祭。青旗青神，長八尺者八；弩八，八發而止。將服必青，其牲以雞。

敵以南方來，迎之南壇，壇高七尺，堂密七，年七十者七人主祭。赤旗赤神，長七尺者七；弩七，七發而止。將服必赤，其牲以狗。

敵以西方來，迎之西壇，壇高九尺，堂密九，年九十者九人主祭。白旗素神，長九尺者九；弩九，九發而止。將服必白，其牲以羊。

敵以北方來，迎之北壇，壇高六尺，堂密六，年六十者六人主祭。黑旗黑神，長六尺者六；弩六，六發而止。將服必黑，其牲以彘。

從外宅諸名大祠，靈巫或禱焉，給禱牲。

《墨子．迎敵祠》係依五行方位及服色立壇；這種立壇法，便永為後世壇儀所依循。其法如東方甲乙木，其色青；南方丙丁火，其色赤等等；天帝及諸神等階地位次，也依其所在方位服色而臚列。

又，中國商周以來好鬼祭祀的風習，到了戰國之世，神仙思想興起後，齋戒祭祀，自然而然的，便被用在修仙求道上；秦始皇好仙，曾派方士入海求仙，據《史記》所載，始皇禱祀的對象極多，壇儀科戒極繁，其中最隆重，且與求仙較密切關係者，則為封禪。入漢後，方士李少君也對漢武帝說：「祀竈則致物，致物而丹沙可化為黃金。黃金成，以為飲食器則益壽，益壽而海中蓬萊僊（仙）者乃可見，見之以封禪則不死；黃帝是也。」（《史記．封禪書》）武帝信其說，因而積極施行封禪之事。除封禪外，武帝時，亳人謬忌曾奏祠太一方，文成將軍、游水發根、五利將軍、公孫卿等人都曾向武帝進奏祭祀求仙的方法。而在漢代，好仙的帝王並不只武帝一人，宣帝曾命劉向燒煉黃金，元帝、成帝、哀帝甚至王莽等，都是愛好方術祭祀❹的。祭祀必有壇場儀軌，如諸神之方位、階次，及牲品、服色、科儀等等，這些壇儀在漢代都已極為完備。漢代的壇儀是沿承秦朝之祭儀而來的。漢代記載壇儀的書，如《史記．封禪書》、《漢書．郊祀志》、《後漢書．祭祀志》、《春秋繁露》之〈求雨〉、〈止雨〉等，這些漢世的壇儀，和先秦《墨子．迎敵祠》所見依方位、服色、

❹漢代諸帝好神仙、祭祀，說見拙撰《先秦兩漢冥界及神仙思想探原》下篇第三章，西元 1990 年 8 月臺灣文津出版社出版。

五行相配之數及祭物，以此來立壇祭祀，方法是相同的。今因《後漢書・祭祀志上》所載東漢光武帝建武二年所立洛陽郊天壇，極為詳盡，且此壇是承襲西漢武帝元鼎五年所立的郊天壇儀而來，因而僅錄《後漢志》所載的壇儀於下。

《後漢書・祭祀志上》：

> 為圓壇八陛，中又為重壇，天地位其上，皆南鄉西上。其外壇上為五帝位：青帝位在甲寅之地，赤帝位在丙巳之地，黃帝位在丁未之地，白帝位在庚申之地，黑帝位在壬亥之地。其外為壝，重營皆紫，以像紫宮。有四通道以為門，日月在中營內南道，日在東，月在西，北斗在北道之西，皆別位，不在群神列中。八陛，陛五十八醊，合四百六十四醊。五帝陛郭，帝七十二醊，合三百六十醊。中營四門，門五十四神，合二百一十六神。外營四門，門百八神，合四百三十二神。皆背營內鄉。中營四門，門封神四；外營四門，門封神四；合二十二神。凡千五百一十四神。營即壝也。封，封土築也。背中營神，五星也；及中官宿、五官神及五嶽之屬也。背外營神，二十八宿外官星、雷公、先農、風伯、雨師、四海、四瀆、名山、大川之屬也。

《墨子》所立的壇，是依五行生剋的方位、服色、數目等來立壇置神，漢代所見的壇，以及今日所見的道教壇儀，都仍是如此。

再者，道教是中國祭壇的承繼者，同時也是創造者；秦、漢兩代帝王所立的諸多壇儀，有許多都是方士（道士的前身）所策劃或呈進的（見《史記・封禪書》），因而秦漢兩代的壇儀，可以說是和道教的關係極為密切。道徒常借它來求仙降真，東漢的道經《太平經》卷七十一〈真道九首得失文訣〉，便談到四種藉由禱祀以降鬼神之法。而《隋書・經籍志》談到道教時也說：

> 其潔齋之法，有黃籙、玉籙、金籙、塗炭等齋。為壇三成（層），每成皆置綿蕝以為限域，傍各開門，皆有法象。齋者亦有人數之限，以次入於綿蕝之中，魚貫面縛，陳說愆咎，告白神祇，晝夜不息。或一、二、七日而止。其齋數之外有人者，並在綿蕝之外，謂之齋客，但拜謝而已，不面縛焉。

《隋志》所說的道壇分為三成（層），傍各開門，各以繩茅做界限，每層內諸神各有位次，其方法跟《後漢書》所載帝王郊天頗多相似處，可以看出它們的沿承。而文中的「綿蕝」也寫作「綿蕞」；《史記・劉敬叔孫通列傳》司馬貞《索隱》注引韋昭之說云：「引繩為綿，立表為蕞。」蕝，《說文》云：「朝會束茅表位曰蕝。」這些都足以說明道教之壇，一直是沿襲中土固有祭祀壇儀而來。

再者，由秦至漢，不論帝王公卿，以禱祀之法來求仙者甚多，幾乎已蔚成風氣，帝王之著者如秦始皇、漢武帝、成帝、王莽等；

人臣之尤者，如淮南王劉安、劉向、王根、楚王英等；葛洪曾對這種企圖假借勤於祭祀，而盼望祈求成仙之法，大肆加以批評，《抱朴子．勤求》云：

> 而管見之屬，謂仙法當具在於紛若之書，及於祭祀拜伏之間而已矣。夫長生制在大藥耳，非祠醮之所得也。昔秦漢二代，大興祈禱，所祭太乙五神，陳寶八神之屬，動用牛羊穀帛，錢費億萬，了無所益。況於匹夫，德之不備，體之不養，而欲以三牲酒餚，祝願鬼神，以索延年，惑亦甚矣。

抱朴子葛洪雖對祠醮求仙有微言，認為求仙應以黃白丹藥為重；但由葛氏之言，反而可以看出道教和祠醮的關係極早即已存在，並且祠醮的方式，在先秦兩漢時，甚且是求仙的主要方法之一。

從上所述，我們可以確定道教的齋戒壇儀，是沿襲先秦兩漢的這些舊習而來，同時秦漢兩代的醮壇，有極大部分是由道士的前身——方士所籌劃出來的；道教的醮壇，原與佛教無關。但近人只看到道教醮祭時的齋戒也是吃素，就冒然的斷定，認為道教的齋戒是抄襲佛教而來，其實周朝的齋戒已是吃素，已不飲酒吃葷；相反的，原始的小乘佛教，則並不戒葷肉；因而不能光憑吃素，就說道教之齋戒襲自佛教。再者，不僅道教的齋壇不承繼佛教，相反的，佛教重佛而賤鬼神，並不重視祭祀，因此佛徒許多的齋壇科儀，反而有的是出自道壇。其中較著者，如密宗的金、胎兩大曼荼羅壇儀，是仿襲中土帝王郊天祀地之壇儀及道教九宮壇而來的。略述於下：

一、道教壇場與佛教密宗金胎兩大曼荼羅

在佛教宗派中，壇場儀軌講得最完備的，為興起於西元八世紀時的密宗。密宗壇儀最大的為胎藏界和金剛界兩大曼荼羅；而此兩大曼荼羅，都是深受道教的影響，其中金剛界九會曼荼羅甚且是直接仿襲道教九宮神壇而來，今論述於下：

A、密宗胎藏界大曼荼羅與道教

佛教密宗胎藏界的大曼荼羅，係多層圓壇；其規制，據密教胎藏界主要經典——唐．善無畏譯《大毘盧遮那成佛神變加持經》（簡稱《大日經》）之記載，此圓壇有四門，四向通達。更以今日所見日本石山寺版《大悲胎藏大曼荼羅》圖樣而言，共有四重壇，中央壇為大日佛及四佛、四菩薩；大日居中，其餘分居八方，稱為中央大日壇。接著外圍的佛母院、蓮華院、金剛部院、持明使者院等，環繞於四方，此為第一重；再接著東邊的文殊院、南邊除蓋院、西邊虛空藏院、北邊地藏院，為第二重；釋迦院、四波羅蜜院、外金剛院等為第三重。此三重壇與中央大日壇合為四重。壇有東西南北四門。此曼荼羅，因中央主要之壇為圓壇，其餘三重為方，因此一般以四重圓壇稱之。其中各院所供諸神，總共有三百多尊，除佛、菩薩外，另有日、月、星、辰、二十八宿、風天、水天、火天、三界

天、閻摩王、太山王、天龍八部等，各有階次方位。

我們如將密教胎藏界大曼荼羅，拿來和《後漢書．祭祀志上》或《史記．封禪書》等所說的壇場規制來相較，不難發現兩者的共同點甚多：兩者都為多重圓壇，有四門，四向通達，每重壇上分祀多尊神祇；而更可疑者，兩者對神祇的方位、階次、服色的說法多雷同。中土以五帝與青赤黃白黑五色相配，分屬東西南北中五方位；這種配屬和中土的五行生剋有關；此青赤黃白黑五色，早在周世被視為五正色；而商代出土的甲骨中已有祭四方帝的記載，秦漢之際以五方帝代表上天，道經也多有五方帝的描述。而密教之壇，竟然也以五佛、五方、五色相搭配，將五佛分屬五方、五色；其方位顏色又與中土全同，這種搭配法，是出自中國，非關印度，很顯然的是佛教密宗抄襲自中土陰陽五行家之說；再者，胎藏界大曼荼羅和現存道教《太上洞神太元河圖三元仰謝儀》中的壇位圖也頗相近；則胎藏界大曼荼羅，當是仿襲中土帝王郊天和道教壇儀而來。

茲將佛教密宗言及壇場的典籍，如《三種悉地破地獄轉業障出三界祕密陀羅尼法》、《佛頂尊勝心破地獄轉業障出三界祕密三身佛果三種悉地真言儀軌》、《佛頂尊勝心破地獄轉業障出三界祕密陀羅尼》、《尊勝佛頂修瑜伽法軌儀》等經，所見五行、五方、五色、五臟、五佛等配置表，列於下，見附圖一；並將中土五行、五方、五色、五音、五臟等配置表，亦列於其後，見附圖二，將兩者加以比較，不難看出抄襲之跡。

B、密宗金剛界九會曼荼羅與道教九宮神壇

密教的金剛界曼荼羅，係九會曼荼羅圖，此圖共分為九大方格，每一方格內為方形壇，方形壇之中為圓壇。九會圖分三行三列，以九個方位來佈列。依次：最中間為成身會，正東為羯磨會，東南為三昧耶會，正南為大供養會，西南為四印會，正西為一印會，西北為理趣會，正北降三世會，東北降三世三昧耶會。

此九會圖，近世日本學者福永光司《道教と日本思想》一書書末所附〈略年表〉，便說它和唐明皇天寶三年道士蘇嘉慶所獻的《九宮貴神壇圖》的理念相同。道教《九宮貴神壇圖》的圖樣，今已缺佚，但《唐會要》卷十下〈九宮壇〉曾有載述其規制：九宮神壇共分三層，每層高三尺，四階：「其上依位，置九壇，壇尺五寸，東南日招搖，正東日軒轅，東北日太陰，正南日天一，中央日天符，正北日太一，西南日攝提，正西日咸池，西北日青龍。正為中，戴九履一，左三右七，二四為上，六八為下，符于遁甲。……」

九宮壇肇源於《黃帝九宮經》，以五行、八卦及方位、顏色相配，以祠九星神；壇共三層，四階，分九方立九壇。至於現存密教金剛界曼荼羅，則為唐．不空所傳，不空在唐明皇時來中國弘法，其壇為四方四門，亦分九方位立壇，每壇以圓與方相配，或三重，或二重。中央五佛之服色與五方及五色相配。其壇制，其神祇方位、服色之配置，皆依中土五行生剋說，與道教不異，不難看出仿襲之跡。

五梵字	五輪	五形	五色	相應體位	五方	五部	五蘊	五臟	魂神	五佛	五智	五行	四季
阿	金剛輪（地輪）	方形	黃	腰下	東	金剛部	色	肝	魂	阿閦佛	大圓鏡智	木	春
鑁	水輪	圓形	白	臍中	西	蓮花部	想	肺	魄	阿彌陀佛	妙觀察智	金	秋
藍	火輪	三角	紅	心上	南	寶部	受	心	神	寶生佛	平等性智	火	夏
含	風輪	半月	黑	眉上	北	羯磨部	行	腎	志	不空成就佛	成所作智	水	冬
欠	空輪	團形（火焰）	青	頂上	中	虛空部	識	脾	意	大日佛	法界性智	土	季夏

案：1.本表係以《三種悉地破地獄轉業障出三界祕密陀羅尼法》為主，其他諸經為輔。

2.經中五臟之配屬法，與《呂氏春秋》、《禮記．月令》等書相異，而與班固《白虎通德論》卷下「情性」說法相同。

3.經中魂神之配屬，與《太平御覽》卷三百六十三〈人事部．形體〉引《韓詩外傳》：「情（精）藏於腎，神藏於心，魂藏於肝，魄藏於肺，志藏於脾。」略異。

4.諸經梵字「藍」字或譯作「覽」。

5.有關中土傳統五行五音五臟五方五色五常四季之配屬表，請參見拙撰《先秦兩漢冥界及神仙思想探原》一書下篇第一章，頁 230。

圖一　佛教密宗壇場所見五行、五方、五色、五臟、五佛等配置表（《道教與密宗》，西元 1993 年 4 月，新文豐出版，頁 21）

五行、五音、十二律、五味、五祀、四時、五常等相配表

五行	日時	四季	帝神	五音	十二律	五方	五色	羽蟲	五數	五味	五臭	五祀	祭物	五常	五事	魂神	五官	備註
木	甲 乙	春	太皞 勾芒	角	太蔟(一月) 夾鐘(二月) 姑洗(三月)	東	青	鱗	八	酸	羶	戶	脾	仁	貌	志	身	
火	丙 丁	(孟仲) 夏	炎帝 祝融	徵 醒	仲呂(四月) 蕤賓(五月) 林鐘(六月)	南	赤	羽	七	苦	焦	竈	肺	禮	視	魄	目	
土	戊 己	季夏	黃帝 后土	宮	黃鐘 楳	中	黃	贏 (倮)	五	甘	香	中 霤	心	信	思	神	心	
金	庚 辛	秋	少皞 蓐收	商	夷則(七月) 南呂(八月) 無射(九月)	西	白	毛	九	辛	腥	門	肝	義	言	魂	口	
水	壬 癸	冬	顓頊 玄冥	羽	應鐘(十月) 黃鐘(十一月) 大呂(十二月)	北	黑	介	六	鹹	朽	行	腎	智	聽	精	耳	

案：1.五味指口中之味覺，五臭指鼻子所聞之氣味。

2.本表係以《呂氏春秋．十二紀》為主，為綜匯《尚書．洪範》、《管子》〈四時〉、〈幼官〉、〈五行〉、《荀子．天論》、《大戴禮．夏小正》、《淮南子》〈天文〉、〈時則〉、《禮記．月令》、《韓詩外傳》等諸家說而來。

圖二　中土五行、五方、五色、五音、五臟配置表（《先秦兩漢冥界及神仙思想探原》下篇，西元 1990 年 8 月，文津出版社出版，頁 230）

以上所說佛教密宗金胎兩界大曼荼羅，仿自中土帝王郊祀壇制及道教九宮壇，為省篇幅，僅能略說，詳細的論辯及論據，請參見拙撰《道教與密宗》一書下篇第一章，西元 1993 年 4 月新文豐出版公司印行。

二、道教之壇儀禁忌與佛教壇制

佛教壇制，仿襲道教者多。其中仿襲較大者，除密教的金胎兩界大曼荼羅外，其他消災解厄、治病驅鬼、祈福延生之壇場及科儀，常是由道教轉移而來。例如在宅葬等壇儀上，中土喪葬動土，宅第吉凶之說，在漢代已極盛行，王充《論衡．解除》、王符《潛夫論．巫列》均已談到，道教經典《太平經》卷五十〈葬宅訣〉、《太上老君說安宅八陽經》、《無上三元鎮宅靈籙》、《正一醮宅儀》等等，都是此類經典。這種以祈祭來消災解厄的思想，對佛教影響頗深，佛經中，東漢．失名譯《佛說安宅神咒經》、梁．失名譯《陀羅尼雜集》卷五〈佛說咒土經〉、敦煌寫卷伯 3915 號《佛說安宅神咒經》、北 7612 號《佛說八陽神咒經》等，這類佛經所講的安宅儀軌，動土禁忌，甚至神祇名諱，與所說的在庭院中燃燈立壇，誦讀經文等，都跟道教相近；而由其經中所引用文句多中土名相，更可確定其抄襲中土道教經籍，其壇儀亦是仿襲道教；關於此部分，當留待於第二章中來論述。

道教壇儀之影響佛教者，今再以星斗祭儀來說；星斗祭儀中，受道教影響者更清楚。如唐・一行撰《七曜星辰別行法》祀二十八宿所轄三十行病鬼王之法，其祭儀中，有用清酒、肉脯者、有用紙錢者，如云：

> 畢星直日，其鬼名多知蔡，此日是此鬼行病。令人心中悶熱如火，煩亂，轉動不得，忘前失後，是此鬼所為。須煎（剪）紙錢五十貫，以清酒白脯，取日午正南時祭，必須道患人姓名，須七遍上酒。但拜畢宿，莫別言語，其患人當日差。如忽有黃衣善人來相遇，必不令入門，切須禁止。依前畫鬼形，釘之，吉。

畢，為二十八宿之一，而二十八宿之稱出自中土❺，與天竺無涉；酒、脯、紙錢，也是道教物事，與佛教無關；其祭儀顯然抄襲道教。

又，唐人所撰譯的佛經，如不空譯《文殊師利菩薩及諸仙所說吉凶時日善惡宿曜經》、天竺金俱吒《七曜攘災決》、一行《梵天火羅九曜》、南天竺金剛智譯《北斗七星念誦儀軌》、灌頂阿闍梨《北斗七星護摩祕要儀軌》、婆羅門僧《佛說北斗七星延命經》等，這些

---

❺二十八宿為中土所自創的名相，和西洋的十二宮說不同。詳細的論述，請見拙撰《道教星斗符印與佛教密宗》第一篇，西元 1993 年 4 月新文豐出版公司印行。

經書所述祭禱北斗七星之法，大抵都是受道教《葛仙公禮北斗法》的影響；其中《佛說北斗七星延命經》並有北斗七星神及靈符之圖，圖中的七星神，手中持笏，全是道教神仙模樣，而符也是道教之符❻。

又，佛教模倣道教壇儀祭典，較著者又有七月十五日盂蘭盆祭的模倣道教中元祭儀；有關這方面的論證，請見本書〈道教中元節對佛教《盂蘭盆經》及目連傳說的影響〉一章。

又，道教壇場儀軌，在築壇及禁忌上影響佛教者，如唐．善無畏譯《大毘盧遮那成佛神變加持經》、不空譯《佛說金毘羅童子威德經》等，此等經說佛教築壇時須先簡擇時日及吉地，清除場地土中不淨物，如礫石、毛髮、髑髏、刺骨、朽木等，填平其地，再依儀軌立界築壇，壇中忌婦女雜人出入等等；這些作法都跟道教不別。強調日子的剛柔，地的吉凶，以及忌諱閒雜人及婦女，尤其是經期女、喪家、產婦，是道教法會的通則；這些在漢代的經籍，在《抱朴子》及一般道書中，都觸目可見。

總歸來說，佛教受道教壇場儀軌的影響，較普遍性及一般性的，則為法會開始時的執爐祝頌、稱名啟請，及壇場上的禁忌經期女、喪家、產婦等。執爐，是指手持柄香爐，已如前說。稱名啟請，是道教法事上章所必須，其形式如道經《太上三五正一盟威錄》卷六〈太上正一三五考召籙品〉云：「維某年某歲月朔日辰，某州郡縣鄉

❻有關佛經中祭祀北斗七星神的論述，請參見❺拙作該書第二篇。

里，某法籙弟子某乙，本命某甲子某月日時生，上屬北斗某君……」《赤松子章曆》卷一云：「章辭：凡欲奏章，先具辭疏列鄉貫里號、官位、姓名、年歲，并家口見存眷屬男女大小等。令依道科，齎某法信於某處，詣某法師，請求章奏，伏乞慈悲，特為關啟。」佛教法事雖無章奏，但卻仍沿用道教的稱名啟請，如失名譯《佛說大輪金剛總持陀羅尼經》云：「弟子某甲等，某州某縣，某鄉某里；自稱姓名：若比丘、比丘尼、優婆塞、優婆夷，稱本僧尼名、本寺名，啟白十方三世一切諸佛，過去一切賢聖冥官業道，弟子某甲等，某年某日某日……」金剛智譯《吽迦陀野儀軌》卷上：「某土某州某國某寺，比丘、比丘尼、在家等，某甲至心勸請三世十方一切諸佛……」將佛道兩教的啟請文相比較，不難看出沿襲。稱名啟請，源出道壇上章，佛徒實無預於斯事。

又，在道壇禁忌上，《抱朴子．金丹》：「今之醫家，每合好藥好膏，皆不欲令雞犬、小兒、婦人見之；若被諸物犯之，用便無驗。又染綵者惡惡目者見之，皆失美色；況神仙大藥乎？」《雲笈七籤》卷四十五〈祕要訣法．殗穢忌〉：「科曰：忌臨屍、產婦、喪家。齋、醮、食、櫛沐、飯食、便曲，不欲向北，及不得見三光。婦人月經不得造齋食、近道場，不得見諸畜產、喪車、靈堂等。」道教的這些壇場禁忌，亦被佛教所襲用，唐．不空譯《菩提道場所說一字頂輪王經》：「新產及死家、殘食及祭食、月經女作食，及以彼家食，旃陀羅家食，臭穢陳宿……如是等之家，悉不往飲食，亦不往止宿，破壞悉地故。」唐．善無畏譯《大佛頂廣聚陀羅尼經》卷四〈造珍寶品〉:「(作金方及藥，) 咒師著新淨衣裳，壇前誦咒守之，婦人、孝、六畜、狗等，並不得見，見即不成，慎之大吉。」

綜上所說，道壇儀軌影響於佛教者，以一般壇場而言，舉凡擇吉築壇，道壇禁忌，持爐行道，稱名啟請等皆是出自道教，而被佛教所沿用者；至於其個別壇儀方面，較大者，則有講經儀式、有祭北斗二十八宿法、治病法、安宅葬埋、中元節儀法，以及佛教密宗金剛界、胎藏界兩大祭壇。

又，佛教五體投地的禮拜方式，近人論述已多，大抵可確定是從《周禮．春官．大祝》九拜中的「稽首」、「頓首」禮，衍化而來的。頓首禮的禮拜法，是兩腳跪地，兩手拱地，再叩頭至地；如稽首則在地面停留稍久。稽首、頓首，由於都是四體（四肢）和頭都至地，所以也稱為五體投地；此法，和梁武帝《慈悲道場懺法》所說的「胡跪合掌」及《金剛經》、《大佛頂首楞嚴經》所說「偏袒右肩，右膝著地，合掌恭敬」的印度胡禮，是有所不同的。

再者，佛教的懺悔文及以懺法來消罪業的方法，自齊梁而下直迄今日，一直盛行不衰。究其源，其實亦是取自道教的上章首過。佛家懺的由來，據梁．慧皎《高僧傳．道安傳》所記，知道安始制悔過。梁．慧皎《高僧傳．卷七．釋僧苞》:「釋僧苞，京兆人，少在關受學什公，宋永初中遊北徐，入黃山精舍，復造靜定二師進業，仍於彼建三七普賢齋懺，至第七日有白鵠飛來集普賢座前，至中行香畢乃去。」❼似乎自東晉道安定悔過法，首見舉行的齋懺，但並無懺文留下。而其成為科儀，則至齊竟陵王及梁武帝時。宋．錢易《南部新書》述其事云：

> 懺之始，本自南齊竟陵王，因夜夢往東方普光王如來所，聽彼如來說法，後因述懺悔之言，覺後即賓席梁武、王融、謝眺、沈約，共言其事。王因茲乃述成《竟陵集》二十篇，懺悔一篇。後梁武得位，思懺六根罪業，即將懺悔一篇，召真觀法師慧式，遂廣演其文，述引諸經而為之。故第二卷中發菩提心文云：「慧式不惟凡品，輕摽心志；實由渴仰大乘，貪求佛法，依諸經，取譬世事。」即非是為郗氏所作。今之序文，不知何人所作，與本述不同，近南人新開印本，去其「慧式」二字，蓋不知本末也。

南齊竟陵王雖已有懺文出現，但真正將懺法演變成為科儀，並用來消災薦亡的，則始自梁武帝；今最早的懺法科儀，為梁武帝廣召諸僧所製的《慈悲道場懺法》，一般也稱為《梁皇寶懺》。其製懺的緣起，據失名撰《慈悲道場懺法傳》（見《大正新修大藏經》卷四十五，頁229）所述，是因為梁武帝的皇后郗氏妒恨心強，殘害六宮，死後轉生為巨蟒，進入皇宮，請求梁武帝修功德助她離諸苦；

❼《大正新修大藏經》第五十卷頁369中。

梁武帝問誌公，誌公告訴他召眾僧集製成懺悔法，藉以懺罪薦亡，郗氏果然脫去蟒蛇身，轉生為天人。此事又見記載於《釋氏通鑑》。釋徒共信此說，雖然宋朝的錢易認為梁武的製懺，並不是為郗氏而發，但可知此說早已存在，且流傳得極為普遍；而佛教的懺法科儀，肇自梁武時期，大概也是不易之論。

今日民間常以懺法來消災薦法，常見的懺法，如《慈悲道場懺法》、《慈悲水懺法》、《慈悲血湖寶懺》、《慈悲十王妙懺法》等。這些懺法，都是以懺文的形式寫成；目的在懺罪，常兼述人世無常、地獄苦況及自己自無始以來罪業深重，告以懺悔，祈求往生樂土。佛教的懺文，從其向三世諸佛懺悔，祈求消災滅罪、薦亡往生的觀念上看，和道教的上章首過的動機是相同的。道教早在東漢之世，就已經採行向天、地、水三官上章首過的作法，把自己所犯的惡業，寫於章紙上，向三官來懺悔，祈求赦免。道教的玉籙齋、塗炭齋、八節齋等更是以懺罪為主，因而佛教的懺法，當是受道教上章首過的作法所啟發。佛教承其說，也以懺文來消罪薦亡。

第三節 結語

在壇法儀軌方面，佛教受中土習俗及道教影響者，今從現存的佛經來看：以講經儀軌而言，佛教講經時之儀軌科範、講壇職司，受中國兩漢儒講及道教講經影響極深，法師、都講、維那、香火、梵唄等職，係仿自道教之法師、都講、監齋、侍經、侍香、侍燈。

都講一詞出自漢代，而講壇所用之香爐、如意、麈尾等物，亦為中土之製。

至於在壇場祈祭上，佛教密宗最重壇儀，而密宗將五佛分置五方，並和青赤黃白黑五色相配，則係源自中土五行生剋觀念。密宗胎藏界大曼荼羅，是仿自中土帝王郊天祀地之多重方壇或圓壇。金剛界的九會曼荼羅圖，則是仿自道教的《九宮貴神壇》。其中，密宗壇場以五佛、五方、五色、五行等相配繫，是最能令人看出它受中土陰陽五行說影響來的。

又，在一般壇儀方面，道教法會的開始，由主持法師執爐祝禱，稱名啟請，法事完後，有復爐等儀式；佛教亦仿效之。此外，道教法事忌見經期女、家畜、喪家、產婦等；在安宅及祀星禳災等祭壇上，以酒脯、紙錢來祈祭等；也都可以在佛經中找到受影響的形跡。

又，佛教禮佛的五體投地方式，出自中國九拜中的稽首、頓首禮。佛教的懺法，乃是肇自道教的上章首過，仿襲道教借懺罪以消災薦亡的理念而來。

第二章

道教信仰、習俗、方術對佛經的影響

佛教傳入中土後，除壇儀、講經儀外，也常受到道教星斗崇拜、符印、堪輿、命相、靈籤、養生、藥餌、時日、宅第吉凶、房中、避穀、食氣、冶煉、修仙等信仰、習俗及方術的影響，甚至把這些道教及中土所固有的思想也冠上佛說而載入佛經中。今依次擇其大者論述於下：

第一節　道教星斗崇拜及時日吉凶等信仰對佛經之影響

中國對星斗的崇拜，始見於《尚書．堯典》：「寅賓出日」、「寅餞納日」；周世載籍如《左傳》、《國語》等，常見以星象來占卜人事；而據《史記．封禪書》、《漢書．郊祀志》所載，秦漢時便把北極、南北斗、七政（日月及金木水火土五星）、二十八宿等諸星，列入國家重要的祀典中，並以諸星來象徵天帝及天上諸神。《淮南子．天文》、《史記．天官書》，更把天上二十八宿拿來和地上的九州及各諸侯國相配應，藉由天象來斷定人事；如二十八宿中角、亢屬鄭；

氐、房、心屬宋；尾、箕屬燕等等。

又，中土把二十八宿再區分為四靈，東方七宿為蒼龍，南方七宿為朱雀，西方七宿為白虎，北方七宿為玄武。這種四靈二十八宿之說，起源極早，近世曾侯乙墓出土的漆箱圖案（西元前五世紀文物）中，除二十八宿外，並有蒼龍、白虎圖；而西元 1988 年在河南濮陽西水坡發現仰韶期編號為 45 號墓穴，其年代據樹輪校正年代則為西元前 4510 年，即距今約 6460 年，墓穴中墓主屍骨的北方有北斗，東有蒼龍，西有白虎之形；蒼龍、白虎及北斗斗魁，係以蚌殼擺塑而成；北斗之斗杓，則為二根人體脛骨。斗杓指東，魁枕西。這些年代極為久遠的地下文物出土，足以說明了四靈二十八宿之說，出自中土，非傳自印度。以上是中國方面有關星占的傳統說法。

至於印度的星占曆法，係承襲自希臘，採十二宮之說。十二宮，將天上常見的星群，區分為獅子座、天蠍座、射手座、處女座等十二個。中土的二十八宿，則把天上常見的星群區分為斗、牛、畢、昴等二十八星座。中、印兩者對星星的劃歸方式不同，無法混為一談。

道教乃承襲中國舊說，並且極度崇拜星斗，尤其是北極星和南北斗；以為北極為天帝的表徵，而南北斗星君，主宰人類的生和死，所謂南斗主生，北斗主死。道教並依人出生的年歲生肖不同，而劃歸北斗七星君所轄，其配屬為：午年生人屬北斗破軍星；己、未年生者屬武曲星；辰、申年生人屬北斗廉貞星；卯、酉年生人屬文曲星；寅、戌年生人屬祿存星；亥、丑年生人屬巨門星；子年生人屬貪狼星；說見《太上玄靈北斗本命延生真經》。

再者，中土在時日吉凶方面，有所謂的建除十二客，用此來配繫曆日，訂出吉凶生剋，以做為行事之宜忌；如某日宜嫁娶，不宜破土建宅；某日適宜遠行搬移等；而這種時日生剋宜忌之說，則早在戰國時已存在。近世甘肅天水放馬灘戰國晚期一號秦墓出土的甲、乙種《日書》，已將「建、除、盈（滿）、平、定、執、彼（破）、危、成、收、開、閉」等建除十二客，拿來和一年十二月中之十二地支（子、丑、寅、卯、辰、巳、午、未、申、酉、戌、亥）循環相配，並說明建除十二客所主之吉凶宜忌；如云：「春子、夏卯、秋午、冬酉，是（此）是人彼（破）日，不可築室，為嗇夫，娶妻嫁女；凶。」道教也承繼了中土時日吉凶之說，並把它運用在法術壇場的行事上。

道教的北斗七星神、星斗崇拜和時日吉凶說，其後都深深的影響了佛經。

在星斗方面，佛教說日月五星在乾陀羅山的上空，和四天王天同高，是須彌山一半，距地面為四萬二千由旬；四天王天以上沒有日月星辰，由天人身上衣物、宮室器物等自然發光，光明晃耀；說見陳·真諦譯《阿毘達磨俱舍論》、唐·玄奘譯《阿毘達磨順正理論、顯宗論》、《長阿含經》卷二十〈忉利天品〉、《大樓炭經》卷四〈忉利天品〉等。日月星辰既在色界最低層的四天王天中，因此，佛教原無星斗崇拜之說；更無北斗七星君之稱，同時也沒有二十八宿之名及時日吉凶十二建除之說。但佛教東傳後，受中國影響，也把這些冠上佛說，出現在經文中。這些經卷，如三國．支謙、竺律譯《摩登伽經》、西晉．竺法護譯《舍頭諫太子二十八宿經》、東晉．失名譯《七佛八菩薩所說大陀神咒經》、隋．闍那崛多譯《大威德陀羅尼經》、隋．那連提耶舍譯《大方等大集經．日月藏分》、唐．不空譯《文殊師利菩薩及諸仙所說吉凶時日善惡宿曜經》、唐．法成譯《諸星母陀羅尼經》、失名譯《龍樹五明論》、唐．不空譯《佛說熾盛光大威德消災吉祥陀羅尼經》、唐．波羅頗蜜多羅譯《寶星陀羅尼經》、西天竺國婆羅門僧金俱吒撰集《七曜攘災決》、唐．一行撰《七曜星辰別行法》、一行修述《梵天火羅九曜》、一行撰《宿曜儀軌》、唐．金剛智譯《北斗七星念誦儀軌》、灌頂阿闍梨述《北斗七星護摩祕要儀軌》、婆羅門僧《佛說北斗七星延命經》、唐．不空譯《七星如意輪祕密要經》、唐．義淨譯《佛說大孔雀咒王經》、唐．不空譯《佛母大孔雀明王經》、唐．法全集《供養護世八天法》、宋．法賢譯《難儞計濕嚩囉天說支輪經》、敦煌寫卷伯 3732 號《佛說提謂經》、敦煌寫卷伯 2322 號《二十八宿真言》、《文殊破宿曜真言》等。

上述的這些佛經，有的混二十八宿於十二宮中；有的取中土北斗七星貪狼、巨門及二十八宿等星神之祈祭延生及禳災方式；有的採中土二十八宿和九州各國的配屬關係來說災變；有的以二十八宿和每月三十日輪流相配，來論述時日吉凶；受中土及道教之影響是至為顯然的。其中一行所撰的《梵天火羅九曜》卷末竟然附了道教《葛仙公禮北斗法》，且許多佛經中談及祭北斗七星時，所用的方式都與《葛仙公禮北斗法》相同。

又，道教北斗貪狼、巨門、廉貞等七星君之名，常出現在佛經中；佛經以北斗七星為祈祭對象的經典，便有多本；而不得向北唾液、便溺等忌褻瀆北斗神祇之說，也常出現在佛經中。如唐．婆羅門僧譯《佛說北斗七星延命經》云：「南無貪狼星，是東方最勝世界運意通證如來佛。南無巨門星，是東方妙寶世界光音自在如來佛。南無祿存星，是東方圓滿世界金色成就如來佛。南無文曲星，是東方無憂世界最勝吉祥如來佛。南無廉貞星，是東方淨住世界廣達智辨如來佛，南無武曲星，是東方法意世界法海遊戲如來佛。南無破軍星，是東方琉璃世界藥師琉璃光如來佛。」文中則是將道教北斗七星君，說成是七佛之化身。又如西天竺婆羅門僧金俱吒撰集《七曜攘災決》云：「復，日歷天一周，眾生為之歲；月歷天一周，眾生為之一月。若所至其宿度有五星，與太歲、五行，『王、相』合者，必生貴人；若與月五行合者，亦生貴人；若月至『休、廢、囚、死』宿，所生之處多為庸人。」王相休囚廢之說，出自中土，漢世已有之，而此經則用來說人出生之貴賤，由所遇星而定。而善無畏譯《北斗七星護摩祕要儀軌》更是直接稱引道書，云：「是以祿命書云：『世有司命神，每至庚申日，上向天帝，陳說眾人之罪惡，重罪者則徹算，輕罪者則去紀。算書（盡）紀告，即主命已者。』」算紀為道教名詞，人壽增減三日為算，增減三百日為紀；經中竟然將算紀二字顛倒來用，足見囫圇吞棗。有關道教星斗對佛經影響之較詳細論證，請參閱拙作《道教星斗符印與佛教密宗》一書第一、二篇，臺灣新文豐出版公司，西元 1993 年 4 月出版。

第二節　道教符、籙、印對佛經之影響

道教認為符是靈文，印是信物，籙是鬼神名冊。這些都是天上大神所用之物，有極大法力。道教在東漢三張父子時，符籙咒印都已普遍在使用；三張父子自稱受籙於老君，並以符水咒說為人劾鬼治病。道士用它來溝通人神，除為人治病、驅鬼外，並用它來降真、登仙。而在使用時，則常配合噴潠、叩齒、咽津、禹步等方式進行。

符是將文字屈曲作成篆籀星雷之形。道教之印，則分為職司之印和符文之印；職司之印代表執印者的職司，而符文之印則與靈符作用相同。道教符、印的觀念，是由先秦符節印璽所啟發而來的；人臣憑藉著帝王所給的徵信文件——符節、印璽等證物，來命令下屬聽從。道士亦以象徵天上太上老君等大神所給的符、印，來命令小神小鬼聽命；所以道士在以符印作法時，常口誦「太上老君急急如律令」，用以要求鬼神照大神所令行事。東漢《太平經》中已見符文之運用。至於籙，三張父子已有之，《隋書．經籍志》說：「籙皆素書，紀諸天曹官屬佐吏之名有多少。又有諸符，錯在其間，文章詭怪，世所不識。」籙是大神所賜的證明身分的東西，擁有此籙，

即可差遣籙中所載諸鬼神。道教徒所佩用的籙，依修行程度高低而有不同，可用來識別在教中的地位身分，所以歷代道士，甚至帝王，都以獲得符籙，來證明自己身分地位的尊高；如東漢．張道陵自稱受老君的符籙經書；北魏．寇謙之說老子玄孫李譜授予圖籙真經；而北魏自太武帝後的多位帝王，也每以受籙為榮。

道教的符、籙、印後來也影響了佛教。佛經中受道籙觀念影響者，如東晉．帛尸梨蜜多羅譯《佛說灌頂經》卷三〈佛說灌頂三歸五戒帶佩護身咒經〉、同上經卷四〈佛說灌頂百結神王護身咒經〉、唐．善無畏譯《童子經念誦法》、《佛說咒時氣病經》，這些經卷，都列出了許多神祇名諱，有的神祇除名外，還有中土才有的「字」；並說書寫這些鬼神姓名，以五色線佩掛在身上，可以治病、驅鬼。如東晉．帛尸梨蜜多羅譯《佛說灌頂經》卷三〈佛說灌頂三歸五戒帶佩護身咒經〉：「神名蔡芻毘愈他尼，主護人身，辟除邪惡。神名輸多利輸陀尼，主護人六情，悉令完具……佛告梵志言：若男子女人帶佩此二十五灌頂章句善神名者，若入軍陣鬥諍之時，刀不傷身，箭射不入，鬼神羅剎終不嬈近……」同書卷四〈佛說灌頂百結神王護身咒經〉：「神名伊利寐鞞，字德無礙；神名尼烏廚遮，字棄自大……帶持結願神王名字，外諸惡魔無不除卻，獲善利安，令得吉祥。」印度之神，而卻有名有字，字之使用，顯係受中土影響。以上是道籙對佛經之影響。

至於佛經出現道教形製之符印者，則更多。如：梁．失名譯《阿吒婆拘鬼神大將上佛陀羅尼經》、唐・阿質達霰譯《穢跡金剛禁百變法經》、瞿多譯《佛說常瞿利毒女陀羅尼咒經》、唐・不空譯《佛說金毘羅童子威德經》、唐・一行譯《曼殊室利燄曼德迦萬愛祕術如意法》、唐・婆羅門僧將到此經唐朝受持《佛說北斗七星延命經》、唐・一行撰《七曜星辰別行法》、失名譯《龍樹五明論》、唐・武徹述《加句靈驗佛頂尊勝陀羅尼記》、唐・不空譯《大方廣佛華嚴經入法界品頓證毘盧遮那法身字輪瑜伽儀軌》、唐・不空譯《觀自在菩薩大悲智印周遍法界利益眾生薰真如法》、《大正藏・圖像部三・別尊雜記》卷十一〈六字經〉所載六字天王像及十二生肖符；以上是《大正新修大藏經》出現道教形製符印之經典。此外，敦煌寫卷亦出現含有符印之佛典，如：敦煌寫卷斯 2438 號《三萬佛同根本神祕之印並法、龍種上尊王佛法》、斯 2498 號《洗眼符、難產符等》、斯 4509 號《密教經典》、斯 4524 號《佛說咒魅經》、斯 4690 號《金剛神符》、伯 2558 號《佛說七千佛神符益算經》、伯 2602 號《觀世音菩薩符印一卷》、伯 3047 號《穢積金剛神符變病及延年法卷下》、伯 3835 號背面《符咒真言》、伯 3835 號背面《佛說大輪金剛總持陀羅尼法》、伯 3874 號《觀世音及世尊符印十二通及神咒》。

上述都是附有道教符印形製的佛教典籍；再者，也有的佛經雖談到符文的作用、佩帶方式，並說經中有幾道符印，但現存經典卻已佚去符印的；如失名譯《坙圄大道心驅策法》文中說有四十道符，上二十道治病，下二十道修仙證菩提，而今本經文已佚去符篆之形。

又如唐．菩提流志譯《佛心經》卷下說在赤紙上畫彗星形，用以治時疫；唐．寶思惟《大方廣菩薩藏經中文殊師利根本一字陀羅尼經》說用牛黃研墨在淨紙或絹帛上，畫所怖者之形，「四邊作齒嚂字圍之」；這些都是仿道教符文形製，而其靈符皆已佚去者。

又，上述的佛典，不僅是受道教符印的影響，有的經典內容甚且是抄襲道教經典而來；如敦煌寫卷伯 2558 號《佛說七千佛神符益算經》便是抄襲道經《太上老君說長生益算妙經》(《正統道藏．洞神部．神符類．潔字號》）而來。「算紀」為道教名詞，人命增減三日為算，增減三百日為紀。光看經名，便可知其抄自道教說。茲影附佛經《穢跡金剛禁百變法經》中之符印，見附圖三，可用以概見佛經抄襲道教符印之一斑。

第三節　道教宅葬、靈籤等信仰對佛經之影響

時日吉凶、星卜五行、堪輿宅葬之說，在中國西漢世已極盛行，《史記．日者列傳》文末所附褚少孫語，說漢武帝時曾聚會占卜之術士而問某日可否娶婦，文中所載當時的占卜術家有：五行家、堪輿家、建除家、叢辰家、歷家、天人家、太一家等；可見宅葬風水吉凶禁忌之說，在漢代已流行於當時的社會。

又，在葬埋風水方面，《漢書．藝文志．五行》載有《堪輿金匱》十四卷，東漢．王充《論衡．譏日》引到了《葬曆》、《堪輿曆》之文，亦可見在漢世已有專門論著存在。而在宅第吉凶上，王符《潛

一二二九 穢跡金剛禁百變法經

印法第二

①印 此印方一寸八分。刻之。呪一千遍。②日白膠香度之。則印日勿令人見。用印印心。得心智自然智宿命智。持印百日。即③得④住種種大法。⑤門

印 方一寸二分呪六百遍。以安樂。⑥得大自在。永離衆苦

印 ⑦悉香度之。帶行令一切人愛

印 方一寸五分。刻之。呪六百遍。以白膠香度之。用印印脚。便得飛騰。虛空所向自在

印 方一寸八分。刻之。用白膠香度之。呪七千遍。用印印足。可日行三百萬里無人得見

⑪神祕延命法

印 伏連。書心上即差。大吉急急如律令

印 心⑪痛。書之立即除差。大吉利急急如律令先呪七遍

⑫ 鬼病。朱書呑之 精魅鬼病之人。朱呑之七大書枚立瘥神驗

若⑬依法之人。取白檀綾二丈一尺七寸。白絲裹之。置於地輪世界。令人延年得七十歲。若無人盜者。即安自宅中庭。掘地七尺埋之亦得。又得聰明多智辯才無礙

此七道亦能治萬病。呑之亦令人長壽益智大神驗

此上七道用朱書紙上。呑之千枚。令人延年。即得與天地齊壽。不得令人見之

一二四〇

此上七道。若有人患一切病。以此符書之皆得除差。若人書符呑之者。延年益智大驗効矣

此上七道若有人求種種珍寶者。以朱書此符呑之滿七日。即有種種妙寶自然而至。若求他人財物。當書彼人姓名於符下。其人立即送物到

此上三符朱書床四脚上。常有八大金剛衛護⑭悉不暫捨。惟須嚴淨勿令汚染之物入房。切須慎之

圖三 《穢跡金剛禁百變法經》(《大正新修大藏經》冊二十一)

夫論》的〈巫列〉、〈卜列〉、王充《論衡》的〈解除〉、〈譏日〉、〈詰術〉、《後漢書．來歙傳附來歷傳》、《後漢書．鍾離意傳》注引《東觀漢記》等等，這些都談到了漢代在動土興建宅第時，須解謝土神；他們認為土石泉水為土地神之骨肉血液，毀傷它，將招致土地神的殃害，所以功成作畢後，須設祭解謝土神，否則將會有死病之災。再者，漢代人也認為宅中有青龍、白虎、甲乙等正神，有飛尸、咎魅、流凶等邪鬼；這些正邪等神，都要加以禱祝慰安，所以在宅第興建完成時，必須要解土祈祭，方能使住家平安。

又，在漢代除動土須祈祭外，當時也流行著宅第方位吉凶之說；他們把宅第按照屋與屋間，以甲乙丙丁十天干來排定次序，並配以五音；再將住家主人的姓氏依讀音時發音的不同，也分為五音；然後以五行生剋來決定門的方向。如商姓住戶的大門，不宜向南，因為商屬金，而南屬火，火可以剋金，「姓與宅相賊，則疾病死亡，犯罪遇禍」❶。這一類宅第吉凶說，在當時也有專書；王充《論衡．詰術》稱為「圖宅術」。

漢代宅第、葬埋方面的宜忌吉凶之說，在早期的道經中也都出現過。東漢《太平經》卷四十五〈起土出書訣〉說明動土須解謝土神的原因，在於建宅動土，會損傷地神的血肉筋骨，所以「地忿忿，使神靈生此災也」。而在葬埋方面，《太平經》認為所葬的地即是魂魄所依處的宅，宅的好壞，會影響死者是否能安養，連帶的也將使

---

❶語見王充《論衡．詰術》。

家屬受到祖先神靈的善惡之報。《太平經》卷五十〈葬宅訣〉說：「葬者，本先人之丘陵居處也，名為初置根種。宅，地也；魂神復當得還，養其子孫。善地則魂神還養也，惡地則魂神還為害也。」宅第、葬埋既會有吉凶之應，因而為了求吉避禍，道教便有安鎮宅第及墳墓的經典科儀出現，如《太上老君說安宅八陽經》、《無上三元鎮宅靈籙》、《正一醮宅儀》、《太上祕法鎮宅靈符》、《正一醮墓儀》等等。

佛經中，受道教的宅第、葬埋、風水吉凶之說的影響，而寫成的經典，如：後漢．失名譯《佛說安宅神咒經》、梁．失名譯《陀羅尼雜集》卷五〈佛說咒土經〉、唐．善無畏譯《七佛俱胝佛母心大准提陀羅尼法》、唐．不空共遍智譯《勝軍不動明王四十八使者祕密成就儀軌》、失名譯《佛說安宅陀羅尼咒經》等；以上為《大正新修大藏經》所收者。此外，敦煌出土寫卷與宅葬有關者更多，如：伯3915號、斯2110號《佛說安宅神咒經》、斯4360號、斯7298號《佛說天地八陽神咒經》、北7612號、斯3272號、斯6667號、斯6424號、斯5542號、斯5261號、斯2910號《佛說八陽神咒經》、斯3427號《謝土地太歲文》、北7677號《真言雜抄》、斯2717號《鎮宅文》等等。

上述的這些佛教經文，有的通篇抄襲道經，有的僅數語談及；而皆以佛說為名。現在略舉道經《太上老君說安宅八陽經》和東漢．失名譯佛經《佛說安宅神咒經》之部分經文於下，以供比較。

《太上老君說安宅八陽經》(《正統道藏．正乙部．逐字號》)：

若有善男子善女人，起造宅舍，驚動龍神，屋宇鳴喚，地華土裂。南堂北屋，東廂，門戶井竈，碓磨庫藏，船車寓止，六畜欄圈，莊舍寺院；但是屋宇房廊窟穴，觸犯天煞、地煞、年煞、月煞、日煞、時煞，四方諸煞，五方地祇，青龍白虎，朱雀玄武，將軍太歲，黃旙豹尾，十二時神，六甲禁忌，土公土母土府伏龍，一切惡煞。宜轉此經，禳謝所犯神煞，悉皆隱藏，遠送四方，各鎮方隅，不敢為害。……

後漢．失名譯《佛說安宅神咒經》（《大正藏》卷二十一）：

請清淨僧，設安宅齋，燒眾名香，然燈續明，露出中庭，讀是經典：某等安居立宅已來，建立南序北堂，東西之廂，碓磨倉庫，井竈門牆，園林池沼，六畜之欄；或復移房動土，穿鑿非時，或犯觸伏龍螣蛇，青龍白虎，朱雀玄武，六甲禁忌，十二時神，門庭戶陌，井竈精靈，堂上戶中，溷邊之神。我今持諸佛神力，菩薩威光，般若波羅蜜力，敕宅前宅後，宅左宅右宅中，守神神子神母，伏龍螣蛇，六甲禁忌，十二時神，飛屍邪忤，魍魎鬼神，因託形聲，寄名附著，自今已後，不得妄嬈我弟子等……

上述兩本佛道兩教的安宅經卷，都極短小，而我們由文字看來，不難看出有許多雷同處；也許《佛說安宅神咒經》不一定是抄襲這本《太上老君說安宅八陽經》；但它一定是抄道經而來，則可斷言。該經中所講的神祇，如螣蛇、青龍、白虎、朱雀、玄武、六甲、禁忌、十二時神、飛屍、邪忤等，無一不是道教及中土常見常說之神，皆與印度無涉，而卻冠以佛說，並以某人譯流行之，如不是印度受中土影響，即是譯者杜撰。而這類經典，在佛經中所佔的比例，卻是驚人的多（說見拙作《道教術儀與密教典籍》所列受道教影響之佛典；西元 1994 年 3 月新文豐印行），以那麼多的佛經出現中土思想、名相，而說印度不受中土影響，實在也令人難以信服。

又，佛教在安宅的經典上，我們常光由所述的名相，便不難判斷它和道教有密切關聯，這類的經典不少，除上述例證外，再如《佛說八陽神咒經》與道經《太上老君說安宅八陽經》，同有「八陽」二字，內容亦多雷同，這些都無法以純屬偶然，來自圓其說。

至於在靈籤方面，道教宮廟裡常以籤（長竹簡，也稱為神策）來占卜吉凶，與籤相應者為詩偈，也稱為「籤詩」。通常由信徒以擲筊（筊，為兩個半月形竹木製的東西，一正一反代表神祇答應）方式來抽出籤，再由籤上號碼找出相應籤詩，由詩偈上的意義斷吉凶；也有直接把詩偈寫在籤上面的。這種卜問吉凶的方式，在目前臺灣的宮廟中仍廣泛在使用。《正統道藏》所收的籤詩有《四聖真君靈籤》、《玄真靈應寶籤》、《大慈好生九天衛房聖母元君靈應寶籤》、《洪恩靈濟真君靈籤》、《靈濟真君注生堂靈籤》、《扶天廣聖如意靈籤》、

《護國嘉濟江東王靈籤》等。而佛經受道教靈籤影響的，則有東晉．帛尸梨蜜多羅譯《大灌頂經》卷十〈佛說灌頂梵天神策經〉及敦煌寫卷斯5614號《摩醯首羅卜》。前者是把詩偈寫在竹簡或帛上，放在袋子內，卜問時隨手抽出，視詩偈斷吉凶。《摩醯首羅卜》則是擲三次骰子（僅有一至四，四個數目字），將三次的數目並排，再找出與所擲數目相同的詩偈，察看吉凶。佛教的籤卜，顯然是受道教的影響而來。

第四節　道教辟穀、食氣及藥餌、冶煉等方術對佛經之影響

道教目的在追求神仙的不老不死境界，早在先秦時，即開始想藉由餌食藥物而達到長生成仙。《列子．湯問》、《韓非子．說林上》、《戰國策．楚策四》、《楚辭．九章．涉江》都有服食長生不老藥及餐食玉英、仙果以求長生不死的記載，而《史記．龜策列傳》文末附褚少孫語，引述當時書傳之文，論述伏靈（茯苓）時說：「伏靈者，千歲松根也，食之不死。」王充《論衡．道虛》說：「道家或以服藥食物，輕身益氣，延年度世。」又說：「（淮南王）得道，舉家升天，畜產皆仙；犬吠於天上，雞鳴於雲中。此言仙藥有餘，犬雞食之，并隨之而升天也。」《抱朴子．仙藥》也引到了道經《神農四經》說：「上藥令人身安命延，昇為天神，遨遊上下，使役萬靈，體生毛羽，行廚立至。……中藥養性，下藥除病。」而所服食的藥物，

據《抱朴子．仙藥》所說，礦物方面有：朱砂、雄黃、雌黃、黃金、白銀、雲母、石英、玉屑等；植物方面如：靈芝、松脂、茯苓、地黃、麥門冬、巨勝、黃精、朮、菖蒲等；動物藥被稱為肉芝，較著者有萬歲蟾蜍、千歲蝙蝠、千歲靈龜、山中小人乘車馬、風生獸、千歲鷰等等。

除藥餌求仙外，方士也以避穀和食氣來做為修仙之方。避穀是指不吃五穀雜糧，而藉由食氣以延長壽命。因此以道教而言，避穀是食氣的先聲。食氣，是吸食天地日月精華之氣；配合著導引、存思（觀想）來進行；修行者觀想吸入日月精氣，羽化成仙。避穀食氣之說當起於先秦，《莊子．逍遙遊》云：「藐姑射之山，有神人居焉，肌膚若冰雪，淖約若處子。不食五穀，吸風飲露。乘雲氣御飛龍，而遊乎四海之外。」屈原《楚辭．遠遊》：「吾將從王喬而娛戲，餐六氣而飲沆瀣兮，漱正陽而含朝霞。」漢．王逸注引道經《陵陽子明經》解釋六氣為：「春食朝霞；朝霞者，日始出赤黃氣也。秋食淪陰；淪陰者，日沒以後赤黃氣也。冬飲沆瀣；沆瀣者，北方夜半氣也。夏食正陽；正陽者，南方日中氣也。並天地玄黃之氣，是為六氣。」道教在食氣時，以天地日月之精氣，配四方、四季，而觀想吸食其氣之精華。湖南長沙馬王堆三號西漢墓出土的帛書《卻穀食氣》方，即是分別敘述春夏秋冬四季所應取食及所應去之氣，所言的氣名有朝霞、端陽、行暨（沆瀣）、淩陰、湯風等。兩漢避穀食氣之說甚盛；《史記．留侯世家》說張良欲從赤松子遊，「乃學辟穀道引輕身」。《史記．孝武本紀》說李少君以「祠竈、穀道、卻老方見上」。《淮南子．墬形》說：「食肉者勇敢而悍，食氣者神明而壽，食穀者知慧而夭，不食者不死而神。」王充《論衡．道虛》說：「世或以辟穀不食為道術之人，謂王子喬之輩以不食穀……道家相誇曰：『真人食氣，以氣而為食。』故傳曰：『食氣者壽而不死，雖不穀飽，亦以氣盈。』」

避穀、食氣、藥餌而外，黃白冶煉術，亦是修仙大法。黃白，是指黃金白銀的冶煉法；道士相信吃了經由提煉得來的藥金，可以改變自己身體，使如金石堅硬，並長生不死。桓寬《鹽鐵論．散不足》說秦始皇時，「言仙人食金飲珠，然後壽與天地相保」。《漢書．淮南王傳》說淮南王劉安撰「《中篇》八卷，言神仙黃白之術，亦二十餘萬言」。道經《抱朴子．金丹》說：「夫金丹之為物，燒之愈久，變化愈妙。黃金入火，百煉不消；埋之，畢天不朽。服此二物，煉人身體，故能不老不死。此蓋假求外物以自堅固，有如脂之養火而不可滅。」

上述道教的這些修仙之術，佛經中亦頗有受其影響者。佛經這類經典甚多，略舉之，如：唐．善無畏《大佛頂廣聚陀羅尼經》卷二〈延年藥法品〉、唐．不空譯《聖迦柅忿怒金剛童子菩薩成就儀軌經》、唐．不空譯《佛說金毘羅童子威德經》、唐．菩提流志譯《如意輪陀羅尼經》、唐．伽梵達摩譯《千手千眼觀世音菩薩治病合藥經》、敦煌寫卷伯 2291 號《佛說大摩里支菩薩經》、伯 3835 號《大部禁方》、斯2673號《佛說三廚經》、伯2637號《觀音菩薩最妙香丸法》、伯2637號《佛說停廚經》、伯2637號《湧□方》、《休糧方》、伯2636號《喫草方》、《又喫草方》、伯2637號《出蠱毒方》等等；又，《大正新修大藏經．圖像部十一》收錄的《香要抄》、《藥種抄》、《香藥字抄》、《香字抄》、《藥字鈔》、《諸香藥功能形體等》、《香藥抄》、《香要抄》、《香要記》、《香抄》、《藥抄》等等，這些經典中，都有受道教服食藥餌、避穀、食氣及黃白冶煉等影響之經句出現。今舉例於下：

唐．不空譯《佛說金毘羅童子威德經》：

> 世尊！若有眾生求利智辨才者，依前誦咒一萬遍。當取訶梨勒十二顆，取蜜三兩，取井花水五升，煎取二升半；取彼果及蜜，陰乾擣篩，復坐和彼藥汁，夜間子時服之。其行人日吐三升黃金，令人增智，至二七日間服，力自在百劫已前事。又法，若人求隱形者，亦取如上二物，取水一斟，煎取五升，行人洗浴，即便隱形。又法，若欲現也，藥取黃牛酥少許洗，即或隱或現。

井花水，是清晨第一次從井底打起來的水，道教徒認為有特殊療效，常用以和藥；且佛經強調在子時服之，子時是中土以地支來記時辰，印度記時方式和中土不同，中土分晝夜為十二時辰；印度則唯有六時，把白天分為晨朝、日中、日沒；夜晚分初夜、中夜、後夜；唐・玄奘《大唐西域記》卷二：「六時合成一日一夜，夜三，晝三。」《阿彌陀經》：「晝夜六時雨天曼陀羅華。」子時是指夜間十一、十二時，古人一時辰，今為二小時；印度既不以十二支記時，又不把一日分為十二時，何來子時之稱；且彼合藥方式，如用某某幾兩，煎煮擣篩，以蜜和丸等，都是中土合藥之法；和《抱朴子・仙藥》及《雲笈七籤》之〈金丹〉、〈方藥〉所載諸藥方的合藥方式相同。上面所舉是藥餌，受藥餌影響之佛經較常見，不多舉；今再舉受道教避穀食氣影響的數本佛經做例子：

唐・金剛智譯《不動使者陀羅尼祕密法》：

> 一切利益成就法，欲受持者，先當行四種精進行，自約身心令念不散。一志堅固，速得證驗，令滿所願。云何四種行自約：一者斷食；二者服氣；三者食菜；四者節食。隨力所辦，自約身已。

唐・不空譯 《如意寶林轉輪祕密現身成佛金輪咒王經・放缽品第一》：

> 斷五穀粒，餐食松葉，吞水吸氣，禪定靜思。

唐・智通譯 《觀自在菩薩怛縛多唎隨心陀羅尼經・觀世音說療一切

病壇法》：

又法，若人欲斷穀者，取白蠟一方寸許，以粳米半升作粥，和蠟鎔令調和，服之得七日不飢。須咒二十一遍服之，亦可得三七日不飢。

唐．善無畏譯《慈氏菩薩略修愈誐念誦法》卷十第十品：

我今略說辟穀服藥而求悉地，速得成就。其藥名曰：桑耳、天門冬、棗肉、豆黃、白朮、桂心，又加人參。右如上藥等，各二兩，皆作細末，以白蜜和之，空腹頓服三彈丸，明日減服兩丸；後日即減，但常服一丸，以棗湯及蜜、人參等湯，皆須煎熟湯下之。服藥一劑，神仙三十年。再服妙藥兩劑，得四百五十年。第三劑服，得五千五百年。第四劑服，得四萬四千年。第五劑服，得五億五千年。第六劑服，與天地齊畢，此即名為服藥悉地。

《龍樹五明論》：

取禹餘糧二升、赤石脂一兩、白石英一兩、朱沙一兩。於一淨室中，取禹餘糧擣蓰作末，去中惡物。取赤石脂作末，蓰之使細好。各作末和之，以誦此咒，咒此藥二十返，以方寸匕日三食，一匕服令盡，即得十年不飢，氣力丁強大犇不可言。作時不食酒肉、五辛、芸薹，皆不得食之也。

將上述所舉佛經中的藥餌食氣之方，拿來和《雲笈七籤．諸家氣法》所載道經中之藥餌服氣相較，都很容易看出它受道教影響來。更有甚者，有的佛經則是直接抄襲自道經；如敦煌寫卷斯 2673 號《佛說三廚經》，此經經題下云：「西國婆羅門達多羅及闍那崛多等奉詔譯。」然其內容，是以東方木偈、南方火偈、中央土偈、西方金偈、北方水偈為主，以為誦唸此五偈，可以長生、不熱、不寒、不飢、不渴；藉此而修練成道。其修行法中，有中國五行生剋之觀念及道教咽津、避穀之法，而其五偈之文，乃抄襲道經《老子說五廚經》而來；《正統道藏．洞神部．玉訣類．是字號》及《雲笈七籤》卷六十一，均收有《老子說五廚經》，並有唐玄宗時道士尹愔之注，《雲笈》刊本經前且有尹愔上書玄宗皇帝之序，文云：「開元二十三年十二月十一日京肅明觀道士臣尹暗上。」此經在玄宗朝已有人作注，則其書當在唐前已存在；達多羅及闍那崛多為隋文帝時人，兩人所奉詔譯的東西，竟是抄自此經，而時人不敢指斥，大概也是長期來受佛徒以譯者為真的心態所欺，所以這些梵僧敢於大膽而毫無忌諱的偷取。

至於受道教黃白之術影響的佛經，如唐．善無畏譯《慈氏菩薩略修愈誐念誦法》卷下第九品以朱砂、牛黃、雄黃、龍腦、水銀等物合藥，點銅鐵錫等物為黃金。唐．不空譯《聖賀野紇哩縛大威怒王立成大神驗供養念誦儀軌法品》、唐．菩提流志譯《不空羂索神變真言經》卷十三、唐．智通譯《觀自在菩薩隨心咒經》、唐．不空譯《金毘童子威德經》、唐．善無畏譯《大佛頂廣聚陀羅尼經》卷四〈造珍寶品〉、宋．天息災譯《佛說大摩里支菩薩經》卷三等等，這些經卷中都有造黃金之法。

更據典籍所載，道士所造的藥金，在唐朝時連西域胡商也都有人願以高價收購；如《太平廣記》卷四百〈成弼〉條，載隋末唐初，成弼跟道士學煉丹，以丹藥化銅為黃金，婆羅門稱其金為「別寶」，文中並說：「外國盛傳成弼金。」而《歷世真仙體道通鑑》卷三十五〈王四郎〉條，載唐憲宗朝王四郎煉化黃金，「西域商胡，專此伺買」。此是道士所煉的黃金，廣被西域胡商所重。又，在隋唐之世，不僅道士修煉黃白之術，僧侶也受其影響，此風在宋初依舊在，「宋仁宗景祐二年，亳州僧人福清上言：臣僧徒不務祖風，悖毀本教，皆慕長生久視之道，希望飛昇天闕，乃傳黃老之道。今雖有坐禪之名，實非有觀心究性之旨。內則皆竊道家煉身中之鉛汞以求長生久視；外則修青金黃白之術，貪其財利。……乃下令：道士敢有勾引僧徒，貪其財物，傳授道法，及僧敢有不務祖風，竊修道教，私造假金銀、點茅、勾庚、乾汞、縮貨者，悉皆徙遼西邊戍，以備契丹」。可見中土僧人也受了道教黃白之術的影響。

又，不僅中土僧人受影響，印度胡僧也有從事丹藥修煉之記載，《舊唐書》卷一百九十八〈西戎．天竺國〉云：「是時就其國，得方士那羅邇娑婆寐，自言壽二百歲，云有長生之術，太宗深加禮敬，館之於金飆門內，造延年之藥，令兵部尚書崔敦禮監主之。發使天下，採諸奇藥異石，不可稱數，延歷歲月，藥成，服竟不效，後放還本國。」天竺方士自稱二百歲，造延年藥，這種行徑和《史記．封禪書》說武帝時的方士李少君是數百歲人，《抱朴子．道意》說三國時李寬號稱八百歲，同樣用這種技倆以自神其術；中土帝王因吃道士所煉丹藥因而喪命者，亦史書所常見。而，《舊唐書》卷八十四〈郝處俊傳〉云：「又有胡僧盧伽阿逸多，受詔合長年藥，高宗將餌之，處俊諫曰：『修短有命，未聞萬乘之主，輕服蕃夷之藥。昔貞觀末年，先帝令婆羅門僧那羅邇娑婆寐，依其本國舊方合長生藥，胡人有異術，徵求靈草祕石，歷年而成，先帝服之，竟無效。大漸之際，名醫莫知所為，時議者歸罪於胡人，將申顯戮，又恐取笑夷狄，法遂不行。龜鏡若是，惟陛下深察。』高宗納之，但加盧伽為懷化大將軍，不服其藥。」唐代崇信道教，除太宗是服蕃僧延年藥斃命外，像憲宗、穆宗、敬宗、武宗、宣宗等人都是服道士丹藥中毒而死；這是因為煉丹所用的鉛汞（水銀），含有劇毒的關係。

隋唐之世，由胡僧之愛煉長生藥、好黃白之術，及所翻譯佛經多中土道教修煉養生之說看來，道教藥餌、黃白、避穀、食氣等術，當亦曾影響於印度，且盛行於印度。

第五節　道教方技房中術與佛教密宗無上瑜伽

房中術為道教求仙方術中的一種，印度性力派及後期興起的密宗頗受其影響，論述於後：

一、佛教密宗的無上瑜伽

佛教密宗，醞釀於西元七世紀後半，約成立於西元八世紀初。密宗重壇儀、護摩（燒薪生火）、手印、真言（咒語）與觀想。以身（結手印）、口（誦真言）、意（觀想身內五輪與諸佛身境相應），以求和諸佛相感應，即身成佛。而密宗所謂的無上瑜伽，則是指男女雙身修法，係藉由男女性交的愉悅，使進入禪定覺悟的狀態。以為不必捨離世俗，而可即事成佛。無上瑜伽約形成於西元八世紀後半，係採印度性力派的修法而來，其後由印度而傳入西藏，元及清兩代曾流入中國宮庭中。清．畢沅《續資治通鑑》卷二百一十一〈元紀〉二十九，順帝至正十三年，記載元順帝時西藏僧人策琳心教順帝男女雙修法；清代北平雍和宮所陳設的男女性愛佛像，也都是屬於無上瑜伽修持法。

密宗無上瑜伽，承自印度性力派；印度的性力派是以智慧為女性，以真理為男性，男女交歡，象徵理智相合為一。密宗承其說，以金剛界（智）為男性，以胎藏界（理）為女性；以男女性交的佛像，象徵密教金剛界和胎藏界理智合一，能觀所觀相泯，為成佛之鑰。

印度的性力派在採男女雙修法時，通常配合著曼荼羅、咒言、觀想而進行。在觀想時，是將人體區分為頂、眉、心、臍、腰下數個重要部位（蓮輪），每一部位皆有神祇與之相應，並以中央脊骨象徵須彌山。觀想處於最底部的軍荼利（或稱為拙火、蛇火、明王）覺醒，依次上昇至身體內各蓮輪，並與各蓮輪的神祇相合，而後昇至絕頂，使男女性相結合為一。密宗採其說，將人體頂、眉、心、臍、腰下等五部位，拿來和五大（地、水、火、風、空）、五色（青、赤、黃、白、黑）、五方（東、西、南、北、中）、五臟（心、肝、脾、肺、腎）、五行（金、木、水、火、土）、四季（春、夏、季夏、秋、冬）、魂神（精、神、魂、魄、志）、五梵字（阿、鑁、藍、含、欠）、五形（方、圓、三角、半月、火焰）、五部（金剛部、蓮花部、寶部、羯磨部、虛空部）、五蘊（色、受、想、行、識）、五佛（阿閦佛、阿彌陀佛、寶生佛、不空成就佛、大日佛）、五智（大圓鏡智、妙觀察智、平等性智、成所作智、法界性智）等等相配，用來觀想。唐．善無畏譯《大毘盧遮那成佛神變加持經》、《尊勝佛頂修瑜伽法軌儀》、《三種悉地破地獄轉業障出三界祕密陀羅尼法》、《佛頂尊勝心破地獄轉業障出三界祕密三身佛果三種悉地真言儀軌》、《佛頂尊勝心破地獄轉業障出三界祕密陀羅尼》等密宗重要典籍，所說的修煉方法，大抵相同，都是把自己身體觀想成一個大曼荼羅，並觀想諸佛現身於吾人體內各相關部位，使自身變成曼荼羅身。

印度性力派所具的兩種修持特色：一是男女雙修，一是五輪觀身法，都先後被密宗所沿用，男女雙修即是密教的無上瑜伽；而五輪觀身，則是唐代密典金胎兩界所常見的觀想方式。密宗及印度性力派的這兩種特色，和中土道教修仙方式中的房中術及內丹導引說極為相近；以歷史源承上看，應是印度受中土影響而來。

二、道教房中術與佛教密宗

房中術為道教重要的方術，以房中術來修仙，源起極早，方士相傳黃帝御千二百女而成仙；黃帝之說可能略嫌久遠無徵；然而西元 1973 年在湖南長沙馬王堆三號西漢墓中（墓主為西漢文帝時人），出土了不少醫書；其中《雜療方》、《十問》、《天下至道談》、《合陰陽》等都與男女房中術有關。而《合陰陽》所述的男女採補之法，和清末．葉德輝自日本取回的《素女經》說法相近。《素女經》見載於《隋志》，而東漢．王充《論衡．命義》也說：「素女對黃帝陳五女之法，非徒傷父母之身，乃又賊男女之性。」可見《素女經》的採補術存在已久，又班固《漢書．藝文志》載錄跟房中術有關的書籍，計有《容成陰道》、《務成子陰道》等共八家，百八十六卷。

由文獻上看，中國道教的房中術，從西漢到六朝，甚至到明代，一直盛行不衰；《抱朴子．釋滯》說當時房中術流行的派別有十家之多。六朝北周．甄鸞《笑道論》〈道士合氣〉條，曾敘述當時道教徒在道觀修行房中術的情形說：

> 《真人內朝律》云：「真人日禮，男女至朔望日，先齋三日，入私房，詣師所立功德，陰陽並進，日夜六時。」此諸猥雜，不可聞說。又《道律》云：「行氣以次，不得任意排醜近好，鈔截越次。」……臣年二十之時，好道術，就觀學，先教臣黃書合氣三五七九，男女交接之道，四目兩舌正對，行道在于丹田。有行者，度厄延年。

道教的房中術，男女交接時，須在觀內進行，先禮拜真人圖像，齋戒，並配合科儀、存思（觀想）來進行，在性交時觀想吸取女性瀾液，以陰補陽（《抱朴子．微旨》）。綜歸之，道教的房中術是想藉由男女的媾合，配合行氣、觀想，並藉由寺觀中的科儀，來使自己成仙延年。而印度性力派和密教無上瑜伽的男女雙修法，也是藉由男女交合、觀想，及道場科儀以進行，以求即事成佛。兩者的共通處不言可見。印度的性力派，興起於七世紀，而佛教密宗則興起於八世紀，與西元前一百多年西漢文帝時代已盛行於中土的房中術相較，顯然晚出甚多。房中術又是長久以來，即是道教修仙的一種方式，在中土歷代均盛行不衰，而印度性力派和中土道教房中術卻如此相近，不能不令人懷疑是印度受中土道教影響而來。如果說光從兩者都以男女來修道，來證明抄襲，證據稍嫌薄弱，那麼我們底下再從印度的性力派及密宗的觀想方法上看，便可以更清楚了。

印度的性力派在觀想時把人的身體分為五部蓮輪，並認為人體各部位有神祇和它相應，修行時是觀想氣由底部往上昇，而到達頂部。這種把人體區分為幾個重要部位，並說各部位有與之相應的主司神祇，再配合導引吐納，來引氣周行體內的修煉方式，是向來道教內丹所常見者；舉例來說《上清大洞真經》的修煉法，便是如此。且在內丹導引上，早在戰國之世即已存在。《莊子．刻意》：「吹呴呼吸，吐故納新，熊經鳥申，為壽而已矣，此道引之士，養形之人，彭祖壽考者之所好也。」《莊子．大宗師》：「真人之息以踵，眾人之息以喉。」而馬王堆西漢墓出土的醫書中有《卻穀食氣》、《導引圖》、《養生方》及西元 1984 年江陵張家山出土的漢簡《引書》❷；這些出土書簡，它們被抄寫的年代至遲都在西漢呂后至文帝間，而它們成書的年代，則當更久遠。這些書簡都是討論導引吐納之術的。

導引吐納是引氣使周行於體內，那麼氣所行之處，必有重要部位以做為基石，須要於引氣時特別留意者；東漢．桓譚《仙賦》(《藝文類聚》卷七十八引）說：「積氣關元，精神周洽，鬲塞流通，乘凌虛無。」積氣關元，即是一般所說的「氣聚丹田」。道教的丹田分為上中下三者；據《抱朴子．地真》所說，上丹田在兩眉間向內三寸處，中丹田在心下，下丹田在臍下二寸四分處。換句話說：道教導

❷彭浩〈張家山漢簡「引書」初探〉，以為《引書》的抄寫年代不會晚於西漢呂后二年（西元前 186 年）。彭氏文刊於西元 1990 年第十期《文物》。

引，氣所守者為眉、心、臍三處；與印度所守者同。而頭頂天靈蓋及尾呂底部，亦是道教打通任督二脈所須行經處；因而在人體部位上，兩者所重是相同的。除上五處，腎與喉也是道教導引所常見的氣聚部位。再者，人體各部位與神祇相應的情形，道經中如《太平經》卷七十二〈齋戒思神救死訣〉、《太上黃庭內景玉經》、《太上黃庭外景玉經》、《上清紫精君皇初紫靈道君洞房上經》，這些經中都說人體中每個部位都有相應的神祇守著，如《黃庭內景玉經》說：「泥丸百節皆有神，髮神蒼華字太元，腦神精根字泥丸，眼神明上字英玄，鼻神玉壟字靈堅，耳神空閑字幽田，舌神通命字正倫，齒神鍔鋒字羅千……」道教說連人體的頭髮、眼、耳、鼻、舌、牙齒等都有神，不僅僅是頂、眉、心、臍、尾呂處而已。而近世在印度、西藏、尼泊爾等處所發現的五輪（有五輪，也有六輪、七輪者）觀身圖，也常配上相應的神祇；這些圖，有從八世紀至十九世紀的。

觀想神祇進入吾身，守住吾身中相應部位，是道教東晉上清派存思的特色；印度性力派興起較晚，印度性力派及密宗的修行方式，當是受中土道教影響而來。如有人對筆者此論仍有懷疑，那麼我們可以再舉一事，證明是印度抄襲中土：密宗在修行五輪觀身法時，常配合著曼荼羅圖而進行，曼荼羅圖上畫有佛菩薩等各神祇，其中最重要的為五佛，此五佛與五色、五方、五行、五臟、五智、五蘊、五輪、四季、人體五部位等相應。這種搭配方式，其實就是襲自中土的陰陽五行說；其中五色、五行、五臟之說，更可明顯看出是中土的傳統說法。這些雷同，足夠證明印度性力派及密宗，是受中土道教影響而來。

今再舉印度學者自己的說法，來印證其事。

A、印度アジツト・ムジケルジ一撰、日本松長有慶譯《タントラ東洋の知惠》一書中所述道士對密教的影響

筆者所見的《曼荼羅東洋的知惠》一書，是日本友人稻谷祐宣所寄贈，該書是日本新潮社刊印，昭和五十六年（西元 1981 年）發行，平成四年五月十六刷；原著者為印度人アジツト・ムジケルジ一，西元 1915 年出生，在印度加爾各答大學研習印度古代史，並在英國倫敦大學取得碩士學位，曾在印度及歐美各大學講學，是這方面的權威。該書第三章頁 42、頁 43，言及印度 Tantric 之修行法中，有的是道教道士ボーガル（人名）和印度曼陀羅師ヴァシスタ（人名），二人傳入印度者。在 Tantric 正規之一百九十二種修行法中，即有六十四種是從中國傳去，摻有道教所傳式樣。這些論述，可以印證道教確曾影響印度本土的佛教密宗。今將該書相關譯文錄述於下：

《曼荼羅東洋的知惠》：

「曼陀羅行法有一種方式，稱為チ一ナチヤラ，則以中國方式稱呼，那是由道教的先進ボ一ガル和印度曼陀羅師ヴァシスタ，二人帶進印度的。所謂大中國的名稱，可以當為中國或西藏。

在一百九十二種正規的曼陀羅裡，有六十四種的曼陀羅，是從這地區被帶過來的。大乘的曼陀羅主義，以後才發展出來，有不少可觀的曼陀羅出自於尼泊爾、不丹、錫金。曼陀羅主義，在幾個世紀之間，成為全印度的現象，其痕跡仍殘存於不少的主要宗派裡。」

上述引文，談及道教道士曾入印度傳授道教修行法門，影響了密教的修煉方式。雖然文句簡短，但已可確知道教曾影響印度密教，在密教一百九十二種正式修持法門中，涵藏了六十四種道教道士所傳授的壇儀修持法門。

B、黃心川〈道教與密教〉一文所引印度學者論述道教對密教的影響

黃心川是長期研究佛教的大陸學者，最近也開始注意到道教對佛教密宗的影響，他收集了許多印度學者相關的研究，撰寫成〈道教與密教〉一文，刊載於《中華佛學學報》第十二期（西元 1999 年 7 月出版，頁 205～218，台北中華佛學研究所發行）。文中借由印度學者的研究，論述了道教與密教的關係，是以較接近印度人的眼光，來看待道教和密教問題的文章；能讓人對道教影響印度本土，有較深刻的認識。黃心川〈道教與密教〉所引用到的資料有：S．K．查特吉〈印度與中國：古代的接觸〉，載《亞洲學會學報》西元 1959 年第一卷，第一期。P．C．雷易《古代中世紀印度化學史》頁 126

～127，加爾各答，西元1956年等等。文中有許多地方，僅談到印度學者之名，而未詳列文章出版情形；而其中引用P．C．雷易，也是轉引自德國恰托巴底亞耶《順世論》，頁425～427。雖然黃心川引用印度方面的資料，大都出自轉引，但仍可看出中土道教對印度丹藥及密宗的影響。

黃心川〈道教與密教〉云：

> 據印度師覺月、P·C·雷易、S·N·達斯古普塔、N·N·薄泰恰裏耶等等的研究和中印保存的大量的史料，可以得出這樣的結論：印度的密教和中國的道教不僅在古代和中世紀有過長期交往的歷史，而且在宇宙觀、生命觀和宗教修持方面有著驚人的相似之處，當然，這不是一種偶然的巧合，或者是宗教具有的共同的特徵，它有著深刻的社會歷史原因。

黃心川引述印度學者的看法，認為在宇宙觀、生命觀方面，曾受道教影響。道教太極生兩儀的陰陽學說及道物一體的理論，影響了印度密教宇宙論及女神崇拜。密教的「即身成就」，即是出自道教的「人道合一（道物一體）」以及道教以人身為一具體而微的小宇宙的觀念而來。接著黃心川認為，道教在修行法門上，影響印度密教的有五項：①房中術或性技術，②煉丹與製藥技術，③服餌養生法，④吐納調息法，⑤按摩或體操鍛鍊法。其中在論述房中術、煉丹製藥及導引吐納上，黃氏引述了不少印度學者的說法，可以從印度人的角度來看待道教、密教二者間的關係。引述於下：

黃心川〈道教與密教〉：

> 關於中印道、密性交技術的交流，在龐大的道藏中幾乎沒有一點蛛絲馬跡可尋，但在印度梵文和泰米爾文獻中卻有不少記錄。印度最早提出印度密教「女人道」（Vamacara，性交術）的是H・薩斯特利教授 (H. Sastri)。西元 1874 年印度 R・M・查特吉 (Rasik Mohan Chatterji) 在東孟加拉發現一批婆羅門教的文獻梵文文獻，這些文獻中提到了印度密教的「女人道」，並涉及了與中國道教的關係，其中重要的有 B・吉裹等所撰的《度母祕義經》(*Tararahasya*)、《風神咒坦多羅》(*Rudrayamala Tantra*) 和《摩訶支那道修法》(*Mahacinaeara Krama*) 等。西元 1908 年室利・文卡斯特瓦爾又編輯出版了《彌羅山坦多羅》(*Meru Tantra*)，這個坦多羅也涉及到了密教與中國的關係。西元 1913 年印度瓦倫特剌研究會 (Vaendra Research Society) 又編輯出版了《風神咒坦多羅》和《梵天坦多羅》，在這些文獻中都記錄了印度「女人道」來自中國的事實。在上述文獻中都提到印度密教中與救度母崇拜或獨結母崇拜 (Ekajaka) 有關的「女人道」都來自中國，印度密教中奉行的「五真性」供養也與中國有關。另外，還提到一個叫筏濕斯塔（殊勝，Vesistha）的密教徒曾親

自來中國向佛陀學習過「摩訶支那道」，據此，比利時的西爾維・萊維教授 (Sylvia Levi) 還進一步研究了「女人道」與中國祕密社會的關係。以上文獻中的記載，雖然不可能避免地帶有一些神話，但印度密教與中國道教交往的事實是確鑿無疑的。

黃心川〈道教與密教〉:

雷易在他的《印度化學史》中說，印度泰米爾文獻中提到的十八位密教「成就者」或大師中有兩位是中國人，他們的泰米爾名字叫博迦爾 (Bogar) 和普利波尼 (Pulipani)。博迦爾原是道教徒，在西元三世紀時去印度，最先住在巴特那、伽耶，嗣後遷居南印度，皈依了密教。他撰寫了不少煉金術和醫藥學的著作，並為印度培養了大批學生，後來帶著一批弟子回到中國，這些弟子在中國學成之後又回到南印度的納德，傳授「中國道」。另一個大師普利波尼與博迦爾一起到印度，定居於納德。他根據密教的觀點，用泰米爾文寫了不少有關巫術、醫藥、煉金術的著作。這些著作可能把中國道教煉丹的經驗融合到了密教中去。博迦爾和普利波尼的材料雖然在中國史籍中沒有記錄，但他們的事是確鑿無疑的。在博迦爾、普利波尼活動的年代，中國道教的黃白術已向煉丹術發展，當時只有道教徒才從事煉丹的工作，因此，他們道教徒的身分是可以肯定的。總之，博迦爾和普利波尼為中印密教與科學的交流作出了貢獻。

以上是印度房中術、煉丹製藥方面受中土道教影響的地方。黃文並說：「值得注意的是道教用以『補救損傷、治病，或以採陰益陽，增年益壽』的『還精補腦術』，至今還在孟加拉地區毘濕奴教闍塔尼亞派中流行。」不僅印度密教男女雙修，受中國道教的影響，在丹藥長生方面，更有中國的道士，曾赴印度傳教，並有印度人來中土學習煉丹術。另外，黃文談到道教導引吐納對印度密教的影響，也頗有可採處，轉錄於下：

黃心川〈道教與密教〉：

印密把印度古典瑜伽與密教的玄學思想結合以後，出現了很多派別，其中最重要的是由古羅俱商那特建立起來的訶陀瑜伽派(Hatha-Yoga)，他們的主要經典是《訶陀瑜伽燈明》和《濕婆本集》。訶陀瑜伽和無上瑜伽的母部都注意修呼吸技術和專注一點（「明點」）。這和道教中的修呼吸技術的吐納法極為相似。吐納法在我國春秋時就已流行，《莊子》曾提到「吹响呼吸，吐故納新」，馬王堆出土的《養生方·十問》中十分強調「息必深而久」，「深息以為壽」，這和印度教的密教訶陀瑜伽所要求的「呼吸要長而細微，注意間隔」等是相似的。道教很重視在吐納中的「存想」或「守一」（把意念存放在一起，例如放在丹田上），而印密也重視這點，印度祕密密教的無上瑜伽和印度教密教的訶陀瑜伽都主張在人體中有「三脈五輪」或「三脈六輪」，「三脈」指左、右、中三脈，祕密佛教認為，中脈位於背脊骨中，上起頂門，下達會陰，是人性命的中樞，左右二脈貼於脊椎左右。而訶陀瑜伽所主張的「三脈」(Triveni) 也位於大腦神經中樞。祕密佛教認為「五輪」(「五重脈輪」，相當於現代科學的神經節) 其位置在頭頂、喉、心、臍和會陰處。訶陀瑜伽主張有「六脈輪」，這些脈輪位於脊骨、前列腺區、腹部、心臟、喉部和頭頂穴。每重脈輪都有著若干脈結，連貫大小諸脈。這種說法與我國道教所主張的任督兩脈學說極為相似。密教所主張左中右三脈相當於道教的督脈、任脈，頂、喉、心、臍、會陰等脈輪大致位於任、督兩脈分布的很多穴位上（泥丸宮、神庭、重樓、絳宮、氣海等)。密教認為，人們在修習瑜伽時，可用氣息（風）的力量，引發背脊骨中潛藏的力量或靈體 (Kaudari) 由下而直上達頂端，打開脈結，獲得無盡的智慧和成就。道教也認為，在修持中可以使元氣自行發動，衝開督脈，以通任脈，使督、任周流，達到養生的目的。

以上是道教導引吐納對密教修持法門的影響；在這方面，筆者《道教與密宗》一書中也有述及。除了黃文所說道教留注丹田穴位的修持法門影響密教外；道教將身神和人體各部位相配，用以做為修持時觀想之用，上清派《上清大洞真經》所述的修行法門，即是如此；這種存思身神的修持法門，也影響了印度密教，筆者《道教與密宗》第一章附圖九，即影附了中央脊柱與諸蓮輪及諸神祇相對應圖，和道教內丹修煉圖極為相近。

黃心川文章對道教受密教影響處，能徵引印度學者的論著為證，此是黃文可貴的地方，但美中不足的，是引用印度學者的資料時，未能詳細列述書名、出版情形，如上引論述道教房中術對密教女人道的影響所徵引的印度學者之說，僅列人名，未能詳列其文章出處，及出版情形。

有關這方面更詳盡的舉證論述，及圖表比較，請參見拙作《道教與密宗》第一章，西元 1993 年 4 月臺灣新文豐出版公司出版。

第六節　道教節慶、習俗對佛經之影響

道教習俗節慶，對佛教影響亦多。其中較著者，如守庚申及中元節，為道教重要的節日，佛教對這兩節日也有仿效。而中土的蠶神信仰、道教的重視童男女、劍鏡、以人偶來行厭勝祈祭等等，對佛教也都有所影響。

在守庚申方面。道教以為人身中有三尸蟲，三尸亦名三彭，即彭琚、彭質、彭矯。三尸每以庚申日上天白司命，道人過惡，希望人早死，可以放縱遊行。道教徒每到庚申日，為免三尸乘人睡時上天奏人過惡，奪人算紀，所以常設供祭，舉行法會，誦經行道，徹

夜不眠，稱之為守庚申。佛教也仿襲道教的庚申會，並把所祀的神改為青面金剛，佛教庚申會所唸誦之佛經為唐·阿地瞿多譯《陀羅尼集經》卷九〈烏樞沙摩金剛法印咒品〉及唐·空碁述《青色大金剛藥叉辟鬼魔法》。僧徒也有自覺這樣仿效是不當的，而加以抨擊者，如：宋·贊寧《大宋僧史略》卷下〈結社法集〉云：「近聞周鄭之地，邑社多結守庚申會。初集鳴鐃鈸，唱佛歌讚，眾人念佛行道，或動絲竹，一夕不睡，以避三彭奏上帝，免註罪奪算也。然是實道家之法，往往有無知釋子入會圖謀小利，會不尋其根本，誤行邪法，深可痛哉！」《谷響集》卷九云：「當世僧俗，翕然以守庚申為滿眾願之要法。行之，造猿形為神，圖青面金剛像為本尊。」近世佛徒雖已不見有庚申會，但佛教所謂精進佛七，徹夜誦經禪坐，疑即是由庚申會蛻變而來。

在中元節方面。農曆七月十五日中元節，原為道教的節慶，但西晉·竺法護譯《佛說盂蘭盆經》也以這一天為盂蘭盆節，並說在這天設祭施僧，可以普渡地獄眾鬼魂。其實《佛說盂蘭盆經》乃出自偽撰，理由約如下述：1、印度曆法和中土不同，唐·玄奘《大唐西域記》卷二，說印度把一天分為六時，晝夜各三。並把一個月分為黑白月，黑月是農曆十六至月底，有時十五天，有時十四天；白月是農曆初一到十五。黑月在前，白月在後；黑白月合成一個月。印度並以六個月為一「行」，二行合為一年。因此，印度只有七月白月十五或七月黑月十五，而沒有七月十五之稱。而印度所用的曆法承自希臘，也和中土的農曆不同。2、不僅曆法有別，經中言及救贖七世父母者，有九處；佛教重自業自受，救贖七世先祖眷屬，係六朝道經常用語。3、孝為中國文化的特色，印度並不強調孝。4、經中有貶抑道士之語。5、《盂蘭盆經》的內容，與道教中元節救贖先祖亡靈的內容相同。這些都可以證明此經為偽。清．俞正燮《癸巳類稿》卷十四〈道笑論〉云：「道教中元施食，事由元都大會。釋家自論博叉（月也），不合中憲日月，乃言七月十五，目連面然，別生典故，矙施小利，便背佛憲。後又傳訛婆那作盆，倒懸為盎。襲用中元，明是道士餘談。盆混婆那，豈非室如懸磬，觚卻不觚，釋將非釋，良可笑也。」又，有關中元節與佛教盂蘭盆節的詳細論證，詳見本書第六章。

在蠶神信仰上。養蠶織布創自中土，中土以馬頭娘為蠶神。晉．干寶《搜神記》卷十四敘述了傳說中馬頭娘的故事，並由《史記．天官書》、《周禮》等來考證馬星與蠶的關係。而佛徒卻把馬鳴菩薩牽引進來，把他變成為蠶神；由此撰成的佛經有唐．金剛智譯《馬鳴菩薩大神力無比驗法念誦軌儀》、唐．不空譯《馬鳴菩薩成就悉地念誦》、《大正藏．圖像部》卷三、《圖像抄》卷六〈圖像五二．馬鳴菩薩〉下，有文字介紹馬鳴菩薩形貌、手印、咒語等供養儀，並有讚語。《圖像抄》卷六編號為 53〈馬鳴菩薩曼荼羅〉所畫的即是蠶神馬鳴菩薩；上述皆是以馬鳴為蠶神的佛典。馬鳴為印度人，與養蠶毫無相干，而印度來華的僧人，卻牽強附會，說成蠶神。

在法會重視童男女上。周世祭祖時，常以孫輩童男女為尸。春秋時干將、莫邪以童男女三百人鼓炭鑄成寶劍。秦始皇遣徐福帶童男女數千人入海求仙；漢武帝令八歲童女三百人於通天臺上祈祀招仙。道士在鑄劍時，須以童男女來進火及以水灌銅。煉丹時以童男女來看守丹鑪。道教房中術採補的對象，重視十五歲以下的童男女；在道經中以童男女（金童玉女），來做為仙界大仙的侍者；在行術法時，則以紙糊或紙剪的童男女來施法，今日醮儀及喪葬仍可看到紙糊童男女。

佛教受道教影響，除敦煌出土普賢菩薩像旁以童男女為侍外（圖見《敦煌寶藏》冊五十四，美 709 號），近世民間佛龕上，亦以善才蓮女做成童男女狀，侍立在觀音大士旁。而密宗用童男女更多，這類經典多得不勝枚舉，如唐．不空譯《大藥叉女歡喜母并愛子成就法》、不空譯《七俱胝佛母所說准提陀羅尼經》、宋．天息災譯《佛說大摩里支菩薩經》、唐．菩提流志譯《不空羂索神變真言經》等等；宋．贊寧《宋高僧傳》卷一〈唐洛陽廣福寺金剛智傳〉文末系語，曾對佛教這種現象加以解釋：「系曰：五部曼拏羅法，攝取鬼物，必附麗童男處女，去疾除袄也絕易。近世之人，用是圖身口之利，乃寡徵驗，率為時所慢。吁！正法醨薄，一至於此。」密宗興起於八世紀，以童男女來行術法，應是受道教影響而來。

在劍鏡上。道教常以劍、鏡、印、籙做為道法傳承的依據。劍、鏡，並為道士常見的隨身佩物，及道法科儀中的必備品。劍在斬魔，鏡在照妖。此外劍鏡與其他壇法配合，可以用來治病、驅鬼、退敵、延生、召雷電、制鬼神，分形變化，證道成仙。佛教中受劍鏡影響較深者為密宗。密教中部分經文也以劍來斬魔，以鏡照妖；以劍鏡配合壇儀來治病、驅鬼、退敵、證道、延生。唐・善無畏譯《七佛俱胝佛母心大准提陀羅尼法》云：「咒鏡一百八遍，以囊匣盛鏡，常得將隨身。」並說以鏡映照「魔鬼、失心、野狐、惡病，皆於鏡中現其本身，殺放隨意，更再不來」。所言配鏡用鏡法，與道教不異；而唐・阿地瞿多譯《佛說陀羅尼集經》卷一所述止雨法，作法者頭纏黃繒，手執劍遶行，揮擬四方；其服飾、其儀法，會讓人聯想到頭纏絳巾的道士，手執劍，禹步作法。

在人偶厭勝上，《禮記・檀弓下》已有「塗車芻靈，自古有之」之說。《山海經》（王充《論衡・訂鬼》引）說：「立大桃人以驅鬼。」《戰國策・齊策三・孟嘗君將入秦》，以祭祀後被棄置的土偶人和桃梗人的對話，勸孟嘗君不可入秦。到了漢代，武帝時芻靈人偶，被用來做為施法厭勝的工具。《漢書》卷六〈武帝紀〉、卷六十三〈武五子傳〉、卷四十五〈江充傳〉、卷三十六〈公孫賀傳〉、《資治通鑑》卷二十二〈武帝征和二年〉等均載錄西漢武帝時所發生的巫蠱禍。所謂巫蠱，是以人形偶為施法工具；在人偶上，書寫被害人姓名、出生年月；經由祭禳詛咒後，並以錐刺釘刺人偶身上，或頭足、或手心、或肩腹等，被釘刺之處，被害人將感到錐痛，並因而致病、死亡。這種厭勝術，自武帝後，幾乎史不絕書，同時也蒙上了濃厚的道教色彩。如《宋書》卷九十九〈二凶傳〉、《太平御覽》卷七百三十五〈方術部．厭蠱〉引《梁書》、《陳書》卷二十八〈長沙王叔堅列傳〉、《北齊書》卷八〈後主紀〉、《太平御覽》卷七百三十五〈方術部．厭蠱〉引《北齊書》、《隋書》卷四十五〈文四子傳．庶人秀傳〉、《舊唐書．高駢傳》。今舉《隋書．庶人秀傳》之文於下：

> 太子陰作偶人，書上及漢王姓字，縛手釘心，令人埋之華山下，令楊素發之。……上因下詔數其罪曰：……鳩集左道，符書厭鎮。漢王於汝，親則弟也，乃畫其形像，書其姓名，縛手釘心，枷鎖杻械，仍云請西岳華山慈父聖母神兵九億萬騎，收楊諒魂神，閉在華山下，勿令散蕩。

道教的人偶，除用在厭勝外，亦常用來做為禳災祈福時之替身。密宗興起較晚，人偶之運用，在密宗術法中佔很大比例，疑是受道教影響而來。如唐．不空譯《大藥叉女歡喜母并愛子成就法》云：「若有被囚禁枷鎖，種種口舌者，取五月五日桃木，密書彼怨人名字，加持一百八遍。又於真言句中，稱彼人名，加持求願語，釘入地，即得官府口舌解散無事。」所講五月五日、桃人、書名及口舌官訟，都是中土物事。又如宋．施護《佛說金剛香菩薩大明成就儀軌經》：「用阿栗迦木作冤家形像，於腹中書本名，以人骨作釘，釘於頭、臂、脅三處，彼即苦惱。若去釘，如故。」唐．金剛智譯《金剛藥叉瞋怒王息災大威神驗念誦儀軌》:「欲急殺惡人，畫人像、姓名，置調伏壇最初角，削竹釘穿立腹中，誦大靈驗真言，以暴惡卒怒心咒一百八遍，一遍一打，便斃。」失名譯《摩醯首羅大自在天王神通化生伎藝天女念誦法》:「若有怨家興起惡意，以用朱砂，或其赤土，書名或書形。於左脚下踏之，念誦，夜後作之一百八遍。無問遠近，彼怨自來求解怨結，心生和順，轉生愛敬。」朱砂為道士法事常用物；而上述所言術法，和道教人偶厭勝亦無異。密宗像這類的例子頗多，不另舉。

第七節　結語

佛教不僅壇儀受道教影響，甚至道教術法、習俗及信仰，都對佛經有某種程度的影響。道教對星斗的崇拜，尤其對北斗七星君的信仰，從六朝至唐宋，常見被佛教徒採用，摻雜在經典中；貪狼、巨門、廉貞等七星君，也成為佛教禳災祈福的對象，中土蠶神馬頭娘的信仰，經佛經附會，而成為馬鳴菩薩。

再者，道教的符印、宅第、葬埋、風水、靈籤、避穀、食氣、藥餌、黃白冶煉、房中術等，也都曾被佛經所大量吸收，成為佛經的一部分。其中道教的房中術，配上食氣導引說，經密宗採行，便成了密宗不捨世樂、即事成佛的無上瑜伽。

又，在節慶上，道教的中元祭祖，是在救贖先祖亡靈；佛徒亦仿效而有盂蘭盆節。道教以為人身中有三尸，三尸在庚申日，趁人熟睡時上天白司命，說人過惡，減人壽命；道徒為防三尸上天，所以庚申日舉行法會，誦經行道，徹夜不眠。道教庚申會，佛徒仿效之，也有庚申會，並為此而偽造出佛教庚申會所使用的相關經典。

在習俗上，道教術法重視童男女、劍鏡、以人偶來行厭勝祈祭、以井花水來入藥等等，對佛教也都有深遠影響。

第三章

道家道教哲理思維對佛教的影響

道家老莊哲理影響佛教甚深；較著者，如老莊道體無所不在的思想，認為道體不僅存在人身上，也存在於動物身上，甚至在瓦甓、屎溺中。其次，道家主張道生物，而道即在物中，道、物是一體的，並非道在物外，高不可攀，因而不必離物遠求；能悟道，方是真人、神人。道家這兩種觀念，後來都成了大乘佛教的主要思想。至於道教方面，則《太極圖說》的觀念，常被佛徒拿來解說經義。

道家所說道在萬物及悟道的說法，到了南北朝晉末宋初時，被道生和尚援引入佛教，於是主張眾生皆有佛性，及頓悟成佛義。自道生而後，撰成於六朝末的《大乘起信論》、隋．吉藏《大乘玄論》卷三〈佛性義〉、唐．湛然大師的《金剛錍》，及唐時創立的禪宗等等，這些佛教宗派及經論，對真如佛性的論述，也都明顯的受到老莊道體論的影響。他們把道家對「道」的觀念，轉變成了佛教的佛性、真如；認為佛性無所不在，眾生本有佛性，只要悟得佛性即可成佛。而所謂佛性、真如，是說人人都具有成佛的因子，都能成佛，不僅人如此，眾生都如此，甚至無情的草木瓦石也都如此。這種觀念原非印度所有，是由中土老莊所說道在物中，萬物皆具有道體，以及老莊悟道說而來的。此種真如體性的倡導，後來就成了中土佛教的一個特色；因而，擴大來說，唐時大乘各大宗派，甚至中土佛教所言的如來藏真常心，都是受到老莊思想所啟發。其中受莊子的影響又較老子多。再者，佛教除了真如佛性之說受到道家影響外，《大乘起信論》有道教《太極圖說》的影子，唐．宗密以道教的《太極圖》，來解說佛教唯識論眾生心染淨問題，清．行策以《太極圖》來解說禪宗曹洞宗的玄義。今分述於下：

第一節　莊子道體論與道生思想

早期的佛經並沒有眾生都具有佛性的說法；並且，不僅不承認眾生皆有佛性，甚至還認為一闡提即沒有佛性，不能成佛。所謂「一闡提」，漢譯為「不信」，是指不信佛法，不接受佛教。既然連不信佛法的人類，都已無佛性存在，那麼人類以外其他的生物更不用說。這種思想傳入中國時，正是中國魏晉南北朝初期；到了晉末宋初，道生和尚開始反對這種說法。道生認為，一闡提也應具有佛性，都能成佛。此說一出，立即受到當時僧伽集團的排擠。梁．僧祐《出三藏記集》下卷十五〈道生法師傳第四〉（《大正新修大藏經》卷五十五），對道生其人及行事，曾有敘述，文云：

> 竺道生，彭城人也……義熙五年還都，因停京師，遊學積年，備總經論。妙貫龍樹大乘之源，兼綜提婆小道之要。博以異聞，

> 約以一致。乃喟然而嘆曰：「夫象以盡意，得意則象忘；言以寄理，入理則言息。自經典東流，譯人重阻，多守滯文，鮮見圓義。若忘筌取魚，則可與言道矣。」於是校練空有，研思因果。乃立「善不受報」，及「頓悟」義。籠罩舊說，妙有淵旨。而守文之徒，多生嫌嫉；與奪之聲，紛然互起。又，六卷《泥洹》先至京都，生剖析佛性，洞入幽微，乃說阿闡提人皆得成佛。于時《大涅槃經》未至此土，孤明先發，獨見迕眾。於是舊學僧黨，以為背經邪說，譏忿滋甚，遂顯於大眾，擯而遣之。生於四眾之中，正容誓曰：「若我所說，反於經義者，請於現身即表厲疾。若與實相不相違背者，願捨壽之時，據師子座。」言竟，拂衣而逝，星行命舟。以元嘉七年，投跡廬岳，銷影巖阿。怡然自得。山中眾僧，咸共敬服。俄而《大涅槃經》至于京都，果稱闡提皆有佛性，與前所說，若合符契。

《莊子・外物》說：「筌者，所以在魚；得魚而忘筌。蹄者，所以在兔；得兔而忘蹄。言者所以在意，得意而忘言。吾安得夫忘言之人而與之言哉？」而僧祐《道生法師傳》說道生：「乃喟然而嘆曰：『夫象以盡意，得意則象忘；言以寄理，入理則言息。自經典東流，譯人重阻，多守滯文，鮮見圓義。若忘筌取魚，則可與言道矣。』於是校練空有，研思因果，乃立『善不受報』及『頓悟』義。」道生得意忘言，得魚忘筌之說，顯然出自《莊子》。而我們由他所引《莊子》書中得魚忘筌之事，且深致慨嘆，可以知道《莊子》之說，深入在他腦海中，並且影響了他的求學求理態度，使他因此而倡導「善不受報」及「頓悟」之說；另外他所倡「一闡提具有佛性」，也應是受自《莊子》影響而來。今分述如下：

A、莊子道體說與道生的善不受報論

道生的「善不受報論」，今已佚；而六朝時談善不受報者有多人，如《廣弘明集》卷十八〈何承天「報應問」〉，便認為鵝食素行善，而遭烹；燕殺飛蟲，而受人愛；因而推論「是知殺生者無惡報，為福者無善應」。《廣弘明集》卷十九〈蕭子良「與荊州隱士劉虬書」〉，說劉虬「述善不受報，頓悟成佛義」。劉虬所述與道生同，應是承繼其說，可惜蕭子良未說出內涵；劉虬之說已佚。梁．僧祐《出三藏記集》卷九雖載有劉虬的〈無量義經序〉，但序中劉氏僅闡述道生的頓悟說，而未言及善不受報義。又，吾人雖不能明白道生「善不受報」義的真正立論理由，但由字義上看，疑是承受莊子思想影響而來，論說於下。

莊子認為是非善惡、美醜貴賤等等相對性的東西，常隨著時間、空間，及萬物各自的角度、立場，而有所不同；這些相對性的價值判斷，並不是必然存在。以道體、以真理的立場上看，並無真正的是非、美醜、貴賤可言；以萬物各自的立場上看，則常會自貴而相賤。如又以時間、空間上來看，則古今異時，華夷異地，美醜善惡，均將隨之而異。

《莊子．秋水》說：

> 以道觀之，物無貴賤；以物觀之，自貴而相賤；以俗觀之，貴賤不在己；以差觀之，因其所大而大之，則萬物莫不大；因其所小而小之，則萬物莫不小；知天地之為稊米也，知豪末之為丘山也，則差數睹矣。以功觀之，因其所有而有之，則萬物莫不有，因其所無而無之，則萬物莫不無。知東西之相反而不可以相無，則功分定矣。以趣觀之，因其所然而然之，則萬物莫不然；因其所非而非之，則萬物莫不非；知堯桀之自然而相非，則趣操睹矣。昔者，堯舜讓而帝，之噲讓而絕；湯武爭而王，白公爭而滅。由此觀之，爭讓之禮，堯桀之行，貴賤有時，未可以為常也。……帝王殊禪，三代殊繼；差其時，逆其俗者，謂之篡之夫；當其時，順其俗者，謂之義之徒。

是非善惡、貴賤美醜等相對性的概念，常是受時空所影響。以時間而言，在古時認為對的，認為美的，到現在未必是對，未必是美；以空間而言，此地所認為對，在其他的地方又不一定會認為如此。並且以「人」的角度來評論是非，和以人以外的生物來評論是非，各自的標準也不會一樣；因此《莊子．齊物論》說：「民溼寢則腰疾偏死，鰌然乎哉？木處則惴慄恂懼，猨猴然乎哉？三者孰知正處？民食芻豢，麋鹿食薦，蝍蛆甘帶，鴟鴉耆鼠，四者孰知正味？

猨猵，狙以為雌；麋與鹿交；鰌與魚游。毛嬙、麗姬，人之所美；魚見之深入，鳥見之高飛，麋鹿見之決驟，四者孰知天下之正色哉？」毛嬙、麗姬，人之所美，鳥見之高飛，魚見之下沈；美醜自是難定。美醜既如此，今再舉是非善惡來說。古人說：「百善孝為先，萬惡淫為首。」孝跟淫，在古代，分別為善惡之最。古時舜帝、閔子騫，因事親至孝而被標榜成為懿德楷模。但在現代，則僅會對這種遭遇父母虐待的不幸兒童，寄予同情，並對這種問題家庭的父母，感到不屑，進而以法律來制裁他們，而不會以他們為楷模。又，古人以淫為萬惡之首，因而行事戒「誨淫誨盜」；但今日西方諸國卻標榜「性感」，所謂性感，即是對別人有性愛的誘惑力。以事來說，潘金蓮未必淫於瑪麗蓮夢露，但潘金蓮卻為此而喪失了性命，夢露則成為性感女神。善惡最具代表性的孝和淫既是如此，其他可知。這些都足以說明善惡、是非，是因人、因時、因地之下的產物；且人有人的是非，獸有獸的是非，是非既不固定，善惡亦只是隨時制宜的產物，不能視為必然存在；因此莊子說堯和桀會各自認為自己對，而以對方為非，並說「差其時，逆其俗者，謂之簒夫；當其時，順其俗者，謂之義之徒」。莊子的這句話，用今日的政治環境來做例證，如早期從大陸劫機來臺者，被稱為反共義士，受到熱烈歡迎，有黃金獎賞，有華屋可住；但到了現在，劫機來臺，則被當做劫機暴徒判刑；事情相同，而義士與暴徒之善惡有別。由莊子的這種思想，自然就會推論出「善不受報」了。這是讀莊子書的人很容易推論得來的。因而由上所述，道生既熟讀莊子書，道生的「善不受報」論，內容雖已亡佚，但如說未受《莊子》影響，則將不會為吾人所信。

B、莊子道體論和道生的頓悟說

頓和漸，是相反的詞語；所謂頓悟，是指人們對真理的了解，只能有真正的認知和不知兩者，而不能逐漸來認知；認知是當下真正的體驗，此即是頓悟。譬如說對一杯水冷熱甘苦等感覺，親自喝了，那麼真正的體驗，便是真知；否則光憑再詳細的敘述，而無親身感受，依舊是不知。因此在認知的問題上，只有真知和不知，而沒有逐漸得知；所以僅有頓悟和不悟，而無漸悟、漸學。道生的頓悟說，今已無完整的論文存在，但由當時學者的間接論述，依舊可以推知大略。劉宋．謝靈運〈辯宗論〉(《廣弘明集》卷十八，《大正新修大藏經》卷五十二，頁224～225)：

> 釋氏之論，聖道雖遠，積學能至；累盡鑒生，方應漸悟。孔氏之論，聖道既妙，雖顏殆庶；體無鑒周，理歸一極。有新論道士以為：寂鑒微妙，不容階級；積學無限，何為自絕？今去釋氏之漸悟，而取其能至；去孔氏之殆庶，而取其一極。一極異漸悟，能至非殆庶。故理之所去，雖合各取，然其離孔釋矣。余謂二談，救物之言。道家之唱得意之說，敢以折中。自許竊謂新論為然。……二教不同者，隨方應物，所化地異也。大而

較之，鑒在於民。華人易於鑒理，難於受教，故閉其累學而開其一極。夷人易於受教，難於鑒理，故閉其頓了，而開其漸悟。漸悟雖可至，昧頓了之實；一極雖知寄，絕累學之冀。良由華人悟理無漸而誣道無學，夷人悟理有學而誣道有漸。是故權實雖同，其用各異。

梁·僧祐《出三藏記集》卷九〈劉虬「無量義經序」〉：

而講求釋教者：或謂會理可漸，或謂入空必頓。請試言之，以筌幽寄。立漸者，以萬事之成，莫不有漸；堅冰基於履霜，九成作於累土。學人之入空也，雖未圓符，譬如斬木，去寸無寸，去尺無尺。三空稍登，寧非漸耶？立頓者，以希善之功莫過觀於法性。法性從緣，非有非無。忘慮於非有非無，理照斯一者，乃曰解空。存心於非有非無，境智猶二者，未免於有。有中伏結，非無日損之驗；空上論心，未有入理之效。而言納羅漢於一聽，判無生於終朝；是接誘之言，非稱實之說。妙得非漸，理固必然。……「生公云：道品可以泥洹，非羅漢之名；六度可以至佛，非樹王之謂。斬木之喻，木存故尺寸可漸；無生之證，生盡故其照必頓。」案三乘名教，皆以生盡照息，去有入空，以此為道；不得取象於形器也。今無量義，亦以無相為本。若所證實異，豈曰無相；若入照必同，寧曰有漸。非漸而云漸，密筌之虛教耳。如來亦云：「空拳誑小兒，以此度眾生。」微文接麤，漸說或允；忘象得意，頓義為長。

上述二文的作者，其中謝靈運與道生同時，而劉虬的年代距道生亦近。謝文中所指的「新論」，是指道生的頓悟說；道生認為「寂鑒微妙，不容階級」。換句話說，對事理只有真知與不知兩者，不能有漸知、漸悟的存在。「悟」重體驗，「學」重累積；學可漸修而得，悟須頓了才成。謝靈運據道生說，而認為中土學術重頓悟，佛教重漸修。劉虬也認為真理屬「空」，「有」可以漸學，而「空」則須盡息眾「有」始能入「空」；所以「空」須悟得，不能藉由學入。漸學僅能得粗微，至於忘象入理，則須頓悟。

道生的頓悟說，在當時頗有反對者，如慧達便主張漸悟而反對頓悟。道生之後，佛徒對頓漸討論者頗多，但大抵贊成者逐漸增多。至唐，頓悟成佛義，便成為唐世禪宗所稟遵的標徵，影響頗鉅。

又，道生的「頓悟」說，顯然也是出自莊子悟道的觀念。先述莊子道的觀念，再來談莊子悟道和道生頓悟的關係。莊子所說的道，是指宇宙創生萬物的原理原則。在一般人的觀念中，道和物不同，道是尊貴的，物是低下的；真理是形而上，而現象（物）則屬形而下的；但莊子認為道體無所不在，道即在物中，並不離物而遠存；《莊子．知北遊》曾借莊子和東郭子的問答，來闡明這個道理：

> 東郭子問於莊子曰：「所謂道，惡乎在？」莊子曰：「無所不在。」東郭子曰：「期而後可。」莊子曰：「在螻蟻。」曰：「何其下邪？」曰：「在稊稗。」曰：「何其愈下邪？」曰：「在瓦甓。」曰：「何其愈甚邪？」曰：「在屎溺。」東郭子不應，莊子曰：「夫子之問也，固不及質。正獲之問於監市履狶也，每下愈況。汝唯莫必，無乎逃物。至道若是，大言亦然。」

道既不離物而存在，道自在物中，因而我們不能離物而尋道；所以道體須向內來體悟，而不是向外來追求。《莊子．天地》說：「黃帝遊乎赤水之北，登乎崑崙之丘而南望，還歸，遺其玄珠。使知索之而不得，使離朱索之而不得，使喫詬索之而不得也。乃使象罔，象罔得之。」黃帝遺其玄珠，派人去找。玄珠喻道；知是智慧；離朱是古時眼力最好的人，代表眼睛；喫詬，是言辯；象罔，是無心之謂。道體離言語、文字、音聲、形貌；所以用智、眼、言辯、向外追尋，反而無法尋得，只能以無心才能契道；而《莊子．知北遊》也說：「道不可聞，聞而非也。道不可見，見而非也。道不可言，言而非也。知形形之不形乎？道不當名。」這說明了道體是不能藉由語言文字來解說，不能藉由智慧來求得，而是須向內體悟。所以《老子》第四十八章說：「為學日益，為道日損。損之又損，以至於無為。」老莊都是說道體，它不是藉由語言文字等可以求得的，而是一種親身體驗。《莊子．天道》說：

桓公讀書於堂上，輪扁斲輪於堂下，釋椎鑿而上，問桓公曰：「敢問，公之所讀者何言邪？」公曰：「聖人之言也。」曰：「聖人在乎？」公曰：「已死矣。」曰：「然則君之所讀者，古人之糟魄已夫！」桓公曰：「寡人讀書，輪人安得議乎！有說則可，無說則死。」輪扁曰：「臣也，以臣之事觀之。斲輪，徐則甘而不固，疾則苦而不入。不徐不疾，得之於手而應於心，口不能言，有數存焉於其間。臣不能以喻臣之子，臣之子亦不能受之於臣，是以行年七十而老斲輪。古之人與其不可傳也死矣，然則君之所讀者，古人之糟魄已夫。」

妙道不能借言語來傳，不是可學而得，而是須用心來領會。道體是悟，而不是學；學是向外追求，悟是內心體驗。學須借助語言、文字；悟則須拋棄語言文字，直指事物本體，所以《莊子．知北遊》借知和無為謂的問答，來說明「知」不能得道，「無為謂」才能得道；所謂「無思無慮始知道，無處無服始安道，無從無道始得道」。

悟道，後來成為禪宗所最標榜的鵠的；禪宗，學者已確知其深受老莊影響，那麼道生的頓悟，便不能不說是受老莊思想所啟發而來。

C、莊子的道體遍在和道生的「一闡提皆有佛性」

道生認為不僅「一闡提皆有佛性」，甚且眾生皆有佛性。這種說法，原不見於初期佛經，不是佛學舊說所有，而道生敢在當時力倡此說，顯然也是受老莊等道家思想所啟發。莊子的道，是宇宙的根源，能生成萬物，而道體既是無所不在，在螻蟻，在稊稗，在瓦甓，甚至在屎溺，是不僅有生命的東西具有道，連無生命的山河大地也具有道；由此推論，不僅善人體內有道，惡人體內也有道，甚至連草木瓦石也都有道；在六朝，老莊的道，很容易跟佛性相連，也因此自然就會推論出不僅善人有佛性，不信佛的一闡提也會有佛性，道生便是如此推論；而隋．吉藏、唐．湛然大師著《金剛錍》，更進而倡導無情的草木瓦石也都有佛性。道生、吉藏、湛然的理論，都是由莊子思想所衍發出來的必然結果，但在佛教界卻被視為奇人偉士。

由於道生所倡導的這些觀念，都是出自中土，非印土之說；因而自然的，在當時會被那些死守印度佛理的舊僧侶所迫害，逼得道生只好乘舟遠去，並向頑石說法（見晉．失名撰《蓮社高賢傳．道生法師》。生公說法頑石點頭之說，顯然是神話誇張之談）。由道生倡眾人皆有佛性而受辱的故事，我們可以推知，眾生皆有佛性之說，並不出自印土；究其源，當出自中土老莊的思想。

又，道生所說眾生皆具佛性，既為當時佛經所不許，但僧祐《出三藏記集．道生法師傳》，卻說道生之言和後來傳譯的《大涅槃經》相合，究竟又該如何解釋呢？其實《涅槃經》在印度也是遞經增補，到後來，甚至由小乘時的一卷，擴增到大乘時的四十卷，不僅文字增加，甚且大、小乘的《涅槃經》，對眾生是否具有佛性的說法，更完全相反。在南北朝時，印度大小乘《涅槃經》的本子，陸續傳到了中國；近人湯用彤《漢魏兩晉南北朝佛教史》第十六章〈竺道生〉，論述六朝該經傳譯的情形說：「小乘之《大般涅槃經》，此出於《長阿含》中，譯為《遊行經》……在南北朝時，小乘經稱為『一卷《泥洹》』。方等經，支謙、竺法護所譯，稱為『雙卷《泥洹》』。法顯所得經，稱為『六卷《泥洹》』。曇無讖所譯，則為『《大本》』。」

法顯六卷《泥洹》及曇無讖譯本，都已開始談到眾生皆具有佛性；但法顯本子仍認為一闡提除外，不能成佛；曇無讖本才說一闡提也可以成佛❶。因為「眾生都具有佛性」之說較晚出，且說法和前譯所說不同，所以在該經譯出來的時候，曾有不少人懷疑是偽撰。慧叡《喻疑》（清．嚴可均《全宋文》卷六十二〈釋慧叡〉引）云：

> 三十六國，小乘人也。此釁流於秦地，慧導之徒，遂不復信《大品》。既蒙什公入關，開託真照，般若之明，復得輝光末俗，朗茲實化。尋出《法華》，開方便門，令一實究竟，廣其津途；欣樂之家，景仰沐浴，真復不知老之將至。而曇樂道人，以偏執之見，而復非之；自畢幽途，永不可誨。

---

❶法顯六卷本《大般涅槃經》，和曇無讖四十卷本《大般涅槃經》，兩者對一闡提是否有佛性的說法不同，湯用彤曾將兩書詳加比較，見湯用彤《漢魏兩晉南北朝佛教史》第十六章〈竺道生〉，頁 167～168。

今《大般泥洹經》，法顯道人遠尋真本，於天竺得之。持至揚都，大集京師義學之僧百餘人，禪師執本，參而譯之，詳而出之。此經云泥洹不滅，佛有真我，一切眾生皆有佛性。皆有佛性，學得成佛。佛有真我，故聖鏡特宗，而為眾聖中王。泥洹永存，為應照之本，大化不泯，真本存焉。而復致疑，安於漸照，而排跋真誨，任其偏執，而自幽不救，其可如乎？……

昔朱士行既襲真式，以大法為己任，於雒陽中講小品，亦往往不通。乃出流沙，尋求大法。既至于填，果得真本。即遣弟子十人，送至雒陽，出為晉音。未發之間，彼土小乘學者，乃以聞王云：「漢地沙門，乃以婆羅門書，惑亂真言。王為地主，若不折之，斷絕大法，聾目漢地，王之咎也。」王即不聽，時朱士行乃求燒經為證，王亦從其所求，積薪十車，於殿階下，以火焚之。士行臨階而發誠誓：「若漢地大化應流布者，經當不燒。若其不應，命也，如何？」言已，投之，火即為滅，不損一字，遂得有此《法華》正本，於于填大國，輝光重壤，踊出空中，而得流此。

此《大般泥洹經》既出之後，而有嫌其文不便，而更改之。人情小惑。有慧祐道人，私以正本雇人寫之，容書之家，忽然火起，三十餘家，一時蕩然。寫經人於灰火之中，求銅鐵器物，忽見所寫經本，在火不燒，及其所寫一紙，陌外亦燒，字亦無損；餘諸巾紙，寫經什筒，皆為灰燼……今疑《大般泥洹經》

者，遠而求之，正當以一切眾生皆有佛性，為不通真照。

慧叡，為南朝劉宋時人，死於元嘉年間。慧叡此文，原在駁斥當時僧徒對《大般涅槃經》眾生皆有佛性說的疑詆。而由慧叡所用文詞的激烈，及妄引經書遇火而不可焚燬的無知神話，可以看出當時斥責「眾生皆有佛性」，以為此句非佛說的人，相當多。同時也可看出大小乘學者之爭，不僅在印度，在中土也曾有過。

「眾生皆有佛性」，不是小乘《涅槃經》的思想，是後期所增入的；甚至大乘《大般涅槃經》雖已開始談眾生有佛性，但對一闡提是否有佛性能成佛，早期法顯所求得的本子，和較晚出的曇無讖本子仍有不同。大乘於東漢初興起於印度，大小乘在印度原就相攻戰不休。新增眾生皆有佛性的思想，出現在較晚期的大乘經論中，縱使說它是出自印土，也已不是小乘原貌；竊疑其說可能是受中土思想影響而形成的，不是印度本有。然而中土佛徒只相信印度影響中國，卻不敢相信由漢至唐，維持強大帝國的中土文化會影響印度。偏固之心，如層冰千里，難以澆化。今僅以一例說明其謬：中國古來認為太陽中有三足金色烏鴉，月中有蟾蜍、玉兔。這種傳說至遲在西漢初已存在。近世出土馬王堆一號墓，墓主死於西漢文帝十二年左右，在殉葬物的「非衣」中，天界部分有日月圖，日中有三足烏，月中有蟾蜍、玉兔；而《淮南子．精神》、《論衡．說日》，也都有烏兔的記載，可以證明此說出自中土；但《大唐西域記》卷七，載玄奘法師遊學印度時，經過婆羅痆斯國，談到當地烈士池西三獸塔的有關傳說，說是帝釋為考驗狐、兔、猿三獸的道行，偽裝老人要吃牠們，兔跳火自焚，帝釋把牠「寄之月輪，傳乎後世。故彼咸言，月中之兔，自斯而有」。月兔之說始於中國，印度月兔之說，很顯然是由中土流傳至彼地，而和原有的佛教故事相融合。兔子捨身供養梵志的故事，曾出現在吳·康僧會《六度集經》卷三〈布施度無極經〉中，文中增一獺而成為狐、獺、猴、兔四獸，經說四獸常聽梵志說經，採果供養梵志，後來山中果盡，四獸外出求索飲食，狐、猴、獺各有所獲，而兔無所得，因而投火自焚，以身供養梵志。這個故事在《六度集經》中是以佛陀本生經的形式出現，梵志是錠光佛前身，兔是釋迦前身，猴為舍利子，狐是阿難，獺是目連。這個四獸或三獸的故事，應是印度舊有的文學寓言，被附會成佛經，在東漢末三國的康僧會時，此故事尚保有印度原貌，未受中土影響，但到了唐代玄奘時，因其中有兔，所以便和中國的月兔神話相結合。這種中印兩種神話的結合，應在康僧會以後，至玄奘至印度前形成的，只是確切的融會時間則難以斷定，但印度的吸取中國月兔傳說，則可斷言。

又，中土佛徒常會把較原始的本子稱為略本，後起的本子稱為詳本；並且認為兩者是同時並存，皆出佛說，略本是詳本之節錄，不是先後產生，只是傳入中土先後有別而已。其實，這種說法也是謬誤的，證之以書籍的發展過程，同一本經，往往是先簡而後繁，同時常隨著時代的不同，而續作增補。佛經中如唐．不空譯《金剛頂一切如來真實攝大乘現證大教王經》，原僅三卷，至宋．施護譯《一切如來真實攝大乘現證三昧大教王經》時，則擴增為三十卷；而漢．失名譯《佛說安宅神咒經》，與隋．闍那崛多譯《東方最勝燈王陀羅尼經》相較，後者文字轉多；又如，唐．菩提流志譯《佛說阿彌陀佛根本祕密神咒經》較諸姚秦．鳩摩羅什譯《佛說阿彌陀經》多出了許多咒語和經文；梁．失名譯《佛說摩利支天陀羅尼咒經》、唐．不空譯《佛說摩利支天菩薩陀羅尼經》、不空譯《佛說摩利支天經》皆是一卷本，但到了宋．天息災譯《佛說大摩里支菩薩經》，則擴增為七卷本。佛教如此，道經也是如此，如《靈寶無量度人上品妙經》晉世初起，原為一卷本，後來迅速擴增為六十一卷；不僅宗教如此，儒學者論著如《玉篇》、如《事物紀原》，現存卷次，都較舊書目著錄者為多。據此，大小乘的《涅槃經》也應是不同時代遞修增補而來，不能把它當做在印度是同時並存的詳略本，經傳入中土時才出現先後之別。

佛經受中土影響者甚多，如上述所舉的東漢．失名譯《佛說安宅神咒經》即是如此。佛經既有受中土影響的情形存在，且佛教早期經典中，又沒有眾生皆具佛性的說法；後增入此說的《大般涅槃經》，卻又與中土老莊道體無所不在的觀念相合，如此則頗足可疑；並且該說之出現，又恰遇魏晉之世老莊思想盛行，名士名僧皆涉獵老莊思想的時代，則《大般涅槃經》受老莊影響的可疑更深。

第二節 莊子道體論與《大乘起信論》的真如佛性說

老莊思想，不僅影響了南北朝時的道生和尚，同時也影響了六朝末興起的《大乘起信論》。

《大乘起信論》一書，舊題為馬鳴菩薩著，梁．真諦譯，並有梁．智愷撰序。但隋．法經《眾經目錄》卷五〈眾論疑惑〉:「《大乘起信論》一卷，人云真諦譯，勘真諦《錄》無此論，故入疑。」均正《四論玄義》:「《起信論》一卷，人云馬鳴菩薩造。北地諸論師云:『非馬鳴造論，昔日地論師造論，借菩薩名目之。』尋覓《翻經論目錄》中無有也。」法經、均正，和真諦年代相去不遠，而認為此經可疑，為偽造。又，唐初玄奘法師周遊印度，求學多年，當時印度僧人不知有此經，奘師據中文本而予以梵譯，以示印度眾僧。唐．道宣《續高僧傳》卷五〈玄奘傳〉云:「又以《起信》一論，文出馬鳴，彼土諸僧思承其本，奘乃譯唐為梵，通布五天。斯則法化之緣，東西互舉。」道宣和玄奘同時代，玄奘回國譯經時，道宣曾筆受潤文。所說者，當是奘師告訴他的。由上述諸點來說，都顯示《起信論》一書為偽。而奘師既譯唐為梵，印土諸僧思承其本，可見《起信論》的思想將影響印度僧人的思想。

再者，今由智愷序來看，序說該經是在梁承聖三年（西元 554 年）在衡州始興郡建興寺所譯；而隋．費長房《歷代三寶記》則說是梁太清四年（按梁武帝太清年號僅三年，第四年為簡文帝大寶元年，西元550年），在富春陸元哲宅譯出。就譯出的年代和地點，兩說不同；智愷是真諦的弟子，但智愷和真諦相遇，是真諦晚年在廣州時；真諦於陳文帝天嘉三年才到廣州；承聖三年，智愷尚未遇真諦，何來為該書作序；則智愷序顯係偽造，且偽造的時間應在隋．費長房之後，所以長房未及引用該序。

基於上述理由，近世中外學者，如日本的松本文三郎、望月信亨、村上專精及梁啟超等人，都撰有專文，從學理演進上，如真諦倡九識，而此經說賴耶（八識）；及從歷史文獻上，來考證馬鳴、真諦、智愷等人之論著及行跡，認為此書不出於印度，而是中土佛徒所撰，並推斷此論應撰成於六朝末。又，此論，學者既共認為中土僧人偽託；但此論在經錄上，除有真諦譯本外，另有唐代武則天時于闐沙門實叉難陀所譯本；然據唐．釋道宣《續高僧傳．玄奘傳》所說，印度原無梵本，奘師以中文本翻為梵本，如此，則實叉難陀所據的梵本，應即是奘師所梵譯者。

又，此論在內容上，兼採中土南北方論師之說，以北方地論師開真合應之說，建立體、相、用，三大之義；並採南方攝論派開應合真說，建立法身、報身、應身，三身之義。有調和南北異說之用意在。

再者，《大乘起信論》的主要思想，是以眾生心為萬法之本，以為眾生心涵攝真如、生滅二門；其義有體、相、用之三大，法、報、應之三身。所說一心開二門者：一為心真如門，二為心生滅門。真如門為理體空相，原無染淨；生滅門，則是指由不生不滅的理體和生滅事象相合而為成的阿賴耶識 ； 阿賴耶含染淨二因子 ， 因而有「覺」與「不覺」二義；由不覺，而為凡夫受報；由覺修而為佛菩薩。論中阿賴耶含染淨的說法，摒棄了真諦認為阿賴耶為染，以第九識為純淨真如體的說法。將淨染同攝於阿賴耶一識中。此論的重要性在強調人人皆有真如佛性，皆有覺修之能力；生命雖有輪迴，而佛性不滅，並且以一心為萬法之源。它的真如體性不滅，及一心開二門的說法，對唐代中土興起的大乘諸宗影響極大。

又，《大乘起信論》既肯定真如佛性為眾生所本有，和道生說是相同的，它受莊子道體無所不在，道不離物觀念的影響，自不待言。而其一心開二門，淨染同在阿賴耶中，這種觀念，實亦為中土所本有。

《易經．繫辭上》第五章：

一陰一陽之謂道。繼之者，善也；成之者，性也。

《老子》第四十二章說：

道生一，一生二，二生三，三生萬物。萬物負陰而抱陽，沖氣以為和。

《易經》以為道具有陰陽二者；而老子說萬物負陰而抱陽，亦是認為萬物兼具陰陽兩種相反的元氣與力量；老子並且認為事物都是互涵互變的關係，《老子》第五十八章：「禍兮福之所依，福兮禍之所伏。孰知其極，其無正；正復為奇，善復為妖。」正因為禍福相反，而同涵一體，所以會有「正復為奇，善復為妖」的現象。再者，莊子也視道、物為一體。這些觀念和道教《太極圖》，無極而太極，太極生兩極，兩極生四象的觀念是一致的。因此，《大乘起信論》阿賴耶兼具真如和生滅，染淨二者同具的觀念，也當是由此蛻變而來；所以唐．宗密大師在《禪源諸詮集都序》卷下二，便用道教《太極圖》陰陽坎離的圖形，配合《大乘起信論》來解釋眾生心阿賴耶，真妄染淨的問題。說見下文。而由宗密既可以《大乘起信論》配合道教《太極圖》來解說，不難看出《起信論》自是和道家道教有密切關係，在思想上是相承繼的。

第三節　莊子道體論與吉藏《大乘玄論．佛性義》之草木有佛性說

莊子道體無所不在的觀念，影響了道生和尚。道生的眾生皆有佛性，被《大乘起信論》所吸收，不僅以為眾生具有佛性；並且認為萬法皆由眾心生，由心造。其實此即老莊「萬物由道生，道即在物中」的觀念。到了隋朝，吉藏承繼道生和《大乘起信論》的說法，進而認為，不僅眾生有佛性，無情的草木山河等也有佛性。以莊子

的思想來說，由道生的眾生有佛性，進而吉藏的草木有佛性，這是一個必然的發展。

吉藏祖先為安息人，在中國出生。活動於隋文帝、煬帝時，死於唐高祖武德六年（西元 623 年）。吉藏的草木有佛性說，見於《大乘玄論》卷三〈佛性義〉（《大正藏》卷四十五〈諸宗部二〉），文云：

> 又若言一切諸法有生滅者，皆是理外，悉屬外道。若一切諸法無生滅者，皆是理內，則屬內道。……若欲明有佛性者，不但眾生有佛性，草木亦有佛性。……故肇法師曰：「道遠乎哉？即物而真。聖遠乎哉？悟即是神也。」若一切諸法無非是菩提，何容不得無非是佛性？又《涅槃》云：「一切諸法中悉有安樂性。」亦是經文。《唯識論》云：「唯識無境界。」明山河草木，皆是心想，心外無別法。此明理內一切諸法，依、正不二。以依正不二故，眾生有佛性，則草木有佛性。以此義故，不但眾生有佛性，則草木亦有佛性也。

文中，吉藏引到僧肇「道遠乎哉？即物而真」，這種說法，其實就是莊子道不離物、道即在物中的思想。由於道在物中，自然的，一切萬物都具有道，具有佛性。在上文論述中，吉藏所引到的佛教經論，都沒有一句是直接談到眾生有佛性，或草木有佛性的，所以吉藏只能附會牽引。從這裡，也可以看出，這原不是佛教的東西，因而吉藏無法舉出直接的例證。又，文中，吉藏並用印度後期興起的唯識，來解說佛性，而文中所謂的正報，是指我們根據前世自業因果，所得來的現世身體根器。依報，則是指山河、大地、草木、瓦石、衣物、器用等。唯識學者認為一切的依報，都由心所生，並不是外界真實存有。由於依報是沒有生命的東西，所以印度學者並不觸及依報佛性有無的問題。吉藏則認為正報、依報，皆由心造，所以不僅眾生有佛性，草木、瓦石等無生命的依報，既由心生，也應有佛性。此說對唐代湛然大師的影響甚深，湛然便據此而更以專篇來探討它。

第四節　莊子道體論與湛然《金剛錍》無情有佛性說

佛教將萬物依其有無生命現象，分為有情和無情兩類：人獸等具有生命、有情識的動物，稱為眾生，也稱為有情；而草、木、瓦、石、山、河、大地等，則認為無生命現象，無情識之作用，稱之為無情。佛教這種歸類，當然極為粗疏，尤其把草木認做無生命現象，歸入無情中，更是和事實相違，是當時科學不昌明下所做的誤判。再者，佛教不僅以為無情的草木瓦石，沒有生命，不具佛性；且對於有情的眾生，初期也不認為人人皆具有佛性。早期便說不信佛法的一闡提，不具佛性，不能成佛。大乘傳入中土後，逐漸受中土老莊思想的薰陶，於是轉而主張眾生皆具有佛性；此說已論述於上。

這種主張肇因於莊子的影響，由於莊子認為道體無所不在，在螻蟻、在瓦甓、在屎溺；道體不僅存在於有生命的動植物中，甚且存在於無生命的瓦甓、屎溺中；道體即是佛性，因而佛徒便很容易的聯想到沒有情識的草木瓦石，也都應有佛性。東晉時，道生主張眾生皆有佛性；到隋時，吉藏更進一層認為草木有佛性，將佛教的佛性，逐漸由有情擴充到無情身上。唐·湛然大師《金剛錍》便因此而倡導無情也有佛性。

湛然，為唐代天台宗的第九祖。天台宗實由智者大師所創，而智者往上託古，以龍樹為初祖，慧文為二祖，慧思為三祖，智者成為四祖。智者而後，傳法於灌頂，灌頂傳智威，智威傳慧威，慧威傳玄朗，玄朗傳湛然。湛然，俗姓戚，世居荊溪。據宋·贊寧《宋高僧傳》卷六〈湛然傳〉所說，湛然於唐玄宗天寶初年出家，死於唐德宗建中三年（西元 782 年），他臨死訓徒的遺言，一開頭便充滿道家語氣，頗有泯道物、齊生死之慨；文云：「道無方，性無體。生歟死歟！其旨一貫。吾歸骨此山，報盡今夕。要與汝輩談道而訣。夫一念無相，謂之空；無法不備，謂之假。不一不異，謂之中。在凡為三因，在聖為三德。爇炷則初後同相，涉海則淺深異流。自利利人，在此而已，爾其志之。」

湛然最可看出受莊子影響者為《金剛錍》（《大正新修大藏經》卷四十六〈諸宗部三〉）；《金剛錍》係採賦體主客問答的方式來抒寫。文中，湛然倡言「一草一木，一礫一塵，各一佛性，各一因果，具足緣了」。湛然主要的論據是以天台宗一念三千法界，萬法皆心所造，來做基礎立說；以為眾生身體等「正報」，和所依處的山河大地等「依報」，都是由心念而生，唯識所現。既然正報的有情眾生，和依報的無情木石，同出一心，是即有情、無情，同屬一源，同歸真如佛性。此為湛然《金剛錍》的大概情形。但由於無情有佛性之說，是佛經中所無的，因而湛然在舉證上，只能以佛家名相，加以牽強附會，辛苦輾轉以證成其說。如云：

> 故知一塵一心，即一切生佛之心性……萬法是真如，由不變故；真如是萬法，由隨緣故。子信無情無佛性者，豈非萬法無真如耶？故萬法之稱，寧隔於纖塵？真如之體，何專於彼我？是則無有無波之水，未有不濕之波。在濕詎間於混澄？為波自分於清濁。雖有清有濁，而一性無殊；縱造正造依，依理終無異轍。若許隨緣不變，復云無情有無，豈非自語相違耶？

又云：

> 又真實慧云：「一切法無相，是則真佛體。」既真佛體在一切法，請子思之，當免迷教，及迷佛性之進否也。故真如隨緣，即佛性隨緣。佛之一字，即法佛也。故法佛與真如，體一名異。故《佛性論》第一云：「佛性者，即人法二空所顯真如。」當知

真如，即佛性異名。《華嚴》又云：「眾生、非眾生，二俱無真實。」如是諸法性，實義俱非有。言眾生、非眾生，豈非情與無情，二俱隨緣，並皆不變，故俱非有。所以法界實際，一切皆然。故知法性之名，不專無情中之真如也。以由世人共迷法相，名異體一故也。

由於佛經並無直接提及無情有佛性的話，所以湛然先從萬物皆屬法性，皆是真如呈現說起；而後引入眾生與非眾生既同屬法性，同屬真如，則同具佛性。因為真如即佛性，只是真如在無情中稱法性，在眾生中稱佛性。而法性、佛性，名雖異，實則同。

湛然的解釋萬物皆有佛性，頗煞費苦心。但他的用意和莊子的道體無所不在，意義是相同的，只不過湛然不敢直接用莊子說，只好刻意詰詘繚繞的用佛家名相來談它。

第五節　道家老莊對佛教禪宗的影響

中國禪宗創於六祖慧能，主張明心見性，頓悟成佛。所謂明心見性，是指體悟眾生本來所同具有，未被染汙的真如佛性。而此佛性道體，是體悟的世界，只有真知和不知二種，因而只能頓悟不能漸學。且由於對道體佛性的領悟，只能以心印心，不能藉由語言文字傳授，所以禪宗倡不立文字，教外別傳。所謂教外別傳，是說佛所說的經論是教，而禪是以心傳心，所以是教外別傳。因此唐代禪宗標榜的四句偈是：「教外別傳，不立文字，直指人心，見性成佛。」這是禪宗的大概情形，至於禪宗是如何形成的，如何傳承而來的呢？

中土記載禪宗起源的，如唐．智炬撰《寶林傳》❷、敦煌寫卷《曆代法寶記》❸、宋．道原《景德傳燈錄》、宋．契嵩撰《傳法正宗記》等書，都認為中土禪宗起源於菩提達摩；並進而往前推到印度的釋迦牟尼。所謂靈山法會，如來拈花，眾人不知其意，唯有迦葉微笑，於是釋迦以禪法付迦葉，成為以心傳心的教外別傳。迦葉為印度禪初祖，傳至二十八祖菩提達摩時❹，渡江來華，當時是梁武帝時代，由於梁武帝不能接受禪，於是北上至嵩山少林寺。菩提達摩為中國禪宗的初祖，達摩傳慧可，慧可傳僧璨，僧璨傳道信，道信傳弘忍，弘忍傳慧能；慧能為中國禪第六祖。

關於這個傳承，似乎在宋以後，已成了定論，頗為禪學者所樂

---

❷《寶林傳》共十卷，唐．金陵沙門智炬所造，元時已佚，後來西元 1934 年在山西趙城縣廣勝寺，發現了金初刻本，但僅存六卷，其中六、七、九、十，四卷缺佚，而日本有該書第六卷，計今共存七卷。慧能居寶林寺，此書為慧能一系禪學師承的重要史籍；惟內容乖誤甚多，宋代僧人已多譏其粗鄙。

❸敦煌寫卷《曆代法寶記》原卷藏於法國國家圖書館和英國大英博物館；未著撰者姓名；本文所據者為《大正新修大藏經》卷五十一〈史傳部三〉所錄。

❹敦煌寫卷《曆代法寶記》以菩提達摩為二十九代祖。

道；宋世之說禪宗祖承者，也都以《寶林傳》和《景德傳燈錄》為依歸。但如詳加考究此一傳承，則破綻百出。上述所說印度禪宗祖師傳承的說法，其最早出現的史料，據宋．道原《景德傳燈錄．西來年表》末云：

> 達摩至中國，今取《正宗記》為定，蓋依梁僧寶唱《續法記》。昔那連耶舍與萬天懿，譯七佛至二十八祖傳法事，梁簡文帝因使臣劉懸運往北齊取其書，詔寶唱編入《續法記》也。

依道原所說，禪宗祖師傳承的系統，是出自《正宗記》，《正宗記》取自《續法記》❺，而其來源則是採自那連耶舍所譯的七佛至二十八祖法事。後來宋．契嵩《傳法正宗論》則對此傳承更加以闡釋，說禪宗源流的有關史料，最早是出自支疆梁樓譯之《續法傳》，在北魏武帝時譯出，遭焚燬，經曇曜、吉迦夜復綴成書，名為《付法藏因緣傳》；但原書只記到印度二十五祖，而後那連耶舍又續寫至二十八祖。契嵩之說，其實多屬臆測，並無直接證據，且牽強附會處頗多。契嵩其人史識甚差，如唐．智炬《寶林傳》說達摩曾在東晉時，派遣二弟子來華傳教。但其實由晉至梁時達摩來華止，其間則相差了百餘年之久，近人湯用彤《隋唐佛教史稿》第四章第六節曾駁斥其說之謬誤，而契嵩卻信以為真，強為解說。再者，近人勞

❺《續法記》一書今佚。

思光《中國哲學史》第二卷第三章，亦曾對契嵩有所批駁，文云：

> 契嵩能文，但史學不精，書中選擇史料，大成問題；如《寶林傳》中之〈慧可大師碑文〉，題「唐內供奉沙門法琳撰」。案：法琳乃唐初人，內供奉之制，乃唐肅宗後始有；法琳自不能有此職。且碑文本身亦舛謬甚多，明係偽作。契嵩則仍採用此碑，反據之以攻《續高僧傳》，實可笑也。

又，關於道原《景德傳燈錄》所說，印度禪宗二十八祖傳承出自寶唱《續法記》及那連耶舍譯文事，近人湯用彤《隋唐佛教史稿》第四章第六節〈禪宗〉，亦曾駁斥其謬誤云：

> 據諸種經錄，耶舍譯文、寶唱之記，均未載入，而寶唱亦非簡文帝時人。（湯氏自註云：據《高僧傳・寶唱傳》，唱卒於梁武帝在位期間。）

有關禪宗祖師相承之說，湯用彤《隋唐佛教史稿》以為是唐時禪師爭奪嫡系正統，所偽造出來的產物。胡適之〈荷澤大師神會傳〉也說印度二十八祖法統傳承的說法，是後人所捏造的。湯胡二位學者的說法，大致可信；因為在唐．釋道宣撰《續高僧傳》時，尚無禪門宗派傳承之說；到了武則天朝，神秀和慧能因主張不同，而分裂為南北兩宗後，兩人的弟子便相互攻伐。其爭執，應自慧能的弟子神會和神秀的弟子普寂時開始，兩人各自以其師為六祖。〈唐大證禪師碑〉（《金石萃編》卷九十五）云：

> 始自達摩傳慧可，可傳僧璨，璨傳道信，信傳弘忍，忍傳大通（神秀），大通傳大照（普寂），大照傳廣德，廣德傳大師（指大證），一一授香，一一摩頂，相承如嫡，密付法印。

這是北宗所說的傳承系統；而南宗的門人則以為弘忍傳慧能，慧能為六祖。南北兩宗佛徒，為了要互爭傳承，便不惜進而各自杜撰書籍，以證成其說，如南宗撰造了《寶林傳》，而北宗則造《楞伽師資血脈記》，各自敘述祖師傳襲沿承。敦煌寫卷《曆代法寶記》說：「有東都沙門淨覺師，是玉泉神秀禪師弟子，造《楞伽師資血脈記》一卷，妄引宋朝求那跋陀三藏為第一祖。不知根由，惑亂後學，云是達摩祖師之師。求那跋陀，自是譯經三藏小乘學人，不是禪師，譯出四卷《楞伽經》，非開受《楞伽經》與達摩師。」以上說神秀門人偽撰《楞伽師資血脈記》，以求那跋陀為禪宗初祖，而不是達摩；至於敦煌寫卷《曆代法寶記》，既是駁斥北宗的傳承說法，自是屬於南宗一系，和《寶林傳》相同，都認為達摩為中土初祖，以慧能為中土此系的第六祖。

由禪宗南北兩派的各說各話，不難看出禪師爭正統之一斑；但如以歷史來參校，則達摩與神秀之關係較密切，達摩與慧能的關係較疏遠。達摩所傳為《楞伽經》，所講禪法不離止觀，屬於印度禪；而慧能則宗《金剛經》，以悟為主，與達摩之說，實無必然關係；因而實際上，慧能乃是中國禪學之初祖。慧能之學既與達摩無涉，而慧能之宗祖達摩，則只是因為他曾師事五祖弘忍，而弘忍又是達摩傳人的關係；並且「常人貴遠賤近」，縱使慧能敢自立為宗，也不會為時人所崇信，必須為自己宗派找一個遠祖，所以才攀上了達摩。至若神秀的門人，會在達摩之上找出求那跋陀羅為初祖，則或許是因為達摩宗尊《楞伽經》，而《楞伽經》為求那跋陀羅所譯的緣故。

又，關於南北兩宗，筆者所以會說慧能一系的禪學，跟達摩沒有必然關係，實是因為達摩與慧能，兩人不僅在所重視的經典上，在修持方法和觀念上，都是相差甚遠的緣故。達摩所傳授者為印度禪，而慧能所開創者，則為中國禪。

印度禪和中國禪的差別，在於印度禪重止觀，旨在修戒定；而中國禪則是重在對人世、對真理的了悟。

由達摩至智者大師、直至神秀，是印度禪；嚴格說來，從東漢．安世高《安般守意經》起，至隋朝智者大師的論述止觀，也都是屬於印度禪的範圍。印度禪，是由數息、隨等調節呼吸，及專注心意入手。數息等為止，專注心意為觀；觀即觀想、思惟、想像。內觀思惟起伏，身體血肉臭穢不淨；外觀萬法緣起，苦空無常；間亦用來觀想諸佛身境之莊嚴常樂。智者大師將觀，區分為對治觀與正觀兩種。佛學者雖說止為定，觀為慧。但印度禪之觀，僅在藉由觀而得知，由知而得離，整個修禪的過程仍偏重在定心不亂上；與中國禪的由體驗而入悟，差別甚大。用個比喻來說，中國禪與印度禪的差別，就像是勤學與領悟、德行與智慧之別一樣。如以佛教三學戒定慧來說明兩者的關係的話，那麼印度禪，就像是三學中的戒和定，而中國禪則屬慧。佛徒常以為戒能生定，定能生慧，用此來說明戒為三學之基；其實這三者之間，並沒有必然的關係。戒、定屬德行，慧屬智；有才智未必有德行；守戒、守定未必能了悟；所以中國禪的禪師認為光憑坐禪修定，不能成佛。中國禪中，南泉殺貓、丹霞燒佛等等破戒毀祖之行，在在都是說明了，唯有慧，才能具備悟的條件。再者，雖說由慧而後能悟，但慧並不是悟；慧僅能有智，悟則須透過智知，進而棄智棄知，並進入親身體驗的世界，去做如實的感覺。如說戒、定和慧，差距極大；那麼戒、定和悟的差距更大。再者，佛徒認為戒、定和慧有必然關係，想要藉由戒、定而得慧；這種情形，就像國人所說「忠臣必出自孝子之門」一樣的荒謬。忠臣未必是孝子，反之，孝子也未必是忠臣，有時兩者甚且是相反不相容的。正由於慧與戒、定無必然關係，因此中國禪捨戒、定；甚至捨慧而直接取悟。

上面以定慧之不同，來區別中國禪和印度禪；也許有人會舉慧能《六祖壇經．定慧品》：「定慧一體不是二。定是慧體，慧是定用。」來加以駁斥，其實我們詳研《壇經》該品，不難發現，慧能的定慧一體，是指定和慧是一不是二，沒有先後之別，所以他說：「善知識！定慧猶如何等？猶如燈光。有燈即光，無燈即暗；燈是光之體，光是燈之用；名雖有二，體本同一。此定慧法，亦復如是。」據此，慧能已把定、慧看成同一物事，慧即是定，定即是慧；他的說法和傳統佛教戒能生定，定能生慧，是先有戒、定，而後生慧的說法，已不相同。慧能的定慧是體用的關係，不是相生的關係。慧能曾自說其間的差異，《六祖壇經．頓漸品》：

> 師曰：「吾聞汝師教示學人戒定慧法，未審汝師說戒定慧行相如何？與吾說看！」誠曰：「秀大師說：『諸惡莫作名為戒，諸善奉行名為慧，自淨其意名為定。』彼說如此，未審和尚以何法誨人？」師曰：「吾言有法與人，即為誑汝；但隨方解縛，假名三昧。如汝師所說戒定慧，實不可思議也。吾所見戒定慧又別。」志誠曰：「戒定慧只合一種，如何更別？」師曰：「汝師戒定慧接大乘人，吾戒定慧接最上乘人；悟解不同，見有遲疾。汝聽吾說，與彼同否？吾所說法，不離自性，離體說法，名為相說，自性常迷。須知一切萬法皆從自性起用，是真戒定慧法。聽吾偈曰：『心地無非，自性戒；心地無癡，自性慧；心地無亂，自性定。不增不減自金剛，身去身來本三昧。』」

志誠是神秀的弟子，前來南方聽慧能說法，神秀所說的戒定慧是傳統大乘佛教的說法，而慧能所說，已和傳統說法大不相同了。

又，中國禪和印度禪，同被視為佛教禪宗，而卻有如此的差距；事實上乃是因為中國禪本來就不是印度的東西，而是直接採自中土老莊的思想而來。是以老莊思想為內涵，而以佛教為外衣的新產物。我們由慧能不能深懂佛理，卻能開創一宗，不難了解中國禪自是中土產物。

中國禪跟老莊思想的關係極為密切。自六朝道生倡頓悟說後，謝靈運把悟和學加以區分，學可漸修，悟須頓了。學重累積，悟重體驗；道生的這種論點，稟自莊子思想，已如前說。又，莊子說道體無所不在，在螻蟻、在稊稗、在瓦甓、在屎溺，而禪宗祖師雲門也說「佛是乾屎橛」❻，洞山良价說「佛是麻三斤」❼，這些話頭只不過是把莊子的「道在屎溺」、「道在稊稗」換句話來說而已，意

❻屎橛：是古時上廁所後，用來擦乾淨屁股所用的短木片，也稱為廁籌、淨木、廁簡子等。臺灣在西元 1930 年代，物質維艱，廁紙短缺，民間仍將麻桿切短，並剖成兩半當成屎橛來使用。乾屎橛，是上廁所使用過後，短木上所黏的乾屎。莊子說道在屎溺，而禪宗受莊子影響，也說佛是乾屎橛，這種說法，在雲門之前如臨濟義玄等也已有相類似的說法。《五燈會元》卷十五：「僧問雲門：『如何是佛？』門云：『乾屎橛。』」《指月錄》：「臨濟曰：『赤肉團上有一無位真人，未證據者看看。』有僧出問，濟曰：『是屎橛。』又，僧問惟一：『如何是道中人？』曰：『乾屎橛。』」

❼洞山良价（西元 807～869 年）。語見圜悟禪師《碧巖錄》卷二，第十二則：「僧問洞山：『如何是佛？』山云：『麻三斤。』」

義是相同的。

又，莊子以為道體須親身體悟，不能經由語言文字等來傳授；所以《莊子．天道》借齊桓公和輪扁的問答，說明道可悟而不可傳；文字語言等，只是聖人的糟粕。而《莊子．天地》以玄珠喻道，說道體不能用智慧、眼目、語言來追求；道須親身去體悟，以「象罔」（無心）去契道。莊子的這些觀念，都可在禪宗中找到跡影。禪宗標榜不立文字，認為道體是離四句絕百非❽。六祖慧能認為執滯文字，不能見性；《六祖壇經．機緣品》說法達唸經三千部，慧能訓以不能悟解經義，是被經轉，必須口誦心行，才是轉經；而《六祖壇經．護法品》鄙視坐禪而重心悟：

> 薛簡曰：「京城禪德皆云：『欲得會道，必須坐禪習定；若不因禪定而得解脫者，未之有也。』未審師所說法如何？」師曰：「道由心悟，豈在坐也？經云：『若言如來若坐若臥，是行邪道。』何故？無所從來，亦無所去；無生無滅，是如來清淨禪；諸法空寂，是如來清淨坐。究竟無證，豈況坐耶？」

禪宗創自六祖慧能，慧能雖主張不立文字，但還不敢輕視唸誦經文；然而發展到後來，禪宗摒除語言文字，直指道心的宗風，卻

❽《碧巖錄》卷八，第七十三則：「僧問馬大師：『離四句絕百非，請師直指某甲西來意。』」

愈來愈明顯；舉一例來說，德山宣鑒原是個講僧，曾辛苦的為《金剛經》作注，寫成《金剛經疏鈔》，開悟後卻反而把它燒掉，並說了四句偈：「窮諸玄辯，若一毫置於太虛；竭世樞機，似一滴投於巨壑。」❾頗有《莊子．養生主》「吾生也有涯，而知也無涯；以有涯隨無涯，殆已」之慨。又圜悟禪師《碧巖錄》是當今研究禪宗公案的第一書，但圜悟的大弟子大慧禪師卻曾把它燒燬，認為法忌執著❿。這些作法都跟道家的「絕聖棄智」，摒棄語言文字的作法是相近的，而與原始佛教的重經論相遠。

又，《莊子．天地》說以「象罔（無心）」來悟道，其說也與禪宗心法相近。《六祖壇經．行由品》說：「（五）祖以袈裟遮圍不令人見，為說《金剛經》，至『應無所住而生其心』，慧能言下大悟一切萬法不離自性。」自性，是眾生所各自具有的清淨佛性。應無所住而生其心，和莊子的「無心」意義是相同的，都是不要刻意以己意，或有所求的心態去處理事務；而須放下己意，不被善惡名所牽，不為利所動，以自然、以事物本身所須的方式（道）來處理它。所以六祖慧能將之推闡為「無念」；所謂無念，即是行事不為善惡、名利之名所縛，不被外在事物所染著。《六祖壇經．定慧品》云：

---

❾德山（西元 780～865 年）燒經疏，事見《碧巖錄》卷一，第四則。

❿大慧禪師（西元 1089～1163 年）燒燬《碧巖錄》一事，見元．方回、三教老人等〈碧巖錄序〉（《大正藏》卷四十八，頁 139）。

善知識！我此法門，從上以來，先立無念為宗，無相為體，無住為本。無相者，於相而離相；無念者，於念而無念；無住者，人之本性，於世間善惡好醜，乃至冤之與親，言語觸刺，欺爭之時，並將為空，不思酬害。念念之中，不思前境。若前念今念後念，念念相續不斷，名為繫縛。於諸法上，念念不住，即無縛也。此是以無住為本。善知識！外離一切相，名為無相。能離於相，即法體清淨。此是以無相為體。善知識！於諸境上，心不染曰無念。於自念上，常離諸境，不於境上生心。若只百物不思，念盡除卻；一念絕即死，別處受生，是為大錯。

綜上所說，老莊思想影響於禪宗者，如道體遍在於萬物中，不假外求；道體須親身體悟，而不是可學而得，捨漸學而取頓悟；另外，道家的鄙棄語言文字，也影響了禪宗不執著文字，直指道體。《莊子．知北遊》說道體：「窅然空然，終日視之而不見，聽之而不聞，摶之而不得。」《六祖壇經．頓漸品》也說：「『吾有一物，無頭無尾，無名無字，無背無面，諸人還識否？』神會出曰：『是諸佛之本源，神會之佛性。』師曰：『向汝道無名無字，汝便喚作本源佛性，汝向去有把茆蓋頭，也只成個知解宗徒。』」《老子》第一章說：「道可道，非常道；名可名，非常名。」道體空寂，不可名求、智得。大抵說來，禪宗教外別傳、不立文字、直指人心、見性成佛等標的，都可在老莊思想中找到源頭。所以近代學者，如胡適、鈴木大拙等，都認為禪宗並不是印度的東西，而是中土的產品。

第六節　道教《太極圖》與佛教唯識學及禪宗的關係

《易經．繫辭上傳》第十一章：「是故易有太極，是生兩儀，兩儀生四象，四象生八卦，八卦定吉凶，吉凶生大業。是故法象莫大乎天地，變通莫大乎四時，縣象著明莫大乎日月，崇高莫大乎富貴；備物致用，立成器以為天下利，莫大乎聖人。」又《老子》第四十二章云：「道生一，一生二，二生三，三生萬物。萬物負陰而抱陽，沖氣以為和。」《易經》與《老子》的這個思想系統，即是後來道家道教「道」生萬物，及《太極圖說》的始源；已深入國人思想理路中。道生萬物，為道家、道教的標徽，而道教《太極圖》，則是以圖形的方式來表達道家、道教這個道生萬物的理念。

道教《太極圖》的廣被世人重視，是肇因於宋明理學的開山祖師周敦頤以《太極圖》來解說萬物生成的現象。關於《太極圖》的來源，《朱子語類》卷九十三，以為是傳自五代道士陳摶。陳摶既是道士，則此圖當與道教有關，清．胡渭《易圖明辨》卷三，以為此圖與唐明皇制序的《真元妙經品》中的〈太極先天圖〉相同。該道經，既有唐明皇制序，則其書必撰成於唐前可知。而該道經及圖，即今《正統道藏．洞玄部．靈圖類》所收《上方大洞真元妙經品》後附的〈上方大洞真元妙經圖〉。又，初唐．陳子昂《感遇詩》說：

「太極生天地，三元更發興，至精諒斯在，三五誰能徵。」三五之說即指《太極圖》之坎離與五行二圖，可見《太極圖》在唐初已存在。

陰陽雙魚形的《太極圖》，究竟起於何時，尚難以推知，但由宗密援用道教《太極圖》，及唐明皇制序的道經中已有《太極圖》，則至遲在唐明皇世已存在。而西元 1954～1957 年大陸所發掘的陝西半坡遺址，距今已六千七百年左右，出土的彩陶罐上的陰陽魚紋，及魚紋盆上的魚紋，也有的學者把它視為《太極圖》的濫觴，說見大陸學者鄧球柏著《帛書周易校釋．前言》。

道教《太極圖》因被周敦頤所用，而奠定了有宋一代的理學發展。又，此圖除與宋明理學有密切關係外，同時和佛教的唯識學也有關聯。唐代禪學大師宗密，更用此圖中無極、太極、陰陽互涵等圖形，配合《大乘起信論》一心法有二門，「一者心真如門，二者心生滅門」。心生滅門的阿賴耶識，又有覺與不覺義。宗密以此來說明眾生心阿賴耶染淨情形。

宗密生於唐德宗朝，死於武宗會昌元年，活動期間在唐憲宗、文宗朝，屬於中唐時人，未出家時曾學過儒書⓫，對儒道二家說都有鑽研。道經《上方大洞真元妙經品》，既為唐明皇所制序，且流行於盛唐，則唐人對此經必不陌生，宗密對它也應有所知。我們由宗密《禪源諸詮集都序》卷下之二〈眾生心染淨十重圖〉（見《大正新

⓫以上事蹟，見宋．贊寧《宋高僧傳》卷六〈義解．圭峰草堂寺宗密傳〉。

修大藏經》冊四十八〈諸宗部五〉頁410～411）所用的圖像，便可看出宗密之圖和《太極圖》有密切的關係。

宗密以圓圈○表示眾心本覺之心，然後用紅黑兩色來表示染和淨，但紅黑兩色在唐代手抄時還易保存，宋時刻版印書則紅圈變為白圈，今以白黑稱之。宗密的圖，是以眾生心為中心；由象徵眾生心本覺的白圈，一分為兩，即⊙白中有黑點的「真」，和◉黑中有白點的「妄」。「真」而有黑點，是說真如本覺，有淨德妙用；「妄」而有白點，是說妄迷中有真如本體。這種情形頗類似道家太極生陰陽兩儀，「萬物負陰而抱陽」，陰中有陽，陽中有陰的雙魚圖觀念。「眾生心」既分「真」、「妄」，然後真成為真如門，妄為生滅門。真如門為白圈○之理體；生滅門則為淨染互涵的「阿賴耶識」。阿賴耶有淨染兩種因子，它的象徵圖形◎，頗類似道教陰陽互涵的坎離圖；由於阿賴耶中有染淨二因子，所以如由白圈中有黑點的覺心向上修，則可經十重而使白圈中之黑垢漸去，而成純白圓圈的佛果；如趨向黑圈中有白點的不覺，則將使本覺真如的純白圈，經十重迷途，漸變為全黑的圓圈，從此輪迴受果報。宗密所用來象徵覺與不覺相雜糅的阿賴耶識◎圖，跟道教《太極圖》中第二重圖，象徵陰陽互涵互動，水火相濟的坎離圖形◎，是相似的。

我們由宗密以圖形來象徵真如心染淨情形，不難看出他的說法襲自道教的《太極圖》。又，清朝和尚行策，在所撰的《寶鏡三昧本義》（《卍續藏經》冊一百十一）中，採用道教《太極圖》太極生兩儀的觀念及圖形，製成六圖，來解說曹洞宗「正中有偏，偏中有正，回互之義」。其六圖依次為：〈寶鏡三昧圖說〉、〈正偏回互圖說〉、〈三疊分卦圖說〉、〈五變成位圖說〉、〈二喻顯法圖說〉、〈六爻攝義圖說〉；其中〈寶鏡三昧圖〉，即是道教《太極圖》中的太極。而〈正偏回互圖說〉，則是《太極圖》中的〈坎離圖〉。今以六圖中第二圖〈正偏回互圖〉來做說明引用道教《太極圖》的觀念於下；行策文云：

> 此圖兩儀既判，黑白已分。以黑表正，以白表偏；所謂正中有偏，偏中有正，回互之義本此。中間仍有一虛相者，表向上事，今亦隱於黑白間也。黑白是奇偶二數，即前太極相所生為卦畫爻象之本。然論所表之法，不惟偏正，今略配名義，使不迷宗。
>
> 所謂黑者，於位表正，於相表暗，於時分表夜，於界處表內，於人倫表君父，於二家表主，於法界表理，於法門表體，於二德表性，於二嚴表智，於二智表實，於二門表本，於四十二位表果。
>
> 所謂白者，為偏位，為明相，為晝分，為外界，為臣子，為賓家，為事法界，為用門，為修德，為功動，為權智，為跡門，為因位。
>
> 此諸二法雖各依位住，而飛伏隱顯互相涉入。雖互相涉入而又各住本位，未嘗混亂。此非意識之境，入此三昧法如是。故此

回互之義，為一家之要旨，洞宗學者，尤宜詳之。

文中，行策套用道教《太極圖》陰陽互反互涵的觀念，用來詮釋佛教理事、權智、內外、因果、正反、黑白等等相對概念；並由道教〈坎離圖〉白中有黑，黑中有白，而用來說明曹洞宗正中有偏，偏中有正的觀念；認為此是曹洞宗要旨，最宜詳究。

由宗密與行策之事，可見佛徒對道教《太極圖》頗有偏好。

今將為道經《上方大洞真元妙經圖》、周敦頤《太極圖》、宗密《禪源諸詮集都序》卷下之二〈眾生心染淨十重圖〉、行策《寶鏡三昧本義》六圖說，列於下，依次為附圖四至附圖七。宗密的圖形，由於說明的文字多，所以象徵眾生心、真、妄、阿賴耶等圖，相形便顯得很小；又，宗密的圖形有詳略二圖；詳圖中的妄，是黑圈中有白點；但在略圖中，則油墨淹漬成純黑。且〈染淨十重圖〉，詳圖中本來染方面的十重圖，是十白圈中，各圖黑點逐漸增大；淨十重圖，是十黑圈中，各圖白點逐漸加大。但在略圖中，則都被變成十白圈、十黑圈了，訛誤甚大。今因詳圖所佔篇幅太大，僅附略圖，並將略圖中有誤的十白圈十黑圈，校改用詳圖正確圖形移如附圖六所見。

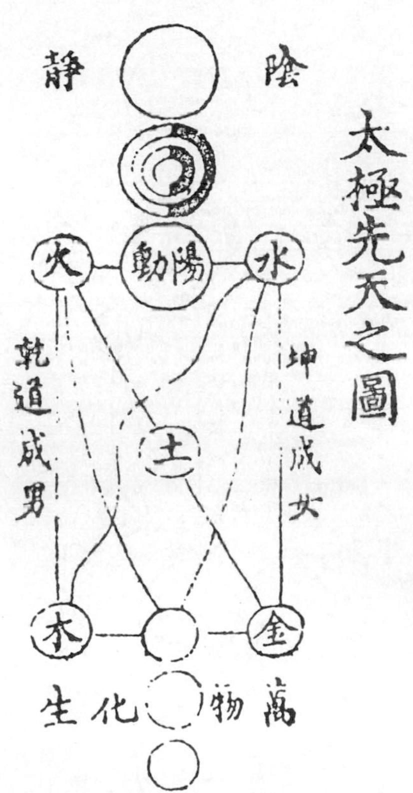

圖四　道經《上方大洞真元妙經圖》(《正統道藏．洞玄部．靈圖類》)

無極而太極

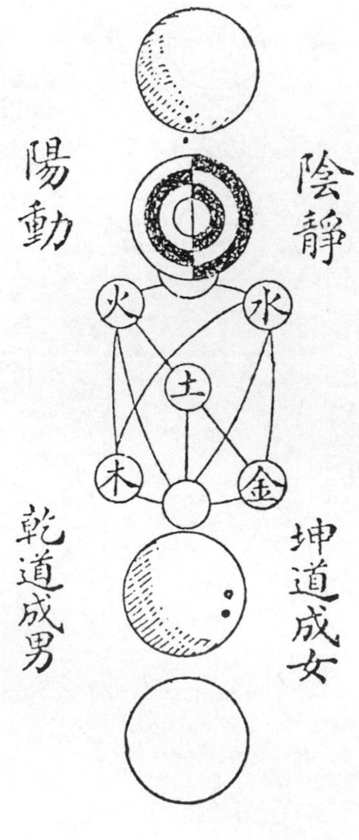

萬物化生

圖五　周敦頤《太極圖》(《宋元學案》卷十二〈濂溪學案〉下)

圖六　宗密《禪源諸詮集都序》卷下之二〈眾生心染淨十重圖〉（《大正新修大藏經》冊四十八〈諸宗部五〉）

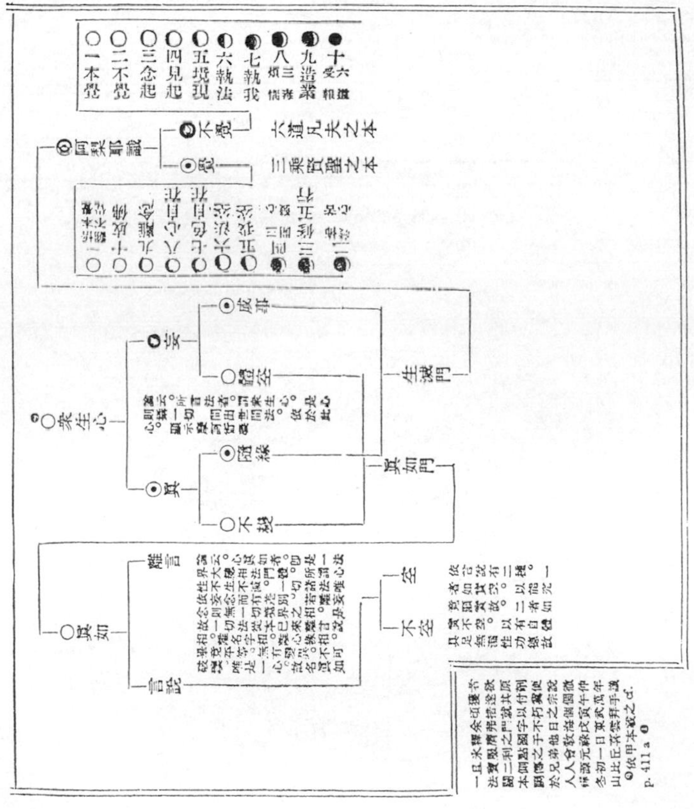

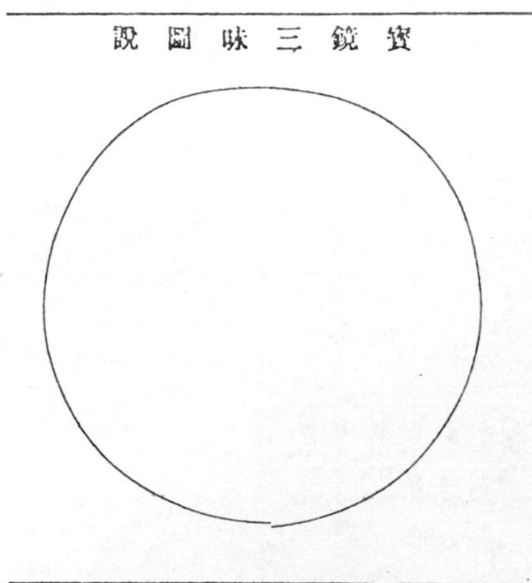

圖七之一　行策《寶鏡三昧本義》六圖說之〈寶鏡三昧圖說〉

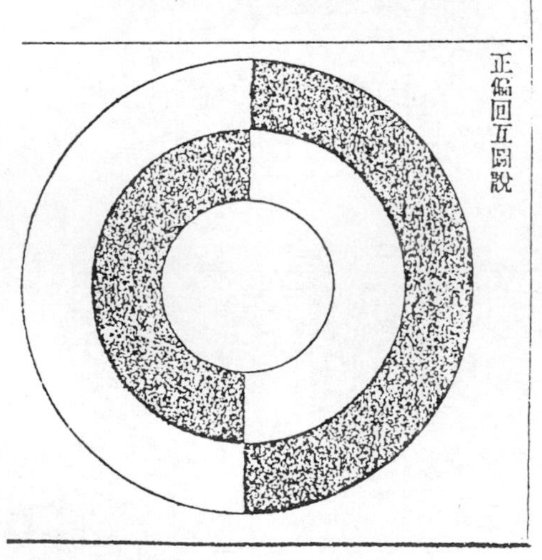

圖七之二　行策《寶鏡三昧本義》六圖說之〈正偏回互圖說〉

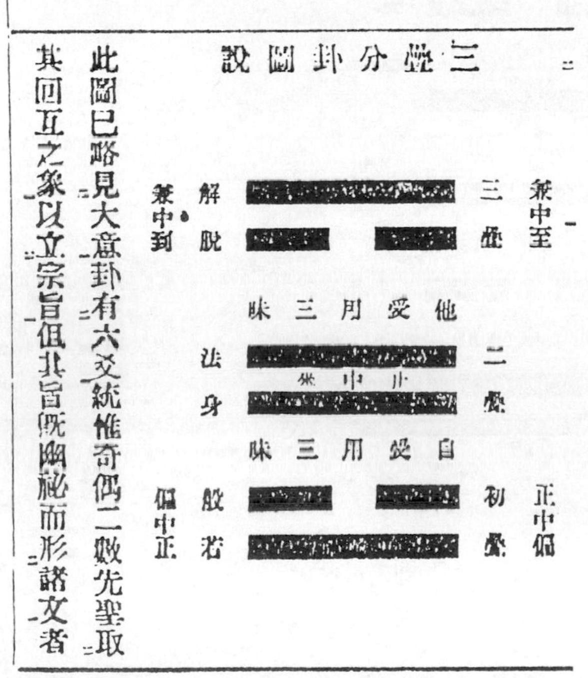

三疊分卦圖說

兼中至
三疊
二疊
正中偏
初疊
他受用三昧
正中來
自受用三昧
解脫
法身
般若
兼中到
偏中正

此圖已略見大意卦有六爻統惟奇偶二數先聖取其回互之象以立宗旨但其旨既幽祕而形諸文者

圖七之三　行策《寶鏡三昧本義》六圖說之〈三疊分卦圖說〉

五變成位圖說

五變　兼中到
四變　兼中至
三變　正中來
二變　偏中正
初變　正中偏

圖七之四　行策《寶鏡三昧本義》六圖說之〈五變成位圖說〉

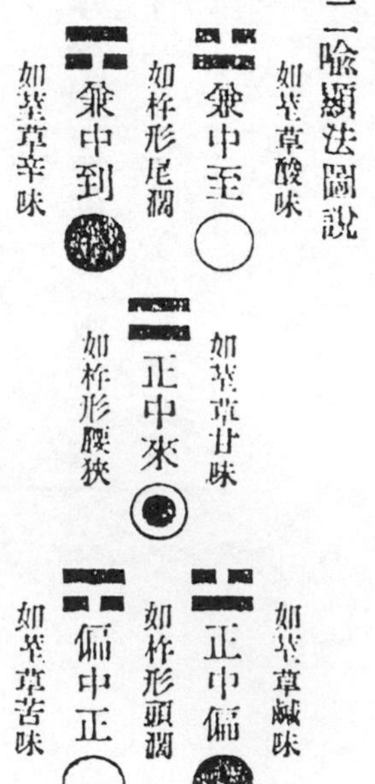

圖七之五　行策《寶鏡三昧本義》六圖說之〈二喻顯法圖說〉

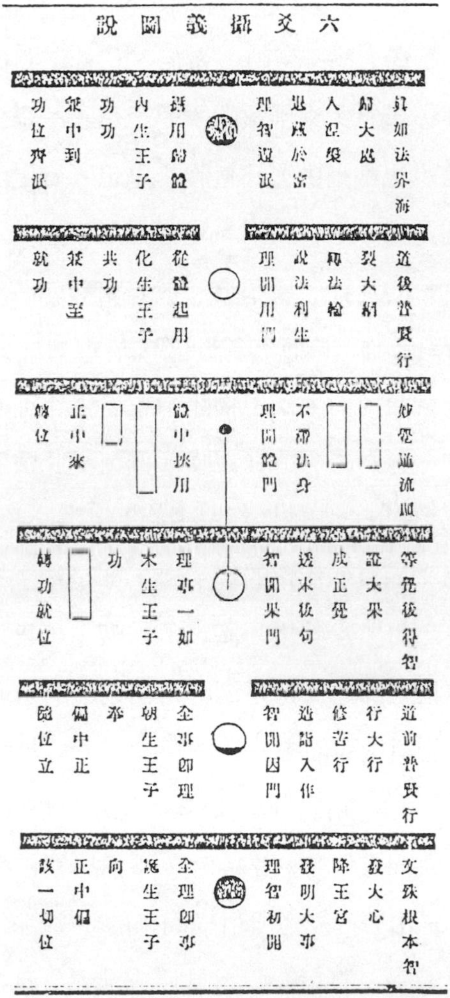

六爻攝義圖說

真如法界海
歸大寂
入涅槃
退藏於密
理智還泯
體用歸體
內生王子
功功
兼中到
功位齊泯

道後普賢行
發大精
轉法輪
說法利生
理開用門
從體起用
化生王子
共功
兼中至
就功

妙覺遍流同
不離法身
理開體門
體中挾用
正中來
轉位

等覺後得智
證大果
成正覺
透末後句
智開果門
理事一如
末生王子
功
轉功就位

道前普賢行
行大行
修苦行
造詣入作
智開因門
全事即理
朝生王子
奉
偏中正
隨位立

文殊根本智
發大心
降王宮
發明大事
理智初開
全理即事
誕生王子
向
正中偏
該一切位

圖七之六　行策《寶鏡三昧本義》六圖說之〈六爻攝義圖說〉

第七節　結語

中土道教除壇儀、講經儀軌、習俗、信仰、符印、術法、節慶等等影響佛教外，甚且大乘佛教的主要思想——眾生皆有佛性，以及佛性淨染問題，也都是由老莊道體的思想所衍化而來。莊子以為道在螻蟻，道在瓦甓，道在屎溺。道是無所不在，在有生命的動植物上，也在無生命的瓦甓、屎尿上。於是南北朝時的道生和尚，據此而推論眾生皆有佛性。再者，老子認為道生一，一生二，二生三，三生萬物；萬物皆由道而生；但物雖由道而生，而物中有道，道中有物，並非道物一分為二，道貴物賤。佛徒受此啟發，因而《大乘起信論》的作者，便以真如佛性為眾生心；以為一心開淨、染二門；淨即道，染即物；而真如佛性的眾生心，即是創生萬物的道體，所以說萬法由眾生心而生。其後，隋朝的吉藏主張草木有佛性，唐代的湛然認為無情也有佛性；這些則都是由老莊的道體論，及莊子道體無所不在的思想所啟發而來。

據此看來，佛教早期傳入時，以老莊思想解釋般若學，而其後，老莊思想竟成為大乘佛教的主要特色，不僅早期佛教受影響，甚至唐宋時的禪宗也是由老莊思想所衍變而來的。唐宋時禪宗所標榜的教外別傳、不立文字、直指人心、見性成佛等，都可以在老莊的思想中找到源頭，而禪宗歷代祖師的語錄，更常可看到老莊的影子，因此禪可以說是老莊思想的宗教化，是老莊思想的實踐者；歷來學者都認為禪和老莊有極密切的關係。

又，道教的《太極圖》，唐時的宗密用它來配合《大乘起信論》的思想，而來解說唯識阿賴耶染淨妄覺；清代行策則以它來解說禪宗曹洞宗的玄義。

上述的這些種種，都可以看出，不僅在壇儀、習俗、術法及思想上，佛教受道教的影響至深且巨，並且中國大乘佛教的主要理論，也可以說是建立在老莊思想上而產生的；這些思想既與印度的原始佛教有別，也與印度的大乘佛教有別。

第四章

道教司命司錄系統對佛教檢齋及善惡童子說之影響

第一節　序言

道教司命、司錄神，是由中土先秦司命、司祿演變而來的。先秦典籍中有司祿而無司錄。司命、司祿出自我國古代以星辰司掌人類命運的信仰。在天上的三臺及文昌星座中，都各有司命、司祿星神。司命主管壽夭災祥，司祿掌管錢帛俸祿。二神見載於《周禮・春官・大宗伯》、《周禮・春官天府》及《藝文類聚》卷十引《隨巢子》❶。其中司命神在《楚辭・九歌》中又有大司命與少司命之分。朱熹、戴震等人注《楚辭》時，以三臺星座上之上臺司命為大司命，主管壽夭；文昌宮第四星之司命為少司命，主管災祥。而王夫之則以為大司命統司人之生死；少司命主司人子嗣之有無。大抵說來，大司命主生死壽夭，少司命主災祥、子嗣。

---

❶《漢書・藝文志・墨家》有《隨巢子》六篇，註云：「墨翟弟子。」古書真偽，論辯繁多，大都無益之爭，常有世人以為偽者，後來出土文物證其為真。今姑列此，不另細述。

司命神的系統，到了道教後，並且由此而衍生了多種相關的神祇。依其先後次序發展出來，與錄記人世善惡，主宰世人生死災祥有關的神，如竈神、三官、南北斗、判官、文昌帝君等等，愈演愈盛。竈神雖然在先秦已有了，但成為載錄人世善惡之神，則似起於漢代；說見下。上述的這些神祇都與世人的生死壽夭，善惡禍福有關。姑且都把他們稱為司命系統的神祇。

道教中的司命、司錄，據道經所載，他們手中有青黑簿籍，記載世人善惡功過，掌管人類生死禍福等命運。道教認為舉凡人命的壽夭災病，人事的窮達貴賤，皆與個人的善惡有關。而人世所為的諸事，都由司命、司錄神所記，並加以核考。為善者增算紀❷，為惡者減壽命。《太平經鈔》甲部❸：「行之，司命注《青錄》；不可，司錄記《黑文》。《黑文》者死，《青錄》者生。生死名簿，在天明堂。」漢代讖緯書《河圖記命符》、《易內戒》、道經《赤松子經》都說：「天地有司過之神，隨人所犯輕重，以奪其算，算減則人貧耗疾病，屢逢憂患，算盡則人死。」(《抱朴子．微旨篇》引)，《抱朴子．

❷道教以人命增減三日為算，以人命增減三百日為紀。

❸近人王明〈論太平經鈔甲部之偽〉一文，以為《太平經鈔》甲部，係後起之作。今以經鈔分十部，皆係由《太平經》中摘抄要點而來，其餘九部不疑，光疑甲部，較為牽強。道經中常有數經內容相近之情形出現，如對甲子神及四規明鏡之敘述，多本經中皆有之。這種情形，在佛教密宗典籍中也常看到。不能以其內容與後來經典有相似處而斷言為偽。

對俗》:「行惡事；大者，司命奪紀，小過奪算；隨所輕重，故所奪有多少也。」梁．陶弘景《養性延命錄．卷上．雜誡忌禳害祈善篇》說:「司陰之神在人口左，人有陰禍，司陰白之於天，天則考人魂魄。司殺之神，在人口右，人有惡言，司殺白之於司命，司命記之，罪滿即殺。二神監口，唯向人求非，安可不慎言？」❹由諸書所述，可以看出道教司命系統神的職司。而《赤松子章曆》卷四〈絕泰山死籍言功章〉:「皇天上帝、十二司命君，謹案天師舊儀，三會吉日，斷除泰山死籍，削除右契罪名死目，改定生籙，注上生名左籙長生宮中。」唐．杜光庭集《太上宣慈助化章》卷四:「恐某魂魄，橫被百鬼執迷，在於右宮黑簿之中。」「追計解厄，定上生名，付與左契玉曆之中。」由上面的敘述，可見道教是以右宮掌右契黑簿，記人所行惡事；以左宮掌左契青簿，記人所行善事。道徒為求延壽益生，避司命神祇記惡上奏天庭，因此常在三元八節、庚申及朔、望、弦、晦、本命生辰等日，持齋做法會，以祈禱神祇能削死籍，刊生籍，長壽長生。

道教以司命神掌管人世命運，以及以文書簿籍掌記人間善惡的觀念，後來也被佛教所引用。《佛說十王經》、《楞嚴經》、敦煌變文《唐太宗入冥記》等，都可看到道教司命系統的影子。道教司命之說，甚且盛行於西藏。蓮華生所著的《西藏度亡法》，敘述陰間閻王地獄中，有司善司惡神以黑白石，記人善惡。司善司惡神，即是司

❹《正統道藏．洞神部．方法類．臨字號》，新文豐刊本第三十一冊頁 88 上。

命、司錄；黑白石，則是由青黑簿記所蛻變。再者佛經中的「業簿」、「業鏡」、「業秤」等觀念，也是仿襲自道教「青錄」、「黑文」、「生死簿記」等東西而來。而掌管善惡業簿的善惡童子、判官，即是司命系統的屬神。

又，佛教神祇下臨人世，檢校人世善惡功過的日子，較重要者有：八王日及六齋日。八王日，即道教的八節日，說見後。而六齋日為每月初八、十四、十五、二十三、二十八、三十等日，是直接抄襲道教《洞玄靈寶》及《明真科》所言六齋十直等齋日而來。道教這些日期的選定，疑與漢世納甲法及道經《參同契》所強調的修煉日期：朔（初一日）、夕見（初三）、上弦（初八日）、望（十五日）、下弦（二十三日）、晦（卅日）等日期有關。這些日期，對道教修煉內、外丹者而言，極為重要。漢代將天干地支與五行八卦相配，稱為納甲法，道教《參同契》用八卦來說明朔望上下弦晦等月象，以配合修煉。

又，道教在庚申日修道不眠，避尸蟲上奏天官的習俗，在唐宋時期也廣被佛徒所襲用。在司命系統及檢齋觀念上，佛教承繼道教者多。茲論述於下。

第二節　道教司命系統與檢校功過日期

一、道教司命神的演變

道教神祇是沿襲中土固有信仰而來。以司命神主記人善惡，司掌人世生死富貴的觀念，由先秦經兩漢、六朝至唐宋，愈演愈盛。道教中與司命有關的大小神祇，略依其演變的先後，計有：司命、司錄（司祿）、竈神、三官、南北斗（五斗）、甲子神、日夜游神、判官、文昌帝君等。先秦的司祿，在道經中，常被寫作司錄。司祿的被轉變為司錄，可能是道經中的司錄神，是掌記簿籍，記錄人間過惡。既與簿籍有關，所以才以「錄」字代「祿」字。但由於司祿是先秦典籍所用，且中國文字常有同音通假的現象，所以道經中也常見二字互用的現象，司錄的「錄」字，有時被寫成「錄」，有時則寫成「祿」，並不固定。

上述的這些神，有小神，有大神。小的，僅在人間記錄人民善惡，向天稟報。大神則高居天上，主宰人民，甚且兼司考核其他神祇的善惡功過。在大神方面，往往會擁有許多屬神，並且由此而組織成一個龐大的察司系統。其中組織最龐大的，早期有三官、五斗（南斗、北斗、東斗、西斗、中斗）。後期則有隋唐時發展成的文昌帝君系統。

有關五斗的職司，大抵為東斗主算，西斗記名，北斗落死，南斗上生，中斗大魁，總監眾靈。說見《太上玄靈北斗本命延生真經》、《太上說南斗六司延壽度人妙經》、《太上說東斗主護命妙經》、《太上說西斗記名護身妙經》、《太上說中斗大魁保命妙經》、《靈寶無量度人上品妙經》。

三官的監察系統，則分天官、地官、水官。每一官，再分別各設三宮、九署及諸曹司。考官龐大眾多，今以天官為例來說明。

上元一品天官設有三宮：中宮、左宮、右宮。中宮有左、右、中三府及十二曹，共計三府各領僚屬九千萬眾，總統生死罪福一十二曹官，曹置一百二十考官，一千二百考吏，一萬二千考兵，一十二萬考士。上述所言是天官中宮。而天官左宮亦有左、右、中三府。三府各有官僚九千萬眾，統一十二曹，曹置一百二十考官，一千二百考吏，一萬二千考兵，一十二萬考士。又，天官右宮亦統有三府：左、右、中；三府各領官僚九千萬眾，設一十二曹，曹置一百二十考官，一千二百考吏，一萬二千考兵，一十二萬考士。上面所列曹司官吏情形，僅為三官中天官所統轄之機構。另外地官、水官情形與天官相似，可以看出他們的組織十分龐大。

三官的名稱在《後漢書》卷七十五〈劉焉傳〉注引《典略》中已談到，現今敘述較完整的典籍為《太上洞玄靈寶三元品戒功德輕重經》、《太上太玄女青三元品誡拔罪妙經》。其中上元一品天官，主司考核天上諸仙真功過罪福。中元二品地官，主司考核五嶽五帝、九土土皇及地上諸仙功過罪福。下元三品水官，主司考核水中諸仙及人世死魂的功過。三官諸天宮中均有青黑二簿，以考核天下之善惡。善入青簿，惡列黑簿。又，《元始天尊說三官寶號經》及《靈寶無量度人上經大法》卷四十七說：「天官賜福，地官赦罪，水官解厄。」而三官之主神，則是：上元一品天官為紫微大帝，中元二品地官為清虛大帝，下元三品水官為洞陰大帝。

三官為漢魏六朝，道教司命系統的龐大考核機構，是仿照人世的政治組織而來的，也是道教常見的一種特色。唐宋而後，司命系統的另一重要神祇——文昌帝君，逐漸形成，並盛行於民間。

文昌帝君，自漢至宋，演變甚大。在漢代，時人則以司命為文昌神。《風俗通義．祀典》〈司命〉條：

> 《周禮》：「以槱燎祀司中、司命。」司命，文昌也。司中，文昌下六星也。

隋唐間之文昌神，則逐漸以西晉末戰死的張惡子為文昌神，張惡子亦作張亞子。《古今圖書集成．神異典》卷十七引《梓潼化書．清河內傳》，對其生平有詳述。而《華陽國志》卷二、《太平廣記》卷四百五十八〈梓潼〉、《事物紀原》卷七、《夷堅甲志》卷十八、《夷堅乙志》卷五、《夷堅丁志》卷八、《鐵圍山叢談》卷四、《桯史》卷二、《文獻通考．郊社考》卷二十三、《明史．禮志四》、《歷代神仙通鑑》等書中，均載錄文昌帝君張惡子的生平及其神異事蹟。而《通俗篇》、《十駕齋養新錄》、《陔餘叢考》卷三十五、清朝《續文獻通考·群祀考》卷二等書，則對文昌神的轉變，及其沿革有較學術性的探討。

司命系統的後期，會形成以文昌帝君為主的察司系統，究其成因，應是文昌為星座名；而司命、司祿則是文昌座中的星神。雖然《武陵太守星傳》（《周禮·大宗伯》賈公彥疏引）及《晉書·天文志》，都提及三臺星座及文昌星座均有司命、司祿。三臺為天之三公，文昌為天之六府，三臺的神遠在文昌宮之上。三臺的司命高出文昌甚多。但國人習慣將司命歸於文昌宮。漢朝雖直接以司命為文昌神。但司命既屬文昌宮，因此自然就進一步而想為文昌宮另塑造一個主管，名之為文昌帝君。而後期的司命，便成為文昌帝君的屬神。文昌帝君也成為後期察司系統的總主管。

以上是道教司命系統演變的大略情形。茲因本文重在探究道教司命系統對佛教之影響，因此對道教司命神的轉變，不再做太多論述。

二、道教司命神吏所用以記錄的簿籍及下凡核閱人世善惡功過的日期

道教用以記人善惡功過的簿籍，除《太平經》所說的青簿、黑簿外，在其他道經中如《太上洞玄靈寶三元品戒功德輕重經》、《太上太玄女青三元品誡拔罪妙經》有的稱為青簿、黑簿，有的則稱為

白簡、黑簡者。青簿用以記善，黑簿用以記過。如《太上洞玄靈寶三元品戒功德輕重經》:「有善功者，上名青簿；罪重者，下名黑簿。」《靈寶無量度人上品妙經》:「諸天書名黃籙、白簡，削死上生。」《太上無極總真文昌大洞仙經．發爐》:「免五苦三災之累，下以落名黑簡，脫籍鬼鄉。」

道教記名青簿、黑簿，然後再整個核計善惡功過的作法，當是沿襲漢代行政組織上，考核臣民功過的方式而來。戰國秦漢之時，在每年的年終，或由地方官本人、或是另遣官員，到京師奏上計簿，將全年人口、錢糧、盜賊、獄訟等事報告朝廷。朝廷可根據這些來做功過獎懲；而這個活動就叫做上計。《後漢書．百官志五》:

> 諸州常以八月巡行所部郡國，錄囚徒，考殿最。初，歲盡詣京都奏事；中興（東漢以後），但因計吏。……凡郡國皆掌治民，進賢勸功，決訟檢姦。常以春行所主縣，勸民農桑，振救乏絕。秋冬，遣無害吏，案訊諸囚，平其罪法，論課殿最，歲盡遣吏上計。

漢代將全國分十三州，每州各轄若干郡國。由各州刺史考核所屬郡國功過；郡國則考核所屬各縣。然後再奏事朝廷。又，漢代除年終須上計外，平時官員有功，都有功勞簿籍來記載官員的功績閱歷，王充《論衡．謝短》:「吏上功日伐閱，名籍墨將。」文中的墨將，是墨狀之誤。劉盼遂注說：「今按《漢書．高祖紀》：『詔詣相國府署行義年。』蘇林注曰：『行狀年紀也。』知漢時考吏有行狀之制也。」王充的這段話，是說主管的官吏給有功的人員記功，叫做閥閱，把名字登記入墨色功勞簿上。《論衡．程材》也說：「五曹自有條品，簿書自有故事。」

這些考核官吏的活動，後來就被聯想到神明的考核人民善惡上來，《禮記．祭法》：「王為群姓立七祀：曰司命、曰中霤、曰國門、曰國行、曰泰厲、曰戶、曰竈。」鄭玄注云：「此非大神所祈報大事者也，小神居人之間，司察小過作譴告者爾……司命主督察三命。」三命即是漢朝所說的正命（一生註定該活多久的命）、遭命（即行善而遇凶）、隨命（行善得善報，行惡得惡報）。司命原是掌人世禍福壽夭的神，而在鄭玄注《禮記》中，更把司命當作考察人間善惡的神。鄭玄之注，顯示了漢代已普遍有這樣的看法。既有考察，即須有所憑藉，因而文書簿記，這些人世上的東西，便出現在宗教考核人民善惡上，而道教便由此創造出許多考核的神祇和機構。《太上洞玄靈寶三元品戒功德經》中，所言三官所屬的龐大考核機構，即是在依據所呈上來的青、黑簿籍來斷功過，而予獎懲。所謂行善者可以延生，可以記名仙籍。為惡者落地獄，受風刀之考。道教平時既有小神在人間，以青黑簿籍，考核人世善惡禍福；並說在較重要的日子中，上天也會派大神降臨人世，考核功過。如人民能在這些特定的日子上，修齋行善，則所獲的福祐將比平常多。

由漢代的官吏上計，形成道教的考核機構，這種情形在受道教影響的佛經中仍可看到，如敦煌寫卷斯2051號《佛說提謂經》云：「八王日、月八日、十四日、十五日、二十三日、二十九日、三十日，皆是天地用事之日。上下玄（弦）、望、朔、晦，皆是錄命上計之日，故使於此日，自守持齋，以道自救，使不犯禁，自致生善處。」文中即直接把這些重要的齋日，稱為天神上計日，足見道教的考核觀念和漢代的上計有密切關係。

至於道教天神核閱人世的日期，以月份來說，則有正月、三月、五月、七月、九月、十一月等六月；以日子來說，計有三元、八節、六齋、十直，以及甲子、庚申、各人本命生辰等。三元：指正月十五日上元、七月十五日中元、十月十五日下元。八節為：立春、春分、立夏、夏至、立秋、秋分、立冬、冬至。六齋，即一年中之正月、三月、五月、七月、九月、十一月。十直齋，即每月的初一日、初八日、十四日、十五日、十八日、二十三日、二十四日、二十八日、二十九日、三十日。甲子、庚申是指古時以天干地支記日，每逢甲子及庚申日，天神校集人世功過罪福。庚申日，是人體中尸蟲上天奏人過惡的日子。又《抱朴子．微旨》談到竈神以月晦之夜上天白人罪狀。月晦，為每月的月底。這些日子都是道教神祇下臨，或人間小神上天奏命的日子。其中六齋十直對佛教影響較深。道教的這些齋期，是遵循東漢．張陵《旨要妙經》之說而來的，東晉靈寶派，依之而行。今摘錄道經天神簿記，檢校功過，及其考校之日期如下：

北宋．賈善翔《猶龍傳．卷五．度漢天師》頁3、45云：

> 老君又授天師歲六齋、月十齋大法，皆披《靈寶五篇經》自然天書大字為《旨要妙經》一卷，令宣教天下，其要曰：正月、三月、五月、七月、九月、十一月者，歲六齋也。上三天令天帝太一使者與三官，司察天下人之罪福，若能修此六大齋，令除十苦，得免厄會，朝拜太上，可得長生矣。月十齋者，月一日北斗下，八日北斗司殺下，十四日太一使者下，十五日天帝及三官俱下，十八日天一下，二十三日太一八神使者下，二十四日北辰下，二十八日下太一下，二十九日中太一下，三十日上太一下。自下、中、上三太一下日，皆及地水一切尊神俱下，周行天界，檢察善惡。又甲子日，太一簡閱神祇；庚申日，三尸言人罪過；本命日，計人功行。又八節日，有八神記人善惡。又有三元齋日者，正月十五日上元、七月十五日中元、十月十五日下元，此三元日，天地水三官考校罪福，皆當沐浴齋戒，作元都大獻，祈恩謝過。又三會日，以正月七日名舉遷賞會，七月七日名慶生中會，十月十五日名建功大會。此三會日，三官考覈功過，受符籙、契令、經法者，宜依日齋戒，呈章賞會，以祈景福。又五臘日者，正月一日名天臘，五月五日名地臘，七月七日名道德臘，十月一日名民歲臘，十二月臘日名王侯臘。

此五臘日，常當祭祀先亡，薦福追念，名為孝子，得福無量。餘日名淫祀，有罪。通前三元，名為八解日，皆可設淨供求福焉。夫齋法要絕甘、肥、辛、葷、酒、色、陰、賊、嫉妬及一切惡事，唯宜燒香燃燈，誦經禮懺，願諸一切，悉免災厄，乃為齋矣。(《正統道藏・洞神部・譜錄類・敬字號》，新文豐縮印本第三十冊頁 243 下至頁 244 下)

《太極真人敷靈寶齋戒威儀諸經要訣》云：

太極真人曰：夫學真仙白日飛昇之道，皆以齋戒為立德之本矣。靈寶經有大法：正月、三月、五月、七月、九月、十一月，是歲六齋。月一日、八日、十四日、十五日、十八日、二十三日、二十四日、二十八日、二十九日、三十日，名為月十齋。長齋久思，以期凌虛之道也。(《正統道藏・洞玄部・威儀類・被字號》，新文豐刊本第十六冊頁 566 上)

《旨要妙經》為太上老君授於張陵者。《太極真人敷靈寶齋戒威儀諸經要訣》 見於敦煌寫卷伯 2861 號和伯 2256 號寫卷拼合而成的宋文明〈靈寶經目〉及《洞玄靈寶三洞奉道科戒營始》卷四的〈靈寶中盟經目〉，應為東晉・葛巢甫傳教之新靈寶經。

《雲笈七籤》卷三十七〈齋戒・洞玄靈寶六齋十直〉：

年六齋：正月　三月　五月　七月　九月　十一月

月十齋：一日：北斗下　八日：北斗司殺君下　十四日：太一使者下　十五日：天帝及三官俱下　十八日：天一下　二十三日：太一八神使者下　二十四日：北辰下　二十八日：下太一下　二十九日：中太一下　三十日：上太一下

自下中上三太一下日，皆天地水三官一切尊神俱下，周行天下，伺人善惡。

甲子日：太一簡閱神祇。

庚申日：伏尸言人罪過。

本命日：計人功行。

八節日：有八神記人善惡。

三元日：天地水官，校人之罪福。

同書卷三十七〈說雜齋法〉云：

《明真科》云：月一日、初八日、十四日、十五日、十八日、二十三日、二十四日、二十八日、二十九日、三十日。已上為十直齋日。庚申、甲子、八節，太一、八神下，司察人過咎，修齋，太一歡悅。庚申日，人身中伏尸上天言人罪過。本命日，受法人身神吏兵上天計人功過。

《太極真人說二十四門戒經》：

凡念戒時，每月一日、八日、十四日、十五日、十八日、二十三日、二十四日、二十八日、二十九日、三十日，月小卻取二十七日，此名十直齋日。立春日、春分日、立夏日、夏至日、立秋日、秋分日、立冬日、冬至日，此名八節齋日。正月十五日、七月十五日、十月十五日，此名三元齋日。正月一日、四月一日、七月一日、十月一日，此名四始齋。正月七日、七月七日、十月五日，此名三會齋日。

《太上洞玄靈寶三元品戒功德輕重經》：

一切尊神常以太歲、甲子、庚申之日，下詣暘谷、清泠、北酆三宮，集校九江、四海、三河、淮、濟生死簡錄。

三元品戒，部有六十條，合一百八十條戒。各有陰陽左右水火風刀官考典之。正月十五日上元校戒之日，七月十五日中元校戒之日，十月十五日下元校戒之日，此一年三日，皆地上及五帝、五嶽、靈山、三界神官，及諸水府三官司罰。無窮無深，無遠無近，無大無小，一切神靈皆同上詣上三天玄都三元宮中，皆齎諸天地上得道及未得道見在福中及兆民生死緣對，宿根簿錄功過輕重，列言上天。是其日，無極天尊十方大聖眾，三十二天帝，飛天神王、高上玉虛至真大神……長生、司命、司錄、司殺、南斗、北斗，諸天日月星宿、璇璣玉衡，一切眾神，莫不森然俱至，三元左右中宮，三官九府百二十曹，陰陽左右水火風刀考官，各筭計天上天下生死簿錄，更相校計。有善功者，上名青簿；罪重者，下名黑簿，各以一通，列言三官，功過善惡，毫分無失。

《赤松子章曆》卷二〈三元日〉：

正月十五日，上元；七月十五日，中元；十月十五日，下元。右件，天地水三官檢校之日，可修齋祈福。

《靈寶無量度人上品妙經》：

諸天書名黃籙、白簡，削死上生。

《太上玄靈北斗本命延生真經》：

於三元、八節、本命生辰、北斗下日，嚴置壇場，轉經齋醮，依儀行道，其福無邊，世世生生，不違真理。

《太上說東斗主算護命妙經》云：

有災之日，宜於本命生辰，或月之朔、望、月之九日，或家庭宇，以時花珍果，焚香靜念，望東斗帝君，醮謝罪業，求益壽年，大靈所與，獲福無量。

《太上無極總真文昌大洞仙經．發爐》：

免五苦三災之累，下以落名黑簡，脫籍鬼鄉。

《太上三十六部尊經．太清境集宮經》：

令於甲子、庚申、三元、八節、本命生辰，祈恩請福，謝過禳災，同得快樂。

《抱朴子．微旨》：

（三尸）每到庚申之日，輒上天白司命，道人所為過失。又，月晦之夜，竈神亦上天白人罪狀。大者奪紀，紀者三百日也。小者奪算，算者三日也。

《齋戒錄》(《正統道藏．洞玄部．戒律類．弔字號》)：

年六齋：正月　三月　五月　七月　九月　十一月

月十齋：一日：北斗下　八日：北斗司殺君下　十四日：太一使者下　十五日：天帝及三官俱下　十八日：天一下　二十三日：太一八使者下　二十四日：北辰下　二十八日：下太一下　二十九日：中太一下　三十日：上太一下

自下、中、上，三太一下日，皆天地水三官一切尊神俱下，周行天下，伺人善惡。

甲子日：太一簡閱神祇。

庚申日：伏尸言人罪過。

本命日：計人功行。

八節日：有八神記人善惡。

三元日：天地水官，校人之罪福。

……

說雜齋法

《三元品戒經》云：「正月七日，天地水三官檢校之日，可修齋。」

《聖紀》云：「正月七日，名舉遷賞會齋。七月七日，名慶生中會齋。十月五日，名建生大會齋。三官考覈功過，依日齋戒，呈章賞會，可祈景福。」

《明真科》云：「正月、三月、五月、七月、九月、十一月，一歲六齋月，能修齋上三天帝，令太一使者除人十苦。」

《八道祕言》云：「正月、三月、四月、六月、七月、八月、九月、十月、十一月；此九真齋。月一日、十五日、二十九日，此月中三齋日。正月一日，名天臘；五月五日，名地臘；七月七日，名道德臘；十月一日，名民歲臘；十二月節日，名侯王臘；此五臘日，並宜修齋，并祭祀先祖。」

《明真科》云：「月一日、初八日、十四日、十五日、十八日、二十三日、二十四日、二十八日、二十九日、三十日，已上為十直齋日。庚申、甲子、八節，太一八神下，司察人過咎，修齋，太一歡悅。庚申日，人身中伏尸上天言人罪過。本命日，受法人身神吏兵上天計人功過。」

《三洞奉道科》云：「正旦為獻壽齋，七日為延神齋，二月八日為芳春齋，四月八日為啟夏齋，五月五日為續命齋，六月六日為清暑齋，七月七日為迎秋齋，八月一日為逐邪齋，九月九日為延算齋，十月一日為成福齋，十一月十五日為啟福齋，十二月臘日為百福齋，二十八日為迎新齋。立春為建善齋，春分為延福齋，立夏為長善齋，夏至為朱明齋，立秋為遐齡齋，秋分為謝罪齋，立冬為遵善齋，冬至為廣慶齋。」

如此等齋，各具本經儀格。

上述經典所言檢校功過之日期，除做為修齋檢校功過外，道教也常以這些時日來修煉丹鼎，其中更常以一個月內，朔、望、上下弦、晦等月亮圓缺的重要時日，配合八卦干支，天地陰陽之生成，用來施行丹鼎、煉氣，並用以制體內三魂七魄之遊走。

道經《參同契》云：

> 晦至朔旦，震來受符。當斯之時，天地媾其精，日月相撣持。雄陽播玄施，雌陰化黃包。混沌相交接，權輿樹根基……三日出為爽，震受庚西方。八日兌受丁，上弦平如繩，十五乾體就，盛滿甲東方。蟾蜍與兔魄，日月炁雙明，蟾蜍眡卦節，兔者吐生光。七八道已訖，屈折低下降。十六轉受統，巽辛見平明，艮直於丙南。下弦二十三，坤乙三十日，東北喪其明。節盡相禪與，繼體復生龍。壬癸配甲乙，乾坤括始終。

《上清太極真人神仙經》(《正統道藏．正乙部．典字號》)：

> 月三日、月十三日、十三日夕，是時也，三魂不定，(爽靈)浮遊，胎光放形，幽精擾喚。其爽靈、胎光、幽精三君，是三魂之神名也。
>
> 月朔、月望、月晦之夕，是此時也，七魄流蕩，游走穢濁……第一魄名尸狗，其第二魄名伏矢，其第三魄名雀陰，其第四魄

名吞賊，其第五魄名非毒，其第六魄名除穢，其第七魄名臭肺；此皆七魄之名也。

王充《論衡．四諱》：

月之晦也，日月合宿，紀為一月。猶八日，月中分，謂之弦。十五日，日月相望，謂之望。三十日，日月合宿，謂之晦。晦與弦、望，一實也。非月晦，日月光氣與月朔異也。何故踰月謂之吉乎？

王充《論衡．四諱》中，談到漢代習俗，忌諱在人們將有喜慶、入山、遠行等事時，遇見未滿月的產婦，認為會使舉事不成，為自己帶來災難；這跟道教的禁忌是相同的。王充雖駁斥對月亮晦、弦、望等時日的迷信，認為只是日月運轉所造成的，但卻可以證明利用月亮和太陽運轉的關係，來行事、來入山採藥、來修煉丹鼎，是漢朝人的習俗。據王充的說法，每月的晦日，是太陽和月亮在二十八宿上交會的日子，以它來記為一月。初八日、二十三日，月亮平分為半圓形，稱為「弦」。十五日，太陽和月亮正好運行到東西相遙望，所以稱為「望」。三十日這天，太陽和月亮會合，在地球上看不到月光，所以叫做「晦」；晦是暗的意思。又，《釋名．釋天》：「望，月滿之名。月大，十六日；小，十五日。日在東，月在西，遙相望也。」唐．韓鄂《歲華紀麗》三〈朔晦〉注云：「朔，月初之名。朔，蘇也。如死復蘇。」再者，每月初三稱為「魄」，也稱為「霸」，指新月初出，露出微光。《白虎通．日月》：「（月）八日成光……月三日成魄也。」這些都說明了道教的十直齋日和日月的運行有必然關係，再由《參同契》之說，可以證明這些時日，也是道家用來練氣、煉丹的日子。道教的練氣煉丹，原本就是利用日月星辰運行所施放的氣來進行的，所以十直齋也應與修練有密切關係。

至於道經說的年六齋月，是因為正月、三月、五月、七月、九月、十一月為陽月，陽氣盛，易致害，所以行齋。《論衡．四諱篇》：「諱舉正月、五月子。以為正月五月子殺父與母，不得已舉之，父母禍死。……夫正月歲始，五月盛陽，子以生，精熾熱烈，厭勝父母。」道教的齋期，大都和日月的運行，陰陽生剋說有關。

又，在上述所言齋戒日中，《洞玄靈寶》六齋、十直，及《明真科》所言者，最為詳盡。而道教神祇所用記人善惡的青簿、黑簿，檢校功過的觀念，以及檢校、修道之日期，庚申日之徹夜不眠法會等等，對佛教都有極深遠的影響。

第三節　道教司命系統對佛教的影響

漢代官吏以簿籍考核屬下的功過，歲終再上計帝王，以及漢代行政體制宮府曹吏等組織，影響了道教的司命神以青黑簿記人善惡，與道教三官等龐大察司系統的形成。而道教的觀念，又影響了佛經的司命說法。基本上佛教講業，業成為一種往生的力量，所以不須要令有考核的官吏存在。佛教司命察司人世善惡的說法，乃是受道教的影響，承受漢代的上計觀念而來。斯 2051 號《佛說提謂經》:「月八日、十四日、十五日、二十三日、二十九日、三十日，皆是天地用事之日，上下玄望、朔、晦，皆是錄命上計之日，故使此日自守持齋，以道自救，使不犯禁，自致生善處。」文中即直接把這些重要齋日，稱為天神上計日，足見天神的考核制度，是仿襲漢代的上計制度，仿襲道教的察司組織，今分述所受的影響於下：

一、道教影響下的佛教司命系統及檢齋日

在道經中，司命主宰人世命運，他的屬神，則掌記人間善惡，呈報上天以供神明做為禍福的參考。司命的屬神相當多，皆與載記功過，獎善懲惡有關。道經中司命主「青文」記善，司錄掌「黑文」記惡的觀念，其後被佛教演變為善惡童子。再者，道經中之司命，原為天上之星神。進入佛經後，則被認為天曹地府，都有司命神。同時並逐漸把司命神轉變為冥神。並且把司命、司錄，由早期道教之大神而逐漸貶為小神。又，佛經中受道教司命記人善惡等觀念的影響，所衍生的神祇甚多，也仿照道教形式，依人間帝王行政系統加以組織。其神祇之組織，天曹方面較為簡略，冥神方面敘述較詳。冥界系統，以閻羅天子為主，其下設有八大王、諸小王、司命、司錄、八王使者、都錄使者、判官、左右雙童、簡（檢）齋使者等等，

其中左右雙童又稱善惡童子。佛教司命系統的建立，據史料所示，大概在西晉永嘉年間已形成。又，其中姚秦．佛陀耶舍和竺佛念所譯的《佛說長阿含經．卷二十．世記經．忉利天品》中所述月三齋帝釋及四天王按行天下察記世人善惡一段記載，似乎是印度古已有之，但經察南傳藏經中並無〈世記經．忉利天品〉及所述文字，則更可證明六齋十直察司善惡之觀念，出自中土，係中土僧人所妄加。今將六朝佛典及僧侶、佛徒文記中所見之佛家司命系統，略錄數則如下：

姚秦．佛陀耶舍和竺佛念所譯的《佛說長阿含經．卷二十．世記經．忉利天品》：

> 佛告比丘：半月三齋。云何為三？月八日齋、十四日齋、十五日齋，是為三齋。何故於月八日齋？常以月八日四天王告使者言：「汝等按行世間，觀察萬民，知有孝順父母，敬順沙門、婆羅門，宗事長老，齋戒布施，濟諸窮乏者不？」爾時使者聞王教已，遍按行天下……何故於十四日齋，十四日齋時，四天王告太子言：「汝當按行天下，觀察萬民，知有孝順父母，敬事師長，勤修齋戒，布施貧乏者不？」太子受王教已，即按行天下，觀察萬民……是故十四日齋。何故於十五日齋？十五日齋時，四天王躬身自下，按行天下，觀察萬民，世間寧有孝順父母，宗敬師長，勤修齋戒，布施貧乏者不？……四天王詣善法殿白

> 帝釋……以是故十五日齋戒。是故有三齋。爾時帝釋欲使諸天倍生歡喜，即說偈言：「常以月八日、十四、十五，受化修齋戒，其人與我同。」（《大正藏》第一冊，頁 134 中至頁 135 上）

《佛說長阿含經》所說每月八日、十四日、十五日修齋四天王遣使者下記人世善惡之記載，又見於《雜阿含經．卷四十》（《大正新修大藏經》第二冊，頁 295 下、頁 296 上）、《別譯雜阿含經．卷三》（《大正新修大藏經》第二冊，頁 389 上、中）、《增壹阿含經．卷十六．高幢品》（《大正新修大藏經》第二冊，頁 624 中）。經中所言天神下巡人世，察記善記之說，和道教司命神之職司相同，而所察記者，竟然是中土道德主流的「慈孝父母，敬順尊長」，與佛教的自業自受觀念相違；這些皆疑是受中土道教之影響而來。《中阿含經．卷十四．大善見王經》，亦有「奉持法齋，月八日、十四日、十五日修行布施，施諸窮乏沙門、梵志、貧窮、孤獨、遠來乞者」等語，但無四天王遣使者巡行天下記善記之說，應是較原始之形貌，未受中土道教影響者。四天王使者記善惡之說，當是譯者採中土風習以譯經，以便於傳教。

晉．帛尸梨蜜多羅譯《佛說灌頂經》卷十二《佛說灌頂拔除過罪生死得度經》：

> 閻羅王者，主領世間名籍之記……於是地下諸鬼神，及伺候者，

奏上五官。五官料簡，除死定生，或注錄精神，未判是非。若是已定者，奏上閻羅，閻羅監察，隨罪輕重，考而治之。

經中之五官，應即是《淨度三昧經》中所言的仙官、水官、鐵官、土官、天官。由五官官名看，即知已受道教之影響，說詳下。

《大智度論》(宋·元照《四分律行事鈔資持記》卷下三〈釋導俗〉引)：

初（八），八王使者下；十四，天王太子下；十五，天王自下觀察眾生善惡。二十三、二十九、三十亦爾。持齋者或受八戒，或但持齋，中前一食，中後不得妄噉。

東晉·郗超《奉法要》(《弘明集》卷十三引)：

已行五戒，便修歲三、月六齋。歲三齋者：正月一日至十五日、五月一日至十五日、九月一日至十五日。月六齋者：月八日、十四日、十五日、二十三日、二十九日、三十日。凡齋日，皆當魚肉不御，迎中而食。既中之後，甘香美味，一不得嘗。洗心念道，歸命三尊。悔過自責，行四等心。遠離房室，不著六欲。不得鞭撻罵詈，乘駕牛馬，帶持兵仗。婦人則兼去香花脂粉之飾，端心正意，務存柔順。

宋．竺道爽〈檄太山文〉（嚴可均《全宋文》卷六十四）：

太山者，則閻羅王之統，其土幽昧，與世異靈。都錄使者，降同神行，定本命於皇記，察都籍於天曹，群惡無細不拾，纖善小而無遺。總集魂靈，非生人應府矣。

齊．王琰《冥祥記》：

（趙泰死，入地獄，）吏著皁衣，有五、六人，條疏姓字，云：「當以科呈府君。」泰名在三十。須臾，將泰與數千人男女，一時俱進。府君西向坐，簡視名簿訖，復遣泰南入黑門。有人著絳衣，坐大屋下，以次呼名，問生時所事：「入何孽罪？行何福善？諦汝等辭以實言也。此恆遣六部使者，常在人間，疏記善惡，具有條狀，不可得虛。」

帛尸梨蜜多羅在西晉永嘉年間（西元 307～312 年）到中國，死於東晉成帝咸康年間（西元 335～342 年間）。《大智度論》，則為姚秦時鳩摩羅什於西元 403～405 年所譯。帛尸梨蜜多羅所譯經中提到五官料簡人之生死，五官把道教的三官包括在裡面；而《大智度論》提到天王及八王使者下察人世善惡 。可見此時道教司命系統已深入於佛經中。所謂五官，所謂八王使者，均皆為佛教依道經所杜撰出來的地獄冥神，亦皆為司命系統之屬神。而在六朝佛經中，對於司命系統敘述得最詳盡的，則為《淨度三昧經》❺與《佛說提謂經》。《淨度三昧經》在劉宋及元魏間，凡經四譯，從同經異譯共有四本的情形看來，可能彼時印度也已受影響。二經中皆出現仿道教記人善惡的司命系統體系。五官、八王皆出現在此二經中。更由六朝僧徒在文章中言及天神下察持齋情形，可見道教司命及其屬神司察人世善惡的觀念在東晉，不僅已被佛教普遍援引入經，也已成為道釋二教的共同概念。《淨度三昧經》及《提謂經》今殘佚，但在梁人所撰的《經律異相》中已引用《淨度三昧經》，且近世敦煌寫卷中也有此二經的殘卷出土，其中敘述司命司察人世善惡的制度，非常詳盡。可以看出道教對佛教神祇的影響。茲引錄並探討於下：

敦煌寫卷斯 4546 號、北 8654 號《淨度三昧經》:

---

❺《淨度三昧經》一書，今已佚。但近世敦煌出土寫卷中，有此經之殘卷。而《大唐內典錄》卷四及《貞元新定釋教目錄》卷二十四，均曾載錄此經。據《貞元新定釋教目錄》所載，此經共有四譯，為同本之異譯。文云：

《淨度三昧經》一卷　宋．沙門釋智嚴譯　第一譯。

《淨度三昧經》一卷　宋．沙門釋寶雲譯　第二譯。

《淨度三昧經》一卷　宋．天竺三藏求那跋陀羅譯　第三譯。

《淨度三昧經》一卷　元魏昭玄統譯曇曜譯　第四譯。

以上四經，同本異譯。

有關此經真偽之論述，請參見拙作《敦煌俗文學論叢》第四篇文末註三。

佛告王：凡人無戒，復無七事行者，死屬地獄，為五官所司錄，命屬地獄天子。天子名閻羅，典主佛界及諸天、人民、鬼神、龍、飛鳥、走狩，皆屬天子。天子有八大王，八大王復有扶容王，有三十國；扶容王各復有小統九十六國，各各所主不同。復有小監、五官、都督、司察、司錄、八王使者、司隸等，與伏夜大將軍、都官夢騎、承天帝符，與五道大王共於八王日，風行覆伺，案行諸天人民，或伏雜類、鳥狩，以知善惡分別種類。若于億萬里數分部疆界所屬，伺徵君王臣民疏善記惡，以奏扶容王，扶容王轉奏小王，復轉奏大王，大王轉奏天子。……神明聽察，疏記罪福，不問尊卑。一月六奏，一歲四覆。四覆之日，皆用八王日。八王日者，天王案行，以比諸天人民雜類之屬。考校功罪，有福增壽，有罪減算。……總持眾生名籍，制命長短，毛分不差。人民盲冥，了不知為天地五官所記。不能自知生所從來，死至何許。不能自知命之長短，不知為五官所錄，不預知作善。（又，梁・僧旻、寶唱撰《經律異相・第四十九地獄部上・三十地獄及獄主名字五》引《淨度三昧經》亦有此段文字。）

八王日者，諸天帝釋，承佐鎮臣，三十二人、四鎮大王、伺命、伺錄、五羅大王、八王使者，盡出四布，覆行持四王十五日、三十日所奏文書，案校地方人民、八夷、鬼神、飛鳥、走狩之行善惡，知與文書同不。地獄王立遣輔臣、小王、都錄、監伺、廷尉、鄄公、伏夜將軍、五帝使者，同日同時俱出，承天竹使符，統攝眾生，禁檢非法，捕惡賞善。有罪即交，重犯者即收神錄命，福多者移書開下天上、地獄，增壽益算，除死定生。一歲八出，故謂八王者。欲知日者，立春、春分、立夏、夏至、立秋、秋分、立冬、冬至。是為八王日。前一日夜半竟後一日夜半，是其時也。重犯者，謂從前齋八王日犯過，福彊有救，安穩無他。天帝將軍、填王使者、伺命主者，用福故原貰。過之，到後齋王日復犯，是為重犯者。王白佛言：何等為五官。佛告王：五官者，亦大分治黎庶。天上五官主賞善，地獄中亦有五官。……何謂五官，一曰仙官，主禁煞。二曰水官，主禁盜。三者鐵官，主禁婬。四者土官，主禁兩舌。五者天官，主禁飲酒。犯罪屬地獄五官，呼名各自有時。

《經律異相．第四十九地獄部上．八王使者於六齋日簡閱善惡九》：

八王曰（日），謂（諸）天帝釋鎮臣三十二人、四鎮大王、司命、司錄、五羅大王、八王使者。盡出四布覆行。復值四王十五日、三十日所奏。案校人民立行善惡。地獄王亦遣輔臣小王，同時俱出。有罪即記。前齋八王日，犯過福，強有救，安隱無他，用福原赦。到後齋日重犯，罪數多者減壽，條名剋死。歲月日時關下地獄。地獄承文書，即遣獄鬼，持名錄召。獄鬼無慈，死日未到，強推作惡，令命促盡。福多者，增壽益算，天遣善神營護其身，移下地獄，拔除罪名；除死定生，後生天上。（案：此段文字，敦煌寫卷《淨度三昧經》較雜散，而《經律異相・第四十九地獄部上・八王使者於六齋日簡閱善惡九》引到此段，則係節錄此經相關文意而來，由於文字較簡省明瞭，因而引錄於上。）

《淨度三昧經》中，所言地獄的龐大司命伺察組織，不管其名相或組織方式，都是仿襲自道教。道教常以人間帝王行政系統，來組織天堂、地獄的官府機構。而佛教仿襲來的司命系統，在地獄中，則以地獄天子為首，以下依次為八大王、三十小王、小監、五官、都督、司察、司錄、八王使者、司隸、伏夜將軍等等伺察善惡，主司壽紀的大大小小神祇。這些神祇中，六朝佛典常以八王使者為代表。「神明聽察，疏記罪福，不問尊卑。一月六奏」，八王使者簡閱善惡、文案相移等觀念，顯然是沿襲道教說。可見《淨度三昧經》與道教的關係極為密切。此經中甚且有直接援用道教名詞及概念者，如「增壽益算」，如「司命、司錄」以及「拔除罪名，除死定生」等。算、紀為道教專用名相，司命、司錄為道教神祇，「除死定生」，則為道教常見用語「除死籍，定生籍」的省稱。而八王使者所用以考檢人世善惡功過的八王日，又即是道教的八節。且所言天上及地獄五官，有仙官、水官、鐵官、土官（地官）、天官。五官中儼然把道教的天官、地官、水官都包涵在裡面。由此種種，不難看出兩者關係。

《淨度三昧經》檢齋伺察的情形既如上述，底下來敘述佛家司命系統中的另一本重要佛典《佛說提謂經》。《佛說提謂經》與《淨度三昧經》有許多觀念、用語是相近的，兩經應是同一時代的作品。敦煌寫卷斯 2051 號《佛說提謂經》：

用正月一日、五月一日、九月一日，四布案行帝王、臣民、八夷、飛鳥、走狩、鬼神、龍行之善惡。知與四天王月八日、十五日、盡三十日所奏同不，平均天下，使無枉錯，覆校三界眾生罪福多少。所屬福多者，即生天，即敕下四鎮、五羅大王、司命等增壽益算，下閻羅王攝五官，除罪名，定福祿。諸四鎮、三公、九卿、五大夫、司徒、司空、司馬、大將軍、四天王等，承天統命，即遣竹使銅虎符，八王使者、風伯、雨師，下地獄，攝五官，除死定生，除罪益福，遣諸善神榮護之。罪多者減壽奪算，移名下閻羅王，十五日乃竟。用是故欲避大尊天神，天之監司，故使持是三長齋，是為三覆。八校者，八王是也。亦是天帝輔鎮、五羅、四王、地獄王、阿須倫、諸天案行比校，定生死，增減罪福多少，有道意、無道意，大意、小意，開解不開解，出家不出家，案比口數，皆用八王日。何等為八王日？八王日者，立春、春分、立夏、夏至、立秋、秋分、立冬、冬至，是為八王日，天地諸神，陰陽交代，故名八王日。月八日、十四日、十五日、二十三日、二十九日、三十日，皆是天地用事之日。上下玄（弦）、望、朔、晦，皆是錄命上計之日，故使於此日，自守持齋，以道自救，使不犯禁，自致生善處。

伯 3732 號《佛說提謂經》：

司命校定罪福，錄籍上天，天曹移閻羅拔籍，除死定生。除魔鬼神名籍，署為清信士、清信女，名入黃歷簿。守戒為善，名繫天曹。為惡者，名入四冥室。七日夜半，諸神、竈君，左右□皆還上天，具奏帝釋。精進如師教者，釋與鎮臣三十二人參議，即敕司命增年益壽。

《提謂經》有關司命組織的觀念，大抵與《淨度三昧經》相同，又經中所言天神檢校善惡的日期，除八王日外，每月八日（上弦）、十四日、十五日（望）、二十三日（下弦）、二十九日、三十日（晦）、初一（朔）等等日期，也都是天神檢齋日。而每月的八、十四、十五、二十三、二十九、三十等六日，也稱為六齋日。由六齋日再加以增減成四齋日與十齋日等。這些日期，原本都是六朝道教《洞玄靈寶》及《明真科》所述的道教齋日。這些日期在六朝及唐代，也都變成佛徒修齋持戒的主要日子。在敦煌出土的唐人資料中，所見尤多。敦煌寫卷斯 2567 號《大乘四齋日》、斯 2568 號《地藏菩薩十齋日》，以及唐代佛典中，對於當時佛徒流行的檢齋日均有載錄。今引錄於下：

斯 2467 號《佛說救疾經》一卷：

> 若有人保任是實者，六齊之日，佛前誓者，使人交報，或四天王下，或太子下，或使者下，或三十三天下，或大仙人下，或剎命下，或金剛力士下。當下之日，注人善惡，宜行善事，不宜入惡。

敦煌寫卷斯 2567 號、斯 1164 號《大乘四齋日》：

> 二月八日、四月八日、五月八日、七月十五日。
>
> 年三長齋：正月、五月、九月。
>
> 六齋日：八日、十四日、十五日、二十三日、二十八日、三十日。
>
> 十齋日：月一日，善惡童子下。十四日，察命伺錄下。十五日，五道大神下。十八日，閻羅王下。二十三日，天大將軍下。二十四日，帝釋下。二十八日，太山府軍（君）下。二十九日，四天王下。三十日，天曹地府下。
>
> 一日童子下，念定光如來佛，除（持）齋除罪，四十劫不墮刀

槍地獄。

八日太子下，念藥師琉璃光佛，除齋除罪，三十劫不墮粉草地獄。

十四日察命下，念賢劫千佛，除齋除罪，一千劫不墮鑊湯地獄。

十五日五道大將軍下，念阿彌陀佛，除齋除罪，二百劫不墮鑊湯地獄。

十八日閻羅王下，念觀世音菩薩，除齋除罪，九十劫不墮劍樹地獄。

二十三日天大將軍下，念盧舍那佛，除齋除罪，一千劫不墮我鬼地獄。

二十四日太山府君下，念地藏菩薩，除齋除罪，九十劫不墮鑱截地獄。

二十八日天帝釋下，念阿彌陀佛，除齋除罪，一千劫不墮鐵鋸地獄。

二十九日四天王下，念藥王藥上菩薩，除齋除罪，七千劫不墮磑磨地獄。

三十日大梵天王下，念釋迦牟尼佛，除齋除罪，八千劫不墮寒冰。

又，敦煌寫卷斯 2568 號《地藏菩薩十齋日》、斯 5551 號《齋日行事》、斯 4175 號《十齋日》、斯 6897 號背面《十齋日》，都是敘述佛教天神下臨檢齋情形，內容都與《大乘四齋日》相近。我們將上述佛教所述天神下降檢齋的情形，拿來和前面所述《雲笈七籤》引道教《洞玄靈寶》以及《明真科》所述六齋十直諸神下臨檢校功過情形相比，不難看出抄襲之跡。

又，唐代佛徒的齋日，是沿襲六朝而來。六朝佛教所言八王及天帝使者，在齋戒日，下臨人世疏記善惡罪福的觀念，在唐代依舊盛行。在六朝，司命屬神檢記善惡的日期，有《淨度三昧經》所說八王日及《大智度論》所講每月六齋日，以及《提謂經》所講的諸日期。這些日期，都是沿承道教而來。八王日即道教所講的八節：立春、春分、立夏、夏至、立秋、秋分、立冬、冬至。六齋日即：初八、十四、十五、二十三、二十九、三十。六齋、十齋也都出自道教。

又，在唐代，對司命檢齋的觀念，除沿承六朝外，自己也有所擴增。唐初的四川沙門藏川，就把檢齋的觀念和拔渡亡魂的觀念相結合在一起，不僅用來救渡自己，也可以用來救渡別人。不僅在人死後替他人做齋，也可以在活著的時候自己做。敦煌寫卷伯 2003 號，唐·沙門藏川述《佛說閻羅王授記四眾預修生七往生淨土經》❻：

❻《佛說閻羅王授記四眾預修生七往生淨土經》，簡稱《佛說十王經》或《十王經》。經中敘述地獄十王各殿情形，對中國冥界影響甚深，近世敦煌出土及《大正藏》所收錄者，共有二十餘種版本。據筆者考證，此書應是唐初四

閻羅法王白佛言：世尊！我等諸王皆當發使乘黑馬，把黑幡，著黑衣，檢亡人家造何功德，准名放牒，抽出罪人，不違誓願。

敦煌寫卷斯 5544 號《佛說閻羅王受記令四眾逆脩生七齋功德往生淨土經》：

若是新死，依一七計至七七、百日、一年、三年，並須請此十王名字。每七有一王下檢察，必須作齋。功德有無，即報天曹、地府。

唐人不僅檢齋跟救渡連在一起，在司命系統神祇上也有增減，如五道將軍、左右雙童、判官等名相，都是唐人所創。唐．阿謨伽三藏撰《焰羅王供行法次第》：

次請五道將軍王，金剛合掌稱名，曰：五道將軍王，左司命，右司命。次請天曹府君，一切天曹百司官屬，都官使者，及諸部類，降臨此壇受我供養。地府神君，平等大王，一切地府百司官屬，都官使者，諸司部類，降臨壇場，受我供養。典主地獄三十六主，馬頭羅剎，牛頭羅剎等眷屬，降臨此壇場，受我

川沙門藏川所造，詳細的探討，請參見拙撰《敦煌俗文學論叢》第四、五篇，臺灣商務印書館，西元 1987 年 7 月出版。

供養。地主明王，山川岳瀆，城隍社廟，一切神眾，各與眷屬，願到道場，受我供養。

唐人所言的司命系統，有的是沿襲六朝之說，有的則是新創的物事。在新創的司命神中，有左右雙童、判官，而新創與司命有關的物事，則有由道教善惡簿記——青簿、黑簿所衍生而來的業簿、業鏡、業秤、檀拏幢等，這些都較值得論述。今分述於下：

二、左右雙童、判官及善惡簿記所衍生的業簿、業鏡、業秤、檀拏幢

A、判官與左右雙童

道教以右宮掌右契黑簿，記人惡事；以左宮掌左契青簿，記人所行善事；佛教由此而衍生出左右雙童。左右雙童也稱為善惡童子，善童子記善，惡童子記惡；而由道教左善右惡看來，佛教的雙童也應是以左童掌青簿記人善事，以右童掌黑簿記惡事。由於善惡童子是載記人世善惡的神，因此與人民有極密切的關係；除出現在佛教經典外，在齋戒法會請神降壇中，也常是人民請禱的對象，在敦煌出土的〈啟請文〉中，幾乎每次都會出現，茲略舉一二，以見一斑。敦煌寫卷伯 2003 號《佛說閻羅王授記四眾預修生七往生淨土經》：

若有善男子、善女人、比丘、比丘尼、優婆塞、優婆夷，預修

生七齋者，每月二時供養三寶所設十王，修名納狀，奏上六曹、善惡童子，奏上天曹、地府官等，記在名案，身到之日，便得配生快樂之處。

唐·般剌蜜帝譯、房融筆受《大佛頂如來密因修證了義諸菩薩萬行首楞嚴經》卷八：

八者，見習交明，如薩迦耶見，戒禁取，邪悟諸業，發於違拒，出生相反。如是故有王使主吏，證執文籍，如行路人，來往相見。二習相交，故有勘問權詐，考訊推鞫，察訪披究照明，善惡童子手執文簿，辭辯諸事。

《佛說大輪金剛總持陀羅尼經》：

其像面向東，行者面向西，胡跪合掌作供養印。如開敷蓮花相，二大指相並怒向後，二小指合怒向前。六指由如捧鉢。弟子某甲等，某州某縣某鄉某里。首稱姓名；若比丘、比丘尼、優婆塞、優婆夷，稱本僧尼名、本寺名。啟白十方三世一切諸佛，過去一切賢聖冥官業道。弟子某甲等，某年某月某日五更，初懺悔，披心露膽，請十方三世一切諸佛，過去一切諸佛，現在一切諸佛，當來彌勒尊佛，及十二部經修多羅藏，諸天菩薩，一切賢聖僧，一切金剛三十三天，四天王天，帝釋天王曹地府，日天月天星宿天，善惡童子護戒善神，證知弟子發露懺悔，所有罪障，悉令消滅。

斯 2614 號《大目乾連冥間救母變文并圖并序》：

目連言訖，大王便喚上殿，乃見地藏菩薩……大王便喚業官、伺命、司錄，應時即至……業官啟言大王：「青提夫人亡來已經三載，配罪案總在天曹錄事司太山都尉一本。」王喚善惡二童子，向太山檢青提夫人在何地獄？大王啟言：「和尚共童子相隨，問五道將軍，應知去處。」

敦煌寫卷北 7677 號（夜 98 號）《結壇散食迴向發願文》：

（奉請）閻羅天子、啖人羅叉、行病鬼王、五道人神、太山府君、察命、司錄、五羅、八王、三月六府奏使考典，預弟是非善惡童子……來降臨道場。

敦煌寫卷斯 4454 號《結壇散食文》：

結壇九虛，散食五方。誦咒清業，燃燈唱佛者。遂請下方窈冥神鬼、陰道官寮、閻羅摩王、察命、司錄、太山府主、五道大神、右膊右肩、善惡童子、六司都判、行病鬼王。

左右雙童之名，由文獻出現的先後次第看來，始見於唐初道士孫思邈《唐太古妙應孫真人福壽論》云：「又按《黃庭內景》云：夫人有萬餘神主身。三尸、九蟲、善惡童子錄之，奏上。」（《正統道藏．正乙部．群字號》，新文豐刊本第五十七冊頁 780 上）文中已提及善惡童子，孫思邈為隋文帝至唐太宗時人，以此看來，「善惡童子」一詞似是出自道士，但在唐代卻廣被佛教經典所沿用，似乎變成佛經的專用詞了。至於判官，其名稱出自中土，起於隋，在唐代原是節度使的屬官，其後被佛教援為冥神。其被轉為冥神的年代，當在唐代。今日所見文獻最早見者，為敦煌寫卷《唐太宗入冥記》。斯 2630 號《唐太宗入冥記》：

使者到廳前拜了，啟判官，奉大王處□□太宗皇生魂到，領判官推勘，見在門外，未敢引□……善童子啟判官……

唐．善無畏譯、一行筆受《攝大毘盧遮那成佛神變加持經入蓮華胎藏海會悲生曼荼攞廣大念誦儀軌供養方便會》卷二：

左方閻摩天，手秉檀拏印，水牛以為座，震電玄雲色，七母并黑夜，死后妃圍繞。判官諸鬼屬、眷屬等圍繞。

唐．善無畏譯《大毘盧遮那經廣大儀軌》卷中：

南門閻魔天，手秉檀荼印，水牛以為座，判官諸鬼屬。

判官係掌地獄文案者，在唐世，除《唐太宗入冥記》提及崔判官外，俗文學中提及冥府判官者亦多。《太平廣記》卷三百一十四〈崔練師〉條，載有崔判官；唐．鍾輅《前定錄》載有王判官；段成式《酉陽雜俎續集》卷七〈金剛經鳩異．陳昭〉，載有趙判官；《太平廣記》卷一百二十三引《陰德傳》，載有韋判官；《太平廣記》卷一百四十六〈宇文融〉條，引《嘉話錄》，載有李判官。此外，敦煌壁繪中，有多幅是以趙、宋、崔、王四判官配繪於地藏及地獄十王之下者。可見唐人已把判官列為十王之重要輔臣。判官之職權，以《唐太宗入冥記》所述者看，他的職權很高，善惡童子、六曹官，都是他的屬下。

B、善惡簿記所演化而來的業簿、業鏡、業秤、檀拏幢

業簿，是用來記載亡人善惡事蹟的簿子。業鏡，是用來映照亡人一生所做善惡事的鏡子。業秤，是用來稱量亡人罪業輕重的秤子。檀拏幢是以幢上人頭來告訴亡魂的善惡功過，作用與前三者相同，都是供給地獄閻王作為判斷罪福的重要依據。而業簿、業鏡、業秤，

都是由道教司命、司錄神，以青黑簿記載人世善惡禍福，所演變來的。又，業鏡的概念，也可能是由道教以明鏡映照妖邪，使無所遁藏，引發靈感，更加上簿記善惡的觀念而產生業鏡說。《楞嚴經》卷八說：「訟習交諠，發於藏覆，如是，故有鑑見照燭。如於日中，不能藏影。二習相陳，故有惡友、業鏡、火珠，披露宿業，對驗諸事。」顯然說明了業鏡、火珠的觀念，是由鏡子照物，無所遁形的觀念而來。

業簿名稱已見於上述所引左右雙童事。底下僅列佛典中之業秤、業鏡，來加以探討。

①業秤

敦煌寫卷伯 2003 號《佛說十王經》：

> 五官業秤向空懸，左右雙童業簿全。
>
> 轉（輕）重豈由情所願，低昂自任昔因緣。

②業鏡

伯 2003 號《佛說十王經》：

> 破齋毀戒殺豬雞，業鏡照然報不虛。
>
> 若造此經兼畫像，閻王判放罪消除。

同經又云：

五七閻羅息諍聲，罪人心恨未甘情。

策髮仰頭看業鏡，始知先世事分明。

斯 4890 號《佛說閻羅王受記勸脩生七齋功德經》：

在生之日，煞父害母，破齋破戒，煞牛羊雞狗毒蛇，一切重罪，應入地獄，十劫五劫。若造此經及諸尊像，記在業鏡，閻羅歡喜，判放其人生富貴家，免其罪過。

唐．釋道宣《淨心誡觀法》卷上第十：

大業之樹，光明如鏡，眾生造業於彼悉現。

唐．房融譯《楞嚴經》卷八：

十者，訟習交諠，發於藏覆，如是，故有鑑見照燭。如於日中，不能藏影。二習相陳，故有惡友、業鏡、火珠，披露宿業，對驗諸事。

宋·元照《四分律行事鈔資持記》卷下三〈釋導俗〉：

年三者，正、五、九月，冥界業鏡輪照南洲，若有善惡，鏡中悉現。

《西藏度亡經》❼第三章〈冥界的審判〉（蓮華生大士原著，徐進夫譯）：

尊貴的某某，諦聽！諦聽！你之所以如此受苦，是因你自己的業力所感；並非因了任何他人陷害；完全出於你自己的惡業……那時就有與你同時俱生的司善之神，出來以白石子計你的善行。又有與你同時俱生的司惡之魔，出來以黑石子計算你的罪行。當此之時，你會感到極度的驚惶、畏懼和恐怖，以及顫抖戰慄。而你亦將試圖說謊：「我從來沒有做過任何壞事。」那時，閻羅法王將說：「我來用業鏡察看。」如此說了，他就瞧向鏡中，而每一個善行和惡行，都清清楚楚地映現其中，絲毫不爽。因此說謊是沒有用的。

由唐代所譯諸經，以及《西藏度亡經》之說，疑業鏡之觀念已

❼《西藏度亡經》一書，為蓮華生所撰。本文所引用文字，係徐進夫譯，臺灣天華出版社，西元 1992 年版。

傳播入印度。又《西藏度亡經》所言司善、司惡之神，以及以黑石、白石計人善惡功過，可以很明顯看出是受中土道教的影響。

③檀拏幢

檀拏幢上有人頭，可以知道人世所造善惡業的輕重，其作用與業簿、業鏡一樣，都是在顯示世人所做的善惡功過，可以把它看成業簿、業鏡的另一種延伸。

唐．藏川述《佛說地藏菩薩發心因緣十王經》：

> 閻魔王國（自註云：自人間地，去五百臾善那），名無佛世界，亦名預斿國，亦名閻魔羅國。大城四面周圍鐵墻，四方開鐵門，左右有檀荼幢，上安人頭形人，能見人間，如見掌中菴羅之果；右黑闇天女幢，左太山府君幢。
>
> 爾時世尊告大眾言：謂諸眾生有同生神魔奴闍耶（自註云：同生略語），左神記惡，形如羅剎，常隨不離，悉記小惡；右神記善，形如吉祥，常隨不離，皆錄微善，總名雙童。亡人先身，若福若罪，諸業皆書，盡持奏與閻魔法王；其王以簿推問亡人算計；所作，隨惡隨善而斷分之。復，二幢，主以人頭所見，重奏彼王。

唐．阿謨伽三藏撰《焰羅王供行法次第》：

本宮在鐵圍山之北地中，是即冥道宮也。五萬眷屬而為圍繞。宮中庭有檀拏幢，其頭有一少忿怒之面，王常見其面，知人間罪輕重善惡。人間有作重罪之者，從其口出火光，光中黑繩涌出警覺，見木札知其姓名料記之。又有作善之者，白蓮花從口開敷，其香普白薰太山府君、五道將軍王。常奉王教，能定善惡。凡欲修是法時，設供物，國王及百官宰相等人民，隨人應設供物，胡麻油、五穀、紙錢、幣帛、香藥等用之……正報盡，付死籍，能乞王削死籍付生籍。到疫病家，多誦太山府君咒。

三、道教庚申會對佛教之影響

道教尸蟲上天奏人過惡，也是另一種形式的司命屬神。三尸之說應在東漢初已存在，王充《論衡．商蟲》:「人腹中有三蟲。下地之澤，其蟲曰蛭；蛭食人足。三蟲食腸。」王充所說的三蟲，疑即是道教的三尸。三尸亦稱三蟲，在人體中。道教說人體內的三尸蟲，是人體中魂魄之類的鬼神，是與生俱來的，每希望人早死而能自由縱行，因此每在庚申日，上天稟白人們所做過惡，減人壽算。道教為防止體內尸蟲上天奏人過惡，每在庚申日舉行法會，不眠不息，使尸蟲無法上天。道經《諸真元奧》引《中黃經》敘述三尸蟲云：「一者上蟲，居腦中；二者中蟲，居明堂；三者下蟲，居腹胃，名曰：彭琚、彭質、彭矯也。」《抱朴子．微旨》云:「身中有三尸。三尸之為物，雖無形，實魂靈鬼神之屬也。欲使人早死，此尸當得作鬼，自放縱遊行，享人祭酹，是以每到庚申之日，輒上天白司命，道人所為過失。」因而道教徒每至庚申日，為免三尸乘人入睡時，上天白司命，所以常設供祭，徹夜不眠，稱為守庚申。並且認為經過三次守庚申，即可使三尸振恐；七次守庚申，則可使三尸滅絕。《玉函祕典．太上經制三尸法》云：

人之生也，皆寄形於父母胞胎，飽味於五穀精氣，是以人之腹中，各有三尸九蟲，為人大害，常以庚申之日上告天帝，以記人之造罪，分毫錄奏，欲絕人生籍，減人祿命，令人速死。死後魂昇于天，魄入于地，唯三尸遊走，名之曰鬼，四時八節企其祭祀，祭祀不精，即為禍患，萬病競作，伐人性命。上尸名彭琚，在人頭中，伐人上分，令人眼暗、髮落、口臭、面皺、齒落。中尸名彭瓆，在人腹中，伐人五臟，少氣多忘，令人好作惡事，噉食物命，或作夢寐倒亂。下尸名彭矯，在人足中，令人下關搔擾，五情湧動，淫邪不能自禁……經曰：「三守庚申，即三尸震恐；七守庚申，三尸長絕，乃精神安定，體室長存，五神恬靜，不復搔擾，不迷不惑，不亂不淫。」

《太上三尸中經》云：

凡至庚申日，兼夜不臥，守之若曉，體疲少伏床數覺，莫令睡熟，此尸即不得上告天帝。

《太上律科》：

庚申日，北帝開諸罪門，通諸鬼神訴訟，群魔並集，以司天下兆人及諸異類善惡之業，隨其功過多少，賞勞謫過，毫分不遺……三守庚申，即三尸振恐；七守庚申，三尸長絕；乃精神安定，體室長存，五神恬靜，不復搔擾。

佛教也沿承道教司命神和尸蟲之說，創造出與人共生的俱生神，來記人所行善惡事，向閻王稟報；同時也仿照道教三尸，而造出三猿。而為了要制止三猿，於是也有庚申會，在庚申日這天，徹夜做法事，不睡眠。關於俱生神，佛經的敘述，大抵如下：

唐．玄奘譯《藥師琉璃光如來本願功德經》云：

諸有情有俱生神，隨其所作，若罪若福，皆具書之，盡持授與琰魔法王。爾時彼王推問其人，算計所作，隨其罪福而處斷之。

唐．藏川述《佛說地藏菩薩發心因緣十王經》：

爾時世尊告大眾言：謂諸眾生有同生神魔奴闍耶（自註云：同

生略語)，左神記惡，形如羅剎，常隨不離，悉記小惡；右神記善，形如吉祥，常隨不離，皆錄微善，總名雙童。

六十《華嚴經》卷四十四云：

如人從生有二種天，常隨侍衛。一曰同生；二曰同名。天常見人，人不見天。

青丘沙門太賢《藥師經古跡》卷下云：

傳說，本識與身生，故名俱生神。能熏習，故言具書持。表法王故，言授與。由業威力，似神相現。

善珠《藥師經鈔下》：

言俱生神者，若約實而言，神即識。俱生神者，即阿賴耶識。以阿賴耶識是受生之主，與身俱時而生，故名俱生。隨諸有情所作罪福，皆熏在阿賴耶識中；故言隨其所作，乃至皆具書之。

前書又曰：

> 倫法師云：俱生神者，即如《淨土三昧經》說❽，同生、同名二神，及《華嚴》等有文也。

由上面所述，玄奘譯《藥師琉璃光如來本願功德經》中所講的俱生神，是和人同時存在，其職司在記載人們所為的善惡事，向閻羅王稟報，閻王再根據俱生神所記，來判斷罪福；而此俱生神，應即如倫法師所言，是《華嚴經》所說的同生、同名二神。青丘和善珠，雖然擅加附會，把俱生神解釋成阿賴耶識，但畢竟難以抹煞此神是記人功過的這個事實。再者印人蓮華生所著《西藏度亡經》第三章〈冥界的審判〉，也談到了與生俱來的司善司惡之神，可以用來印證玄奘說的俱生神不是阿賴耶；同時也因此可以確定，彼時之印度佛教，應已受了中土道教司命神的影響。與生俱來的俱生神，雖然善惡都記，但人總是怕神向閻王告惡狀，所以會對司惡神特別畏懼，而此司惡神，實即帶有道教三尸的影子。另外，由於俱生神被有心的佛徒曲解為阿賴耶，原意是為免於有道教司命神的意味。但人的心，好造作如猿，既以阿賴耶喻俱生神，而心即賴耶，心好造作似猿。於是又依舊再跟道教三尸合流，以三猿象徵心，並以之為佛教青面金剛之使者，此三猿各塞耳、目、口。佛徒在庚申日，祭

❽此處所說的《淨土三昧經》，疑是《淨度三昧經》之誤。「土」、「度」，古同音，都是徒故切。《說文解字．第十三》「土」字下，段玉裁注云：「釋氏書，國土，必讀如杜是也。」

禱青面金剛，徹夜不眠，祈求青面金剛阻止愛言人惡事的俱生神，以及去除三猿耳目口所引起的惡事。佛教雖以三猿代三尸，但大部分與庚申會有關的佛典，大都並不避忌此俗和道教三彭、司命神間的關係，甚而大量引用道教的名相和觀念，明白的道出是竊自道教。佛教的庚申法會，在唐宋間極為盛行。今略錄佛典相關之說於下：

《龍樹五明論》卷上：

> 尸蟲自下，目（司）命割去死籍。

《北斗七星護摩祕要儀軌》云：

> 是以《祿命書》云：世有司命神，每至庚申日，上向天帝陳說眾人之罪惡。重罪者則徹算，輕罪者則去紀；算盡紀告，即主命已者。

唐．空蕃述《青色大金剛藥叉辟鬼魔法》：

> 《申求長生經》云：鼓浘在眼之暗□口臭齒落，鼓質在腹中伐人□庚□一申天帝記人罪□過，絕人生籍，欲令速死，魄入三泉□時，是曰：鬼為人禍害，心痛痉忓□，鬼病惱傳子孫及兄弟姊妹等。

《青色大金剛藥叉辟魔法》文中所談到的鼓浘、鼓質及彭矯，乃是道教的三尸之名。其中「鼓浘」，當是「彭琚」之誤；而「鼓質」則是「彭質」之誤。三尸也被稱為三彭，即彭矯、彭琚、彭質。此經與唐．阿地瞿多譯《陀羅尼集經》卷九〈烏樞沙摩金剛法印咒品〉，都是佛教庚申會唸誦的主要經典。

宋．贊寧撰《大宋僧史略》卷下〈結社法集〉云：

> 近聞周鄭之地，邑社多結守庚申會。初集鳴鐃鈸，唱佛歌讚，眾人念佛行道，或動絲竹，一夕不睡，以避三彭奏上帝，免註罪奪算也。然是實道家之法，往往有無知釋子入會圖謀小利，會不尋其根本，誤行邪法，深可痛哉！

《谷響集》卷九：

> 當世僧俗，翕然以守庚申為滿眾願之要法。行之，造猿形為神，圖青面金剛像為本尊。

第四節　結語

道教司命、司錄司掌《青錄》、《黑文》，記人善惡功過，增減算紀。竈神以月晦日、尸蟲以庚申日，上天奏人過惡。道教考核的神祇除司命、司錄、竈神外，有三官、五斗星君、太一、八神、文昌帝君等等，其考核的日期，主要的則有《明真科》及《洞玄靈寶》所言的三元、八節、六齋、十直等。道教的這些說法，對佛教均有深遠的影響。佛教之司命系統仿自道教，係以人世帝王之行政結構，來加以組織；其神祇有天帝釋、閻王、四鎮大王、司命、司錄、五羅大王、五官、八王使者、判官、善惡童子等。而佛徒所謹守的六齋十直，也是直接沿承自道教而來。

清．俞正燮《癸巳類稿》卷十四〈長月直日解〉（見《安徽叢書》第三集）：

> 《唐律》所謂十直日，則出於道家。《辨正論》云：「道門齋法：六齋、十直、甲子、庚申、本命等齋。」明其儀云：「正月一日、八日、十四日、十五日、十八日、二十三日、二十四日、二十八日、二十九日、三十日，夜中安一長燈於一燈上。然九燈，火上照九元。」《雲笈七籤．齋戒》云：「《明真科》言十齋日：一日北斗下，八日北斗司殺君下，十四日太一使者下，十五日天官及三官俱下，十八日天一下，二十三日太一八神下，二十四日北辰下，二十八日下太一下，二十九日中太一下，三十日上太一下。周行天下，伺人善惡。」《唐六典》云：「天下觀一千六百八十七所，齋有七名。其三曰明真齋。」此明真法也。今佛家引此十日為準提齋日，則後起之談。

由上所述，佛教之檢齋觀念及六齋十直說，係竊自道教，自不待言。除六齋十直，佛教又以正月、五月、九月為三長月，斷屠、吃素，這也是出自中土，與道教有關。俞正燮《癸巳類稿》卷十四〈長月直日解〉又云：

> 三長月十直日者，唐用釋道之制，其先雜見古書者，《論衡·四諱》云：「古人不舉正月、五月子。」《意林》、《風俗通》云：「俗言五月到官，到死不遷。」《南史·張協傳》云：「俗人忌以正月開太倉。」《月令》季秋之月云：「百工休。」《搜神記》云：「九月初七，工作皆休息。」……其著之律令，謂之三長月，則始於唐。三長月者，《不空羂索經》云：「諸佛神通之月。」《能改齋漫錄》、《佩韋齋輯聞》、《唐書·高祖紀》音訓，並引《智度論》云：「天帝釋以大寶鏡照四大神洲，每月一移，察人善惡。正月、五月、九月照南贍部洲。」故此三月者，省刑修善……唐人於此三月，不行死刑；節鎮於此三月，禁屠宰，不上官……今案《提謂經》：「佛告提謂，歲終三覆，天帝釋、太子、使者、日、月、鬼神、地獄閻胥百萬神眾，用三長月，四部案行善惡。正月少陽用事，五月太陽用事，九月少陰用事。以生、長、藏為義。」佛家止三時：二、三、四、五為一時，六、七、八、九為一時，十、十一、十二、正為一時。三長為三末月，故計校也。其言四時交代，乃譯之過，《智度論》：「四

部洲月一移」，亦求說不得，強為之解，而唐宋俱用其義。

俞氏擅於考辯，但文中以三長月為出自佛教，則是誤信此說是創自《提謂經》而來。其實《提謂經》是雜糅道教信仰所寫成的佛經，近日敦煌出土的殘卷中，可以極為明顯看出來。所謂少陰少陽之說，是中土易學名相。而生、長、藏，則是春生、夏長、秋收、冬藏之義，是中國古老的傳統說法。再者，對於正月、五月之避忌，則中國早在周秦兩漢時已如此，說見王充《論衡．四諱》。王充認為不養育正月、五月生的小孩，其原因是：「正月，歲始；五月，盛陽。子以是月生，精熾熱烈，厭勝父母。父母不堪，將受其患。傳相仿傚，莫謂不然，有空諱之言，無實凶之效。世俗惑之，誤非之甚也。」中土陰陽五行家，以一、三、五、七、九為陽，二、四、六、八為陰；正月、五月皆為陽；五月是仲夏，是夏季最熱時候。王充以為人是稟承天地之氣而生，盛陽之氣將會使父母不堪承受，所以有正月、五月子剋父母之說。又，《雲笈七籤》卷三十七〈齋戒．洞玄靈寶六齋十直〉：「年六齋：正月　三月　五月　七月　九月　十一月。」可見三長月，原與道教陽月齋戒有關，俞文豹《吹劍錄》云：「帝釋以大寶鏡輪，照四天下，寅午戌月照南贍部洲，晉宋間崇佛，以此為三陽月。」將三長月，直接稱為三陽月。可見三長月是承繼道教陽月之齋戒而來。

又，道教的司命、司錄神，除名稱直接被佛教所沿用外，佛教後來所常用的判官、左右雙童，也是由道教司命記善、司錄記惡等觀念演變而來。而佛教之業簿、業鏡、業秤、檀拏幢等，則是出自道教「青簿」、「黑文」，文書簿記之說。道教的庚申法會，通宵不眠，修道持戒，以防止尸蟲上天奏人過惡，亦直接為佛教所取用。於是仿尸蟲與人俱生，而佛教有俱生神、有三猿。

再者，道教司命神的觀念，不僅影響了中土佛教。我們由唐人諸多譯經中皆提到業鏡、判官、善惡神等，如善無畏譯《攝大毘盧遮那成佛神變加持經入蓮華胎藏海會悲生曼荼攞廣大念誦儀軌供養方便會》卷二、《大毘盧遮那經廣大儀軌》卷中，均提到判官。而般剌蜜帝譯《楞嚴經》談到業鏡。阿謨伽撰《焰羅王供行法次第》則充滿道教司命削死籍，付生籍之觀念。由這些中土名相觀念出現在佛經，可以了解到當時的印度也已受了影響。再據玄奘譯的《藥師琉璃光如來本願功德經》中有俱生神記人善惡，向閻王稟報；蓮華生所寫的《西藏度亡經》中，也出現了司善之神以白石記善，司惡之神以黑石記惡，閻羅法王用業鏡來察看亡魂的善惡功過。這些觀念都是出自道教而非佛教本有。至今藏人仍深信《度亡經》之說。可以看出道教司命觀念，影響至深且巨。蓮華生為印度人，是亦可以證明，道教司命觀念不僅影響中土之佛教，藏地佛教，甚且在印度本土，彼時皆當曾採行其說。

又，十直齋對佛教之影響，不僅存在於佛典及歷史中，甚至在今日仍有佛寺印贈十齋日，勸人唸佛消災者。筆者近日即收到臺灣中部某寺院印贈的《十齋日諸罪結集》紙單，茲列於下。

臺灣中部佛寺所印贈
《十齋日諸罪結集》

本文曾發表於西元 1994 年 12 月 10 日國立中正大學歷史系所主辦的「海峽兩岸道教文化學術研討會」會場

十齋日　諸罪結集

初一日「定光如來」十聲三拜消罪四十劫

初八日「藥師琉璃光佛」十聲三拜消罪三十劫

十四日「賢劫千佛」十聲三拜消罪一千劫

十五日「阿彌陀佛」十聲三拜消罪二百劫

十八日「觀世音菩薩」十聲三拜消罪九十劫

二十三日「盧舍那佛」十聲三拜消罪一千劫

二十四日「地藏王菩薩」十聲三拜消罪一千劫

二十八日「阿彌陀佛」十聲三拜消罪九十劫

二十九日「藥上菩薩」十聲三拜消罪七千劫

三十日「釋迦牟尼佛」十聲三拜消罪八千劫

禮佛一拜　罪滅河沙

第五章

道教十二獸、十二神與佛教十二藥叉神將

第一節　十二獸探源

十二獸，是指鼠、牛、虎、兔、龍、蛇、馬、羊、猴、雞、狗、豬等十二生肖。古人把它拿來和子、丑、寅、卯、辰、巳、午、未、申、酉、戌、亥等十二支相配。其配屬法為：子鼠、丑牛、寅虎、卯兔、辰龍、巳蛇、午馬、未羊、申猴、酉雞、戌狗、亥豬。每十二年一輪，循環使用。如遇子年生的，其生肖即屬鼠；遇丑年生的，生肖屬牛；寅年生的屬虎；依此類推。隋朝的蕭吉認為世人會以十二獸來記載人的出生年次，是和道教將人的年命上屬北斗七星有關，並引到漢世讖緯書說十二獸是北斗七星之氣所化，北斗既是主宰人命之神，蕭氏因此來證明十二屬跟世人年命有所關係。隋．蕭吉《五行大義》卷五〈論三十六禽〉云：

其十二屬並是斗星之氣，散而為人之命，係於北斗，是故用以為屬。《春秋運斗樞》曰：「樞星散為龍、馬，旋星散為虎，機

星散為狗，搖星散為蛇，玉衡散為雞、兔、鼠，闓陽散為羊、牛，搖光散為猴、猿。」此等皆上應天星，下屬年命也。三十六禽各作方位，為禽蟲之長，領三百六十。十而倍之，至三千六百。並配五行，皆相貫領。

十二獸雖與世人有密切的關係，但對於十二獸的起源，則說法頗為分歧。近世的學者，大都認為十二生肖之說起於東漢，主要的理由是因為王充（西元27～？年）《論衡．物勢》中，才出現了十二支、十二獸及五行生剋的論述，因而學者便據此而認為十二獸之說，至東漢之世才有。而有的學者，則更因為佛經中，北涼．曇無讖譯《大集經．淨目品》，也出現了十二獸；於是便推斷十二獸之說出自印度。這是近世常見的兩種說法；其實前一種說法是欠深究的，疏於找尋更早期的史料；而後一種說法，則是極為膚淺粗略，同時也是倒因為果的，誤把中土影響於印度的，說成了印度影響中國；後說的形成，除盲信翻譯的佛經為真外；究其原因，亦是無力深考所致。

證之典籍，早在《左傳》中，就隱約有十二獸和十二支相配的說法出現。《左傳．僖公五年》：「龍尾伏辰。」《春秋經．襄公二十三年》：「陳殺其大夫慶虎及慶寅。」龍辰、虎寅，已儼然是後世以十二支配十二獸的情形了。而《呂氏春秋．達鬱》云：

周鼎著鼠，令馬履之，為其不陽也。不陽者，亡國之俗也。

鼠屬子，馬屬午；子為水、為陰，午為火、為陽；因為鼠是子、陰，是不陽，所以用代表陽的午馬來踐踏它。

又，王應麟（《古今圖書集成．曆象彙編歲功典》卷一百三〈干支部〉）引云：

愚按：「吉日庚午，既差我馬。」午為馬之證也。

王氏所引的文句，出自《詩經．小雅．吉日》，此詩，歷來學者以為是西周宣王田獵之詩。唐．孔穎達疏云：「必用午日者，蓋於辰午為馬故也。」

上面所引《詩經》、《左傳》、《呂氏春秋》之文，已可看出十二獸配十二支之說至遲在周代應已存在。又，《吳越春秋》說伍子胥造城時，以越國在巳地，所以造了蛇門，而吳在辰地，所以在吳城南門上加造兩鯢，來象徵龍角；巳蛇、辰龍，亦是十二獸十二支之配屬法。《吳越春秋》書較晚出，或稍乏說服力，但更有力的證據，足以說明周世已存在十二獸之說的，則為西元 1975 年在湖南雲夢縣睡虎地十一號戰國時秦墓所出土的甲種《日書》云：

子，鼠也。丑，牛也。寅，虎也。卯，兔也。辰，（原缺）。巳，

> 蟲也。午，鹿也。未，馬也。申，環（猿）也。酉，水（雉）也。戌，老羊也。亥，豕也。

由於《日書》的發現，可以證明十二獸之說，周世已存在。文中「環」為「猿」之假字；「水」為「雉」之假字；都是音同音近相通假。猿，是猴屬；雉，是野雞。戰國秦墓所出的十二獸雖是鼠、牛、虎、兔、龍、蛇、鹿、馬、猿、雉、羊、豕，與後世略異；但已將十二獸與十二支相配。其中午鹿、未馬、戌羊，則與《詩經》午馬及漢世十二獸之說不同。漢世的十二獸，據典籍及出土文物所見，其名稱與今日民間所言者已完全相同。在漢世典籍中，記載十二獸較詳明的，以目前的資料看，則為東漢．王充《論衡．物勢》云：

> 寅，木也；其禽，虎也。戌，土也，其禽，犬也。丑、未，亦土也；丑禽，牛；未禽，羊也。木勝土，故犬與牛、羊，為虎所服也。亥，水也；其禽，豕也。巳，火也；其禽，蛇也。子亦水也，其禽，鼠也。午，亦火也；其禽，馬也。水勝火，故豕食蛇。火為水所害，故馬食鼠屎而腹脹。

王充文中以十二生肖配十二支及五行，並說明其生剋關係。今將其說，表列於下：

十二支	子	丑	寅	卯	辰	巳	午	未	申	酉	戌	亥
十二獸	鼠	牛	虎	兔	龍	蛇	馬	羊	猴	雞	狗	豬
五　行	水	土	木	木	土	火	火	土	金	金	土	水

五行生剋為：相生：木生火，火生土，土生金，金生水，水生土。

相剋：木剋土，土剋水，水剋火，火剋金，金剋木。

王充《論衡》不僅把十二獸配十二支，且與五行生剋配繫。而五行又與五方、五色、五音、五臟、四季等等相配，因此十二獸、十二支便融入整個的五行生剋系統中。又，十二支除分為五方外（十二支與五行相配，而五行則：木東、火南、金西、水北、土中），也可分為八方。其分法如下：子，北；丑、寅，東北；卯，東；辰、巳，東南；午，南；未、申，西南；酉，西；戌、亥，西北。

又，在周世，不僅把十二獸拿來和十二支相配，同時也已把十二支配合建除十二客來做為擇日之用。所謂建除十二客，是指建、除、滿、平、定、執、破、危、成、收、開、閉等十二者；將此十二者輪流配繫在各月中，來斷定該日的吉凶及行事所宜所忌；今日黃曆所見，依然如此。而其源起，則至遲在戰國已如此；近世甘肅天水放馬灘戰國晚期一號秦墓出土的甲乙種《日書》中，已將建除十二客配干支來占斷時日吉凶，如乙種《日書》第 209 簡云：「春子、夏卯、秋午、冬酉，是（此）是人彼（破）日，不可築室；為嗇夫，娶妻嫁女；凶。」到了漢朝，建除十二客之說更普遍被學者所接受，並用來論述天象。《淮南子．天文》即將五星（金、木、水、火、土)、四靈二十八宿，與干支、五行旺相、建除十二客等相配，今略錄其說於下：

> 太陰在寅，朱鳥在卯，勾陳在子，玄武在戌，白虎在酉，蒼龍在辰。寅為建，卯為除，辰為滿，巳為平；主生。午為定，未為執；主陷。申為破；主衡。酉為危；主杓。戌為成；主小德。亥為收；主大德。子為開；主太歲。丑為閉；主太陰。

又，將十二獸與十二支關係，密切配合，並把它運用到人事上來的，則為「式」。式的被用來占測吉日良時，可能周世已存在；《周禮．春官．大史》：「大師，抱天時與大師同車。」鄭玄注引鄭司農云：「大出師，則大史主抱式以知天時，處吉凶。」抱天時，是指手拿栻盤。處吉凶，是判斷吉凶；處，是斷的意思。《孟子．公孫丑》也有「天時不如地利」之說，可見行軍作戰，在周代常以栻來占擇良時。而到了漢代，栻的運用便更為流行了；時人以栻來占測時日吉凶，來抉擇利於我們行事的天時。《史記．日者列傳》云：「今夫卜者必法天，象四時，順於仁義，分策定卦，旋式正棊，然後言天地之利害，事之成敗。」司馬貞《索隱》云：「按式，即栻也。旋，轉也。栻之形，上圓象天，下方法地。用之，則轉天綱加地之辰，故云旋式。」《漢書．王莽傳》：「天文郎案栻於前，日時加某，莽旋席隨斗柄而坐。」顏師古注云：「栻，所以占時日。天文郎，今之用栻者也。」又，《漢書．藝文志．五行類》有《轉位十二神》二十五卷。這些都足以說明漢代式的運用已極普遍。

式，也寫作「栻」、「拭」；是由上下兩片木片或金屬片組成，上圓下方。上面的圓盤稱為天盤，下面的方形盤稱為地盤；圓形的天盤，放在方形地盤的中央，以軸固定，可以轉動；使用時轉動圓盤，以觀測時日吉凶，做為行事準則。以近年安徽阜陽縣汝陰侯墓出土的西漢栻盤（見《文物》，西元 1978 年第 3 期）為例來說：圓形天盤上刻畫了三圈，最內圈為北斗七星斗杓之圖，次圈為登明、功曹、大吉、小吉等十二神，再次為二十八宿；此為天盤。方形地盤上亦有三圈，內為十天干、次十二地支十二獸、次二十八宿；並且在八個方位（四方四維）上配上八卦。四方，是東、西、南、北；四維，是東南、東北、西南、西北，也稱為四隅或四門，並且各有名稱：東北「鬼月戊」，東南「土斗戊」，西南「人日己」，西北「人豦己」。六朝出土的銅式中，則將此四門稱為：「東北鬼門艮」、「東南地戶巽」、「西南人門坤」、「西北天門乾」。綜歸上述所說，亦即到了六朝後，栻的地盤上有天門、地戶、人門、鬼門等；天門表出，地門表入，人門表生，鬼門表死。六朝的銅式中，並把十二禽擴大為三十六禽，用來和二十八宿、干支相配。栻的形狀，見附圖八、九。關於式的作法，歷代略有微異，而天盤、地盤的設計，則是共通者。北宋．楊維德《景佑六壬神定經》談到了造栻之法，所說頗為詳盡，錄之於下：

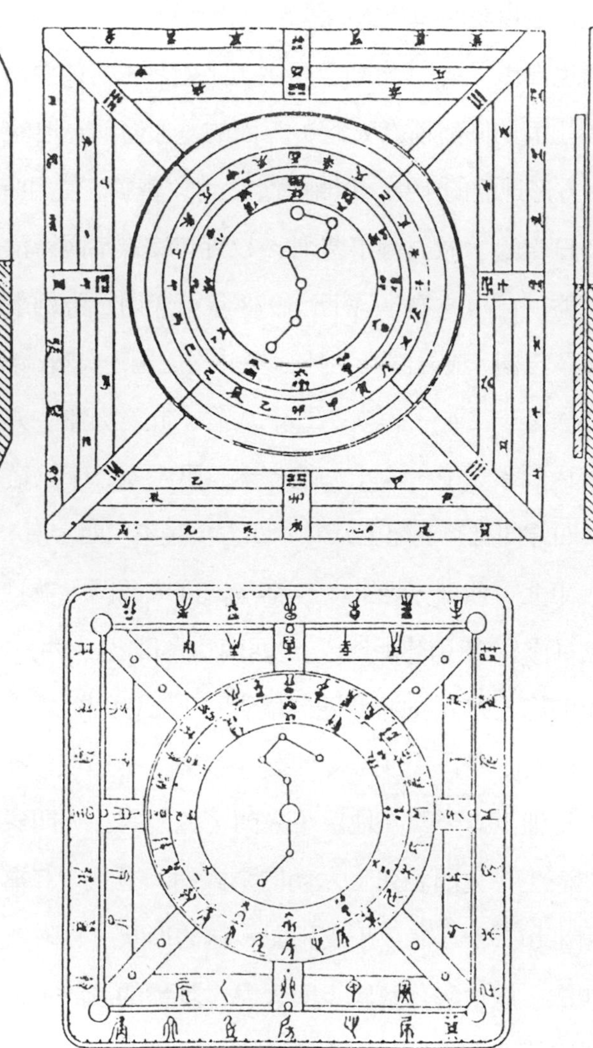

圖八　安徽阜陽縣汝陰侯墓出土的西漢栻盤

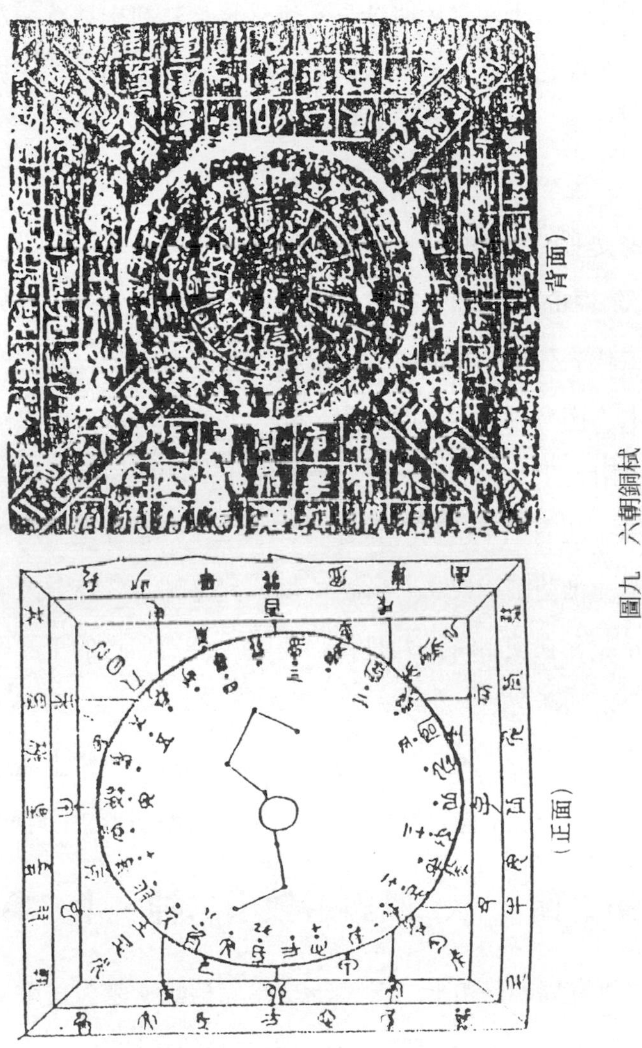

（背面）

（正面）

圖九　六朝銅栻

造式：天（天盤）中作斗杓，指天罡（十二神之一）；次列十二辰，中列二十八宿，四維局。地（地盤）列十二辰、八干（十天干，戊己為中，省去，其餘分列四方）、五行、三十六禽。天門、地戶、人門、鬼路，四隅訖。

以楊文所說的式而言，圓形天盤中央圈為北斗斗杓圖，斗杓的指向為次圈中的天罡神；次圈為十二神，象徵十二月；最外圈列二十八宿，代表列星。至於方形地盤上，則列有天干，代表五行：東方甲乙木，南方丙丁火，西方庚辛金，北方壬癸水，中央戊己土。同時在東南、東北、西南、西北等四維，列天門、地戶、人門、鬼路；地盤上也有二十八宿，是象徵天上二十八宿在地上所相應的各分野；如《淮南子．天文》所說：角、亢是鄭之分野，氐、房、心為宋之分野。在使用時，乃是轉動天盤，觀看所占的干支與時辰的部位，而來判斷吉凶。

由於式的應用，使十二獸的存在，成為跟人日常生活結下不解緣的實質關係，而不僅是裝飾好玩，用來記識自己的生肖而已。

第二節　十二獸與道教十二神、十二將

十二獸在周朝已和十二支、十二建除相配。道教後來又把十二獸，推衍為三十六禽，並把十二獸和十二神等相結合。十二神之說，西漢世已有之，可能春秋戰國時也已存在。三十六禽，則見於六朝

出土的銅式中，至遲六朝亦應有之。今分述於下：

一、三十六禽

三十六禽的名稱，在六朝的典籍及出土的栻中均已有詳細記載，各家的說法出入頗多，較常被採用的名稱大抵如下；又，括弧中所寫的，或為該獸的別稱，或為另一種常見說法：

子：鷰、鼠、伏翼（或說蝠）。　午：鹿、馬、獐。

丑：牛、獬（或說蟹）、龜（或說鱉）。未：羊、鷹、鴈。

寅：狸（或說貓）、豹、虎。　申：猱（或說貓）、猿、猴。

卯：猬（或說狐）、兔、狢。　酉：雉、雞、烏（或說鳶）。

辰：龍、蛟、魚。　戌：狗、狼、豺。

巳：鱓（或說蟬）、蚯蚓、蛇。　亥：豕、貐、豬（或說熊）。

關於三十六獸，隋．蕭吉《五行大義》卷五〈論三十六禽〉，以為十二獸三十六禽，都是北斗七星之氣所化，所以與人年命有關；文中，蕭氏對三十六禽的配繫，曾有所論述，文云：

> 禽蟲之類，名數甚多，今解三十六者，蓋取六甲之數，《拭經》所用也。其十二屬，配十二支，支有三禽，故三十有六禽。所以支有三者，分一日為三時，旦及晝暮也。……王簡云：「子：朝為鷰，晝為鼠，暮為伏翼（蝠）。」丑：朝為牛，晝為蟹，暮為鱉。寅：朝為狸，晝為豹，暮為虎；《本生經》云：「旦為生

> 木。」又云：「晝為虎，暮為狸。」卯：朝為猬，晝為兔，暮為貉；一云：「朝為狐。」《本生經》云：「暮為鶴。」辰：朝為龍，晝為蛟，暮為魚。巳：朝為鱔，晝為蚯蚓，暮為魚蛇；一云：「暮為龜。」《本生經》言：「旦為赤土，晝為蛇，暮為蟬。」午：朝為鹿，晝為馬，暮為獐；《本生經》言：「旦為馬，晝為鹿，暮為麞。」未：朝為羊，晝為鷹，暮為鴈；《本生經》云：「暮為老木。」申：朝為貓，晝為猨，暮為猴；一云：「旦為羊。」《本生經》言：「暮為死石。」酉：朝為雉，晝為雞，暮為馬（福案：疑為「烏」之誤。）；一云：「朝為雞，暮為死石。」《禽變》云：「暮為死土。」《本生經》言：「暮為鳶。」戌：朝為狗，晝為狼，暮為豺；一云：「暮為死金。」《禽變》云：「暮為死火。」亥：朝為豕，晝為玃，暮為豬；一云：「旦為生木，晝為豕，暮為蛱蝓。」一云：「旦為豘，晝為貙。」一云：「暮為朽木。」
>
> 雖《本生經》及《禽變》互有不同，晝暮之位，理從前解。子為鼠、鸗、伏翼者，色皆玄也，取水之色。鼠之為性，晝伏夜遊，象陰氣也，出於穴……

文中，蕭氏引到許多古書，如《本生經》、《栻經》、《禽變》等，以及其他不同說法，可見當時所存，談論三十六禽的書籍必多。這些書都談到三十六禽的源起並將之和十二干支及一日中的朝、晝、暮三時相配。

至於三十六禽和二十八宿、七政（七曜：日月及金木水火土五星)、十二支的關係，則在《古今圖書集成．曆象彙編歲功典》卷一百三〈干支部〉引王鏊之言中有所敘述，文云：

> 或問十二辰所肖何謂也？曰：非是吾儒之所講也。雖然，嘗聞之於人：二十八宿分布周天，以直十二辰，每辰二宿，子午卯酉則三，而各有所象：
>
> 女土蝠、虛日鼠、危月燕，子也。
>
> 室火豬、壁水㺄，亥也。
>
> 奎木狼、婁金狗，戌也。
>
> 胃土雉、昴日雞、畢月烏，酉也。
>
> 觜火猴、參水猿，申也。
>
> 井木犴、鬼金羊，未也。
>
> 柳土獐、星日馬、張月鹿，午也。
>
> 翼火蛇、軫水蚓，巳也。
>
> 角木蛟、亢金龍，辰也。
>
> 氐土貉、房日兔、心月狐，卯也。
>
> 尾火虎、箕水豹，寅也。
>
> 斗木獬、牛金牛，丑也。
>
> 天禽地曜，分直於天，以紀十二辰，而以七曜統之，此十二生

肖之所始也。

由於王氏所言，是以二十八宿配十二支，所以所配的禽，僅是二十八禽，而非三十六禽。今列表於下：

二十八宿	七曜	三十六獸	十二支	二十八宿	七曜	三十六獸	十二支
女	土	蝠	子	柳	土	獐	午
虛	日	鼠	子	星	日	馬	午
危	月	燕	子	張	月	鹿	午
室	火	豬	亥	翼	火	蛇	巳
壁	水	羭	亥	軫	水	蚓	巳
奎	木	狼	戌	角	木	蛟	辰
婁	金	狗	戌	亢	金	龍	辰
胃	土	雉	酉	氐	土	貉	卯
昴	日	雞	酉	房	日	兔	卯
畢	月	烏	酉	心	月	狐	卯
觜	火	猴	申	尾	火	虎	寅
參	水	猿	申	箕	水	豹	寅
井	木	犴	未	斗	木	獬	丑
鬼	金	羊	未	牛	金	牛	丑

以上是三十六獸。

二、十二神

十二神，是指：登明、神后、大吉、功曹、太衝、天剛、傳送、小吉、勝先、太一、從魁、河魁。與十二神性質相近的，又有十二將，十二將則為：天乙、螣蛇、朱雀、六合、勾陳、青龍、天空、白虎、太常、玄武、太陰、天后。十二神在栻法上較常用到；十二將則常用於六壬占卜。

十二神的名稱中，「登明」，出土的栻中，也有寫作「徵明」的。「河魁」或稱「天魁」。「太一」或作「太乙」。「天剛」或作「天罡」。「勝先」或作「勝光」。十二神之名，在漢世已存在，近世武威出土的西漢簡冊裡有「河魁以祠，家邦必揚」之語；而《後漢書．禮儀志中》：

> 凡使十二神追惡凶，赫女（汝）軀，拉女肝，節解女肉，抽女肺腸；女不急去，後者為糧。

又，王充《論衡．難歲》：

> 式（栻）上十二神登明、從魁之輩，工伎家謂之皆天神也，常立子丑之位，俱有衝抵之氣，神雖不若太歲，宜有微敗。移徙者雖避太歲之凶，猶觸十二神之害。為移徙者，何以不禁？

王充之文雖在駁斥十二神信仰之無稽，但卻反映了當時人的普遍觀念；十二神之說，如據出土西漢栻及《史記．日者列傳》的記載，知西漢時已存在，且為民間的普遍信仰。

又，道教沿承了秦漢以來，十二神的信仰，道經中《黃帝龍首經》、《黃帝金匱玉衡經》、《黃帝授三子玄女經》等（以上三經見《正統道藏．洞真部．眾術類．薑字號》），均以十二神來從事星占擇日；十二神之說，成為道教五術中的重要觀念。而道經《太上六壬明鑑符陰經》（《正統道藏．洞神部．方法類．履字號》），則是以十二神十二將配合用符用咒，來行化形隱身，用兵致勝之道；該經中除談到十二神、十二將外，並將十二獸配合干支之六丁六甲，六丁為陰神，六甲為陽神，同時賦予他們姓氏名諱。如卷一云：

> 六丁式：右丁卯符，用青帛八寸書符，咒曰：丁卯之陰，兔首人身，姓孔名林。吾呼降神，助吾習化，威攝萬兵。藏吾藏吾，出入幽冥。急急如律令。
>
> 右丁巳符，用緋帛七寸書符。咒曰：丁巳之陰，蛇首人身，姓盛名叔。吾呼降神，助吾習化，威攝萬兵。藏吾藏吾，視吾皆盲。急急如律令。
>
> 右丁未符，用黃帛五寸書符，咒曰：丁未之陰，羊首人身，姓屈名旺。吾呼降神，助吾習化，威攝萬兵。藏吾藏吾，出入幽冥。急急如律令。
>
> 右丁酉符，用白帛九寸書符，咒曰：丁酉之陰，雞首人身，姓陽名清。吾呼降神，助吾習化，出入萬兵。隱藏吾形，視吾者盲。急急如律令。
>
> 右丁亥符，用皂帛六寸書符，咒曰：丁亥之陰，豕首人身，姓

石名靖。吾呼降神，助吾習化，隱跡藏形。出入萬軍，如遊無人。急急如律令。

右丁丑符，用黃帛五寸書符，咒曰：丁丑之陰，牛首人身，姓費名陵，吾呼降神，助吾習化，隱跡藏形，出入萬軍，如瞽如盲。急急如律令。……

六甲式：右甲子符，用皂帛八寸書符，咒曰：甲子陽神，鼠首人身。黑龍為甲，龍韜虎巾。助吾習化，隱藏吾形。萬卒千騎，視吾皆盲。急急如律令。

右甲寅符，用青帛八寸書符，咒曰：甲寅陽神，虎首人身，青龍為甲，取吾藏形，使吾威攝，萬寇皆驚。或見或隱，人神不聞。急急如律令。

右甲辰符，用黃帛八寸書符，咒曰：甲辰陽神，龍首人身，黃龍為甲，助吾威靈，藏吾元化。吾化吾形，出入萬眾，如入無人。急急如律令。

右甲午符，用緋帛七寸書符，咒曰：甲午陽神，馬首人身，赤龍為甲，紅袍絳巾，助吾威攝，萬寇伏驚。藏吾現吾，逐物化形。急急如律令。

右甲申符，用白帛四寸書符，咒曰：甲申陽神，猿首人身，白龍為甲，手執神鋒，助吾習化，隨物成形，威攝萬懼，隱藏吾形。急急如律令。

右甲戌符，用黃帛五寸書符，咒曰：甲戌陽神，狗首人身，黃龍為甲，威伏寇兵。助吾行化，隨物化形，藏形隱體，人神不聞。急急如律令。

經中原附有十二道符，茲省去。《太上六壬明鑑符陰經》的撰作年代較晚，但《道藏》所收的《龍首經》、《玄女經》二書，晉．葛洪《抱朴子．遐覽》曾有載錄；葛洪該篇是載錄其師所藏之書，因而《龍首經》、《玄女經》等的成書年代，至遲在漢末三國時應已存在。《道藏》所收的此三經，其內容都是以十二神配合日子剛柔及五行生剋，來談時日吉凶；用來做為架屋起土、買賣田宅、新官就任、嫁娶、喪祭、遠行、舉事等的抉擇用。而所用的方式，其實也是栻占的一種；《黃帝龍首經》云：「假令今年太歲在寅，大吉臨寅，視天上甲庚臨地，乙辛為天道；天上丙壬臨地，丁癸為人道。魁罡臨己亥為拘檢；魁為拘，罡為檢。他歲效此。若歲在子、午、卯、酉，為四仲；天道及人道皆在四維，難可移徙。謂陽歲在子寅辰午申戌皆以大吉臨之；陰歲在丑卯巳未酉亥，並以小吉臨之。」此段文字即在說明用栻原則，「視天上甲庚臨地」天上，乃指天盤；地，指地盤。這類的占卜法，通常也稱為六壬課法。

所謂六壬，是占卜術的一種，陰陽家說五行為：水、火、木、金、土；五行以水為首。而十天干中又以「壬癸」為水，「壬」為陽水，「癸」為陰水，去陰取陽，以壬為主。再者，六十甲子中的壬有六個，即：壬申、壬午、壬辰、壬寅、壬子、壬戌；所以稱為六壬。

其占法共有六十四課，用刻有干支的天盤、地盤相疊，轉動天盤後得出所值的干支及時辰部位，以此判斷吉凶。《隋書．經籍志．五行》著錄有《六壬釋兆》、《六壬式經雜占》等，《新唐書》、《宋史》等也都著錄有六壬相關的論著。以占卜的方式來看，六壬占卜法，即是漢代栻占的延伸。

至於十二神和五行方位的關係，則《玄女栻經》（隋．蕭吉《五行大義》卷五〈論諸神〉引）云：

> 六壬所使十二神者：神后主子，水神；大吉主丑，土神；功曹主寅，木神；太衝主卯，木神；天剛主辰，土神；太一主巳，火神；勝先❶，主午，火神；小吉主未，土神；傳送主申，金神；從魁主酉，金神；河魁主戌，土神：微（徵）明主亥，水神。
>
> 子，神后者；子為黃鐘，君道，故稱后，陽之始也。陽動於內而未形，故稱神也。丑，大吉者；萬物至丑皆萌，得陽生，故大吉也。寅，功曹者；萬物至寅，其功已見。曹，眾也。眾物功既成於寅也。卯，太衝者；萬物至卯，其皆太衝，其心皮抽萼也。辰，天剛者；當斗星之柄，其神剛強也。巳，太乙者；

❶十二神中的「勝先」，《黃帝龍首經》、《金匱玉衡經》、《三子玄女經》、《太白陰經》、《吳越春秋》、《夢溪筆談》、《宋史．律歷志》等書都作「勝先」；但也有作「勝光」的。

純乾用事，天德在焉，故太一，神后也。午，勝光者；陽氣大威，陰氣時動，惟陽在先為勝也。未，小吉者；萬物畢熟成，故為小吉也。申，傳送者；傳其成物，送與冬藏也。酉，從魁者，從斗之魁第二星也。戌，河魁者；河當首也，當斗魁首也。亥，登明者；水體內明，不見於外，微其陽氣，至子方明也。神后主婦女，大吉主田農，功曹主遷邦，太衝主對吏，天剛主殺伐，太一主金寶，勝先主神祀，小吉主婚會，傳送主捺捕，從魁主死喪，河魁主疾病，微明主辟召。

宋·沈括《夢溪筆談》卷七〈象數類〉云：

六壬，天十二辰之名，古人釋其義曰：正月陽氣始建，呼召萬物，故曰登明。二月物生根魁，故曰天魁。三月華葉從根而生，故曰從魁。四月陽極無所傳，故曰傳送。五月草木茂盛，踰於初生，故曰勝先。六月萬物小盛，故曰小吉。七月百穀成實，自能任持，故曰太一。八月枝條堅剛，故曰天罡。九月木可為枝幹，故曰太衝。十月萬物登成，可以會計，故曰功曹。十一月月建在子，君復其位，故曰大吉。十二月為酒醴以報百神，故曰神后。此說無稽，據義理。予按登明者，正月三陽始兆地上，見龍在田，天下文明，故曰登明。天魁者，斗魁第一星也，斗魁第一星抵於戌，故曰天魁。從魁者，斗魁第二星也，斗魁第二星抵於酉，故曰從魁（自註：斗杓一星建方，斗魁二星建方，一星抵戌，一星抵酉）。傳送者，四月陽極將退，一陰欲生，故傳陰而生陽也。小吉，夏至之氣，大往小來，小人道長，小人之吉也，故為婚姻酒食之事。勝先者，王者向明而治，萬物相見乎此，莫勝莫先焉。太一者，太微垣所在，太一所居也。天罡者，斗剛之所建也（斗杓謂之剛，蒼龍第一星亦謂之亢，與斗剛相直）。太衝者，日月五星所出之門戶，天之衝也。功曹者，十月歲功成而會計也。大吉者，冬至之氣，小往大來，君子道長，大人之吉也，故主文武大臣之事。十二月子位，北方之中，上帝所居也；神后，帝君之稱也。天十二辰也，故皆以天事明之。

今參照道經及諸家說，將十二神與方位、十二生肖、十二月、五行生剋及十二神之職司等表列於下：

十二神名	十二支	月將	十二生肖	五行	方位	職司
神后	主子	十二月將	鼠	水神	北	主婦女
大吉	主丑	十一月將	牛	土神	東北	主田農
功曹	主寅	十月將	虎	木神	東北	主遷邦
太衝	主卯	九月將	兔	木神	東	主對吏
天罡	主辰	八月將	龍	土神	東南	主殺伐
太乙	主巳	七月將	蛇	火神	東南	主金寶
勝先	主午	六月將	馬	火神	南	主神祀
小吉	主未	五月將	羊	土神	西南	主婚會

傳送	主申	四月將	猴	金神	西南	主掩捕
從魁	主酉	三月將	雞	金神	西	主死葬
河魁	主戌	二月將	狗	土神	西北	主疾病
登明	主亥	正月將	豬	水神	西北	主辟召

十二神中，登明主亥；道經中以登明為正月將，可能是因為秦及漢初，都是以建亥之月（農曆十月）為歲首的關係；漢武帝元封七年（西元前 104 年）才改以建寅之月（正月）為歲首，此後一直沿用到後代❷。十二神既以亥神登明為首，則其創置，或是在秦及西漢世。

三、十二將

除登明等十二神外，叢辰家又有十二將之說。十二將為：天乙、螣蛇、朱雀、六合、勾陳、青龍、天空、白虎、太常、玄武、太陰、天后。在十二神十二將中，《六壬栻經》說是以天一為主❸。隋．蕭吉《五行大義》卷五〈論諸神〉認為六壬所說的天一、太一，是天皇太帝曜魄寶的主要侍臣，並非北極大帝之稱，這種觀念跟西漢武帝之世以北極為太一的說法不同，蕭氏云：「此並紫微宮門外天一、太一，非紫微之內，北辰之名大帝也。」

❷自漢武帝採太初曆，以建寅之月為歲首後，中間除王莽和魏明帝一度改用殷正；唐武后和肅宗一度改用周正外；一般都是採用夏正，以建寅為歲首。

❸蕭吉《五行大義》卷五〈論諸神〉云：「《六壬式經》云：『十二神將，以天一為主。』」

有關十二將之位次、職司上，道教《玄女栻經》（隋．蕭吉《五行大義》卷五〈論諸神〉引）云：

十二將者，天一，土將，前一。騰蛇，火將，前二。朱雀，火將，前三。六合，木將，前四。勾陳，土將，前五。青龍，木將，後一。天后，水將，後二。太陰，金將，後三。玄武，水將，後四。太裳，土將，後五。白虎，金將，後六。天空，土將。天一已如前解（「天一是含養萬物」）；騰蛇，主驚恐；朱雀，主文書；六合，主慶賀；勾陳，主拘礙；青龍，主福助；天后，猶是神后，天一之妃；太陰，主陰私；玄武，主死病；太裳，主賜賞；白虎，主鬥訟；天空，主虛耗也。

在十二將的位次上，《六壬大全》卷二〈天將總論〉中，說得較詳明，十二將，以天乙貴人居中為主；前有騰蛇、朱雀、六合、勾陳、青龍等五位；此是土、火、木之神，在左方。後有天后、太陰、玄武、太常、白虎；此是金、水、土之神，在右方；此外尚有一位──天空，有名而無物。又，六壬十二將方位之說，疑是根據道經而來。道經《黃帝金匱玉衡經》云：

天一貴神，位在中宮；據璇璣，把玉衡，統御四時，攬撮陰陽；手握繩墨，位正魁罡。左房右參，背虛向張，四七布列，首羅八方。規矩乾坤，噓吸陰陽，首五後六，以顯吉凶。青龍主左，係屬角亢；白虎輔右，正左觜參。朱雀在前，翻舞翼張；玄武在後，承德收功。六合廚傳，勾陳將軍，螣蛇誅斬，金鉞鏘鏘。天后貴配。太常臺即太陰，陰將主錄後宮。天空下賤，主侍帝庭。白虎傷害。審其吉凶，各有部署，不得縱橫。天一統理，中外清明；金木水火，各有列行。

至於六壬十二神及六壬十二將之搭配，則為：

登明、玄武	河魁、天空	從魁、太陽	傳送、白虎
小吉、太常	勝先、朱雀	太一、螣蛇	天罡、勾陳
太衝、六合	功曹、青龍	大吉、貴人	神后、天后

今據《六壬大全》的〈十二神釋〉、〈十二將釋〉，將十二將、神之名位職司，詳述於後：

六壬十二神，也稱十二支神、十二月將。星占擇日家常把它和五行、二十八宿、三十六禽、十二宮、地方各諸星相應的分野等相配，來占知吉凶，今略述於下：

登明：也寫作徵明。亥，正月將。壬寄其上，木生其下，玄武之象。音角，數四，味鹹。星室壁，禽豬貐熊，宮雙魚，分野衛、并州。屬豬，位天門。所主禎祥、徵召、陰私事，為自刑，為極陰之位，又主爭訟、獄囚、沈溺、取索、亡失、不淨。

神后：子，十二月將。正祿無寄，天后之象。音宮，數九，味鹹。

星女虛危，禽蝙鼠燕，宮寶瓶，分野齊、青州。屬鼠，位正北。所主陰私、暗昧、婦女之事。

大吉：丑，十一月將。癸寄其上，金墓其下，貴人之象。音徵，數八，味甘。星斗牛，禽獬牛龜，宮摩蝎，分野吳、揚州。屬牛，位北方。所主田宅、園圃及鬥爭事，專主田宅、財帛、宴喜。

功曹：寅，十月將。甲寄其上，火生其下，青龍之象。音徵，數七，味酸。星尾箕，禽虎豹貓，宮人馬，分野燕、幽州。屬虎，位東北。所主水器、文書、婚姻、財帛、官吏之事。

太衝：卯，九月將。正祿無寄，六合之象。音羽，數六，味酸，星氐房心，禽貉兔狐，宮天蝎，分野宋、豫州。屬兔，位正東。所主驛馬、船車。

天罡：漢栻作天剛。辰，八月將。乙寄其上，水土墓其下，勾陳之象。音商，數五，味甘。星角亢，禽蛟魚龍，宮天秤，分野鄭、襄州。屬龍，位東南方。所主鬥訟、死喪、田宅、舊事，專主獄訟、官府。

太一：也作太乙。巳，七月將。丙戌寄其上，金生其下，螣蛇之象。音角，數四，味苦。星翼軫，禽蛇蚓蟬，宮雙女，分野楚、荊州。屬蛇，位南方。所主鬥爭、口舌、懮惊、怪異事，又主飛禍、賞賜事。

勝先：午，六月將。正祿無寄，朱雀之象。音宮，數九，味苦。星柳昴張，禽獐馬鹿，宮獅子，分野周、兩河。屬馬，位正南。所主光怪、絲綿，又主文書、官事。

小吉：未，五月將。丁寄其上，木墓其下，太常之象。音徵，數八，味甘。星井鬼，禽犴羊鷹，宮巨蟹，分野秦、雍州。屬羊，位西南方。所主酒食、婚姻、祠祀事。

傳送：申，四月將。庚寄其上，水生其下，白虎之象。音徵，數七，味辛。星觜參，禽猴猿猱，宮陰陽，分野晉、益州。屬猴，位西南。所主道路、疾病、信耗事。

從魁：酉，三月將。正祿不受所寄，太陰之象。音羽，數六，味辛。星胃昴，禽雉雞烏，宮金牛，分野趙、冀州。屬雞，位正西。所主陰私、解散、賞賜，又主金、刀、奴婢、信息。

河魁：也稱為天魁。戌，二月將。辛寄其上，火墓其下，天空之象。音商，數五，味甘。星奎婁，禽狼狗豺，宮白羊，分野魯、徐州。屬犬，位西北。所主詐欺、印綬及奴婢逃亡，又主虛耗、失錢物、帶眾。

以上十二神，至於六壬十二將之將名、位次、干支、五行、四季及主司，則如下述：

天乙：天乙貴人，也簡稱貴人，六壬十二將之首。己丑，土旺；吉將也，為神將之主。傳順，吉；傳逆，凶；比和，吉；不比和，凶。主錢財、喜慶、詔命之事。君子拜命遷官，小人田宅財物。

螣蛇：位居前一家。丁巳，火旺，六十日凶將也。主文字、虛礜、公信、小財；水火之交，其戾主火燭、惊恐、怪夢、火光、釜鳴、官司、口舌、血光事。

朱雀：位居前二家。丙午，火夏旺春相，凶將也。朱雀得地則吉：主文章、印信、敕命、服色、王庭；失則凶：主火燭、焚煌、口舌、生病、公訟文字、財物損失、馬畜災傷等事。

六合：位居前三家。乙卯，木旺，春三月六乙日吉將也。六合為和合之神，主婚姻、喜慶、信息、求望、交易、胎產、媒妁、牙保、陰私、財物、交契。

勾陳：位居前四家。戊辰，土旺，四季凶將也。主兵戈、官訟、公事、印信、虎符、留連、皮革。

青龍：位居前五家。甲寅，木旺，春三月吉將也。主文字、財帛、舟車、林木、衣服、書契、官府、升遷、僧道、高人、婚姻、喜慶、媒妁、胎產、宴會、果藥之屬。

天后：位居前一家。壬子，水旺，冬三月吉將也。主宮庭、陰私、喜慶、婦人、財物、婚姻、胎產、賞赦、慶賀、恩澤。

太陰：位居後二家。辛酉，金旺，秋三月吉將也。主婦女、財帛、金銀錢物、陰私、喜慶、婚姻

玄武：位居後三家。癸亥，水旺，冬三月凶將也。主聰明多智、文章、巧技、求望財物、干謁貴人。

太常：位居後四家。己未，土旺，四季各十八日吉將也。主文章、

印綬、公裳、服飾、信息、交關、酒食、宴樂、絹帛、田地、五穀。

白虎：位居後五家。庚申，金旺，秋三月凶將也。主道路、信息、兵戈、動眾、威權、財帛、犬馬、金銀、寶物。

天空：位居後六家。戊戌，土旺，四季凶將也。主奴婢、公吏、市井、小人、財帛、言約、私契。

中國古代早期的十二獸十二神，到了道教後，逐漸加以推演；十二獸被衍增為三十六獸；而登明、從魁等十二神，則又增添了天乙、螣蛇等十二將。道教五術中以此來推斷吉凶，來做為行事之抉擇。道教十二神三十六獸，後來又被佛教所竊用，佛經中也出現了十二神三十六獸之名。同時佛經中更將十二神演變成十二藥叉、十二佛菩薩、十二因緣等。說法全取自中土，而卻冠以佛說，今皆論述其非於下：

第三節　佛經中所見之十二獸、十二藥叉、十二因緣

一、北涼．曇無讖譯《大方等大集經》中所見的十二獸

北涼天竺三藏曇無讖譯《大方等大集經》卷二十三〈虛空目分．淨目品〉，談到了在閻浮提四周海中的十二獸，這是佛經中首次出現的十二獸之名：

善男子！閻浮提外，南方海中有琉璃山，名之為潮。高二十由旬，具種種寶。其山有窟名種種色，是昔菩薩所住之處，縱廣一由旬，高六由旬。有一毒蛇在中而住，修聲聞慈。復有一窟，名曰無死。縱廣高下亦復如是，亦是菩薩昔所住處。中有一馬修聲聞慈。復有一窟，名曰善住。縱廣高下亦復如是，亦是菩薩昔所住處。中有一羊修聲聞慈。其山樹神名曰無勝，有羅剎女名曰善行，各有五百眷屬圍遶，是二女人常共供養如是三獸。

善男子！閻浮提外西方海中有頗梨山，高二十由旬。其山有窟，名曰上色。縱廣高下亦復如是，亦是菩薩昔所住處，有一獼猴修聲聞慈。復有一窟，名曰誓願。縱廣高下亦復如是，亦是菩薩昔所住處，中有一雞修聲聞慈。復有一窟，名曰法床。縱橫高下亦復如是，亦是菩薩昔所住處，中有一犬修聲聞慈。中有火神，有羅剎女名曰眼見，各有五百眷屬圍繞。是二女人常共供養是三鳥獸。

善男子！閻浮提外北方海中有一銀山，名菩提月，高二十由旬，中有一窟，名曰金剛。縱廣高下亦復如是，亦是菩薩昔所住處。中有一豬修聲聞慈。復有一窟名香功德；縱橫高下，亦復如是，亦是菩薩昔所住處。中有一鼠修聲聞慈。復有一窟名高功德，縱廣高下亦復如是，亦是菩薩本所住處，中有一牛，修聲聞慈。山有風神，名曰動風；有羅剎女，名曰天護，各有五百眷屬圍繞，是二女人常共供養如是三獸。

善男子！閻浮提外，東方海中有一金山，名功德相。高二十由旬，中有一窟，名曰明星。縱廣高下，亦復如是，亦是菩薩昔所住處。有一師子修聲聞慈。復有一窟，名曰淨道。縱廣高下亦復如是，亦是菩薩昔所住處。中有一兔修聲聞慈。復有一窟，名曰喜樂。縱廣高下，亦復如是，亦是菩薩昔所住處，中有一龍，修聲聞慈。山有水神，名曰水天；有羅剎女，名修慚愧；各有五百眷屬圍遶。是二女人常共供養如是三獸。

是十二獸晝夜常行閻浮提內，天人恭敬，功德成就已，於諸佛所發深重願，一日一夜，常令一獸遊行教化，餘十一獸安住修慈；周而復始。七月一日，鼠初遊行，以聲聞乘教化一切鼠身眾生，令離惡業勸修善事，如是次第至十三日，鼠復還行。如是乃至盡十二月，至十二歲，亦復如是。

文中所言十二獸為鼠、牛、獅、兔、龍、蛇、馬、羊、猴、雞、犬、豬。除了虎換成獅外，其餘不變；經中並且將十二獸和東西南北四方相配：

南方：蛇、馬、羊

西方：猴、雞、犬

北方：豬、鼠、牛

東方：獅、兔、龍

上述的配屬和中國五行生剋的配屬是相同的。南方屬火，西方金，北方水，東方木。巳蛇、午馬、未羊、申猴、酉雞、戌犬、亥豬、子鼠、丑牛、寅虎、卯兔、辰龍。如以方位來說：子，北；丑、寅，東北；卯，東；辰、巳，東南；午，南；未、申，西南；酉，西；戌、亥，西北。蛇、馬、羊，是東南、南、西南等方位，所以說是南方；猴、雞、犬，是西南、西、西北方位，所以說是西方；豬、鼠、牛，是西北、北、東北等方位，所以說是北方；獅、兔、龍是在東北、東、東南，所以說是在東方。

以方位來看，全沿襲中土五行生剋方位之說；以十二獸獸名來看，除虎被換成獅外，其餘的全同。這種十二個獸名幾乎全同，又加上採用中土五行五方配屬法；可證是抄襲，而不是偶然的雷同。且十二獸之名，在中國周代已存在，而佛經則在北涼時才出現；《大方等大集經》由曇無讖在北涼玄始九年（西元 420 年）譯出；該年也是南北朝劉宋武帝永初元年；在年代上，和中國周代已有十二獸，落後了一千年以上，因而我們可以斷定是佛教抄襲中國舊說，把它加以神化的描述。不過佛經說十二獸能修持聲聞法，能教化同類眾生；以寓言為實事，傳教的手法，實在也太過於拙劣可笑了。

二、智顗、湛然十二獸精物為妖說

隋．智顗《摩訶止觀》卷八下，敘述了打坐修止觀時，所易出現的魔相，也稱為著魔，即是今日我們所說的走火入魔。智者大師把十二獸，看成是分別出現在十二時辰（古人把一天分為十二時辰，一時辰等於現在的兩小時），以惱亂修行人的精物。所謂精物，即是老物年久了，變化成精怪，常出現以作祟於人。智者將十二獸稱為「時媚」，按照字面的意義看，即是出現在不同「時」辰，以「媚」亂人者。文云：

> 時媚發者：《大集》明十二獸在寶山中修法緣慈，此是精媚之主，權應者，未必為惱；實者，能亂行人。若邪想坐禪，多著時媚；或作少男、少女、老男老女、禽獸之像，殊形異貌，種種不同。或娛樂人，或教詔人。今欲分別時獸者，當察十二時何時數來，隨其時來，即此獸也。若寅是虎，乃至丑是牛。
>
> 又，一時為三，十二時即有三十六獸。寅有三，初是貍，次是豹，次是虎；卯有三，狐、兔、貉；辰有三，龍、蛟、魚；此九屬，東方木也。九物依孟仲季傳作前後。
>
> 巳有三，蟬、鯉、蛇；午有三，鹿、馬、麞；未有三，羊、雁、鷹；此九屬，南方火也。
>
> 申有三，狖、猿、猴；酉有三，烏、雞、雉；戌有三，狗、狼、豺；此九屬，西方金也。
>
> 亥有三，豕、貐、豬；子有三，貓、鼠、伏翼；丑有三，牛、蟹、鼈；此九屬，北方水也。
>
> 中央土，王四季，若四方行用，即是用土也；即是魚、鷹、豺、鼈。

三轉即有三十六，更於一中開三，即有一百八時獸。深得此意，依時喚名，媚當消去。若受著稍久，令人猖狂恍惚，妄說吉凶，不避水火。

古人把一天分為十二時辰，並以十二支來記時，子時為夜晚十一、十二兩小時；丑時為凌晨一、二兩小時；寅時為凌晨三、四兩小時；卯時為五、六兩小時；辰時為七、八兩小時；巳時為九、十兩小時；午時為正午十一、十二兩小時；未時為下午一、二兩小時；申時為下午三、四兩小時；酉時為下午五、六兩小時；戌時為晚上七、八兩小時；亥時為九、十兩小時。古人並把一個晚上劃分為五更，戌為初更，亥為二更，子為三更，丑為四更，寅為五更。三更剛好是半夜，所以俗語說「三更半夜」。

智顗以十二獸配十二時，且以精物為怪來說十二獸；這些，其實都是取自中土傳統說法。東漢時代精物為怪之說，已普遍存在，王充《論衡》、應劭《風俗通》等均已見精物為怪的記載。又，晉．葛洪《抱朴子．登涉》也說遇到在不同的日子出現的山精，能呼出其名，則妖媚自退；文云：

萬物之老者，其精悉能假託人形，以眩惑人目，而常試人，唯不能於鏡中易其真形耳。……人入山，若夜聞人音聲大語，其名曰蚑，知而呼之，即不敢犯人也。……山中寅日，有自稱虞吏者，虎也；稱當路君者，狼也；稱令長者，老狸也。卯日稱丈人者，兔也；稱東王父者，麋也；稱西王母者，鹿也。辰日稱雨師者，龍也；稱河伯者，魚也；稱無腸公子者，蟹也。巳日稱寡人者，社中蛇也；稱時君者，龜也。午日稱三公者，馬也；稱仙人者，老樹也。未日稱主人者，羊也；稱吏者，麞也。申日稱人君者，猴也；稱九卿者，猿也。酉日稱將軍者，老雞也；稱捕賊者，雉也。戌日稱人姓字者，犬也；稱成陽公者，狐也。亥日稱神君者，豬也；稱婦人者，金玉也。子日稱社君者，鼠也；稱神人者，伏翼（蝙蝠）也。丑日稱書生者，牛也。但知其物名，則不能為害也。

《抱朴子》文中所言的獸名，已和後來的三十六禽很接近。而智顗的「依時喚名，媚當消去」的說法，也顯然是襲取其說。《抱朴子》一書為道教重要經典；據此則是十二時精靈為妖說，早為道教所用，而佛教承之。再者，智者採三十六禽之說，並以五行五方位來相配，如寅時的貍豹虎、卯時的狐兔貉、辰時的龍蛟魚等，是東方木；底下依次類推，巳、午、未三時為南方火等等；這些純是道教六壬術占卜之說；智者所言的三十六禽，和六朝出土的栻中所言者相同，也和隋．蕭吉《五行大義》卷五〈論三十六禽〉的說法相同。又，十二獸三十六禽，皆與北斗二十八宿天文星占及道教信仰有關；《五行大義》卷五云：「七星各散成十二神，十二神變成三十六禽。」近代出土的古時六王式盤上，刻有三十六禽之名；北宋．楊維德《景佑六王神定經》所言「造式」法，已見三十六禽與二十八宿、十二神、五行等並列；可見三十六禽之說出自中土星斗崇拜和道教術數占卜之說。種種情形，都足以說明智顗是竊取道教之說以解說佛經。

又，智顗的十二獸，已把《大集經》中的獅子換成了老虎；顯然智者認為獅子應是老虎之誤。

以上為智顗十二獸媚亂修行人之說；唐代的湛然大師，也繼承了其說。湛然《止觀輔行傳弘決》卷八之三，對十二獸媚亂修行人，有所論述；唯其文僅是針對智者之《摩訶止觀》卷八下之文，加以解釋，而別無新意；是疏注而非創述，因而不再詳加論述。

三、十二藥叉神將與十二時神、十二獸、十二佛菩薩

十二藥叉神將❹，出自《藥師琉璃光如來本願功德經》，此經亦

❹佛經中，除十二藥叉神將外，另有二十八藥叉之名。經中並把二十八藥叉神將，分東、西、南、北、四維、上、下等七方，每方由四神護持，共二十八名。此種將二十八神將分屬四方上下的構思，當是由中土以二十八宿分屬四方，為青龍、白虎、朱雀、玄武等四靈說而來。二十八神，今所見者，有梁．僧伽婆羅譯抄之《二十八夜叉大軍王名號》、唐．義淨譯《正了知王藥叉眷屬法》、唐．不空抄之《二十八藥叉大將名號》等。唯藥叉，也譯作夜叉，是指勇健會噉人的鬼類，是泛稱而非專名；上述佛經中所言的二十八藥

簡稱為《藥師經》。今《大正新修大藏經》所收的同經異譯本，計有：東晉．帛尸梨蜜多羅譯《佛說灌頂拔除過罪生死得度經》（見《大正藏》冊二十一，《佛說灌頂經》卷十二）、隋．達摩笈多羅譯《佛說藥師如來本願經》、唐．玄奘譯《藥師琉璃光如來本願功德經》、唐．義淨譯《藥師琉璃光七佛本願功德經》等四種（後三種見《大正藏》冊十四）。

《藥師經》中曾談到十二護持唸誦經文眾生的藥叉神將，各譯本十二將之譯名，略有出入，今錄奘師所譯者如下：

> 爾時眾中有十二藥叉大將，俱在會坐，所謂：
> 宮毘羅大將　伐折羅大將　迷企羅大將　安底羅大將
> 頞儞羅大將　珊底羅大將　因達羅大將　波夷羅大將
> 摩虎羅大將　真達羅大將　招杜羅大將　毘羯羅大將
> 此十二藥叉大將，一一各有七千藥叉以為眷屬，同時舉聲白佛言：「世尊！我等今者蒙佛威力，得聞世尊藥師琉璃光如來名號，不復更有惡趣之怖，我等相率皆同一心，乃作義利，饒益安樂，隨於何等村城國邑，空閑林中，若有流布此經，或復受持藥師琉璃光如來名號，恭敬供養者，我等眷屬衛護是人，皆使解脫一切苦難；諸有願求，悉令滿足。或有疾厄求度脫者，亦應讀誦此經，以五色縷結我名字，得如願已，然後解結。」

叉，與藥師佛的十二神將無涉，不應混為一談；所以不於文中論述。

宮毘羅，也譯作金毘羅；伐折羅，也譯作和耆羅；迷企羅，也譯作彌伽羅；安底羅，或譯安陀羅；頞儞羅，或譯摩尼羅；珊底羅，或譯宗藍羅；因達羅，或譯因陀羅；波夷羅，或譯婆耶羅；摩虎羅，或譯摩休羅；真達羅，或譯真陀羅；招杜羅，或譯照頭羅；毘羯羅，或譯毘伽羅。

十二藥叉神將原與十二生肖，並無相關連的跡象可尋，但唐時的一行和尚卻認為十二藥叉即是十二生肖，也是道教十二支神和佛教十二佛菩薩的化身；於是把它們相配繫在一起。一行和尚《十二神將詮集》（《覺禪鈔》卷第三〈藥師法〉，《大正藏．圖像部四》，頁415、435引；又，《成菩提集》卷第四之三〈十二神〉，《大正新修大藏經．圖像部八》，頁728，亦引此書。今參校兩書，錄之於下）：

北　金毘羅者，是微明，即亥神，彌勒菩薩。

西　和耆羅者，是河魁，即戌神，得大勢菩薩。

西　彌伽羅者，是從魁，即酉神，阿彌陀佛。

西　安陀羅者，是傳送，即申神，觀世音菩薩。

南　摩尼羅者，是小吉，即未神，摩利支天菩薩。

南　宗藍羅者，是勝先，即午神，虛空藏菩薩。

南　因陀羅者，是太一，即巳神，地藏菩薩。

東　婆耶羅者，是天罡，即辰神，文殊菩薩。

東　摩休羅者，是大衝，即卯神，藥師佛。

東　真陀羅者，是功曹，即寅神，普賢菩薩。

北　照頭羅者，是大吉，即丑神，金剛手菩薩。

北　毘伽羅者，是神后，即子神，釋迦如來。

微明、河魁、從魁、傳送、小吉、勝先、太一、天罡、大衡、功曹、大吉、神后，是十二神之名。以十二神、十二支及方位相配，在漢代栻中已如此。而十二神名、十二支都是中國所產，非關印度，抄襲之跡，自不待言。又，佛教十二藥叉係由中國十二獸演變而來，我們由《大正新修大藏經．圖像部七》所錄十二神的圖像甚多，而神像的服飾都是唐人裝扮，也可以窺知一二。見附圖一〇、一一。

四、宋．施護《十二緣生祥瑞經》中的十二因緣與十二獸

宋．施護《十二緣生祥瑞經》卷下：

爾時世尊說是法已，告諸大眾：「若復有人審諦觀察十二緣生，了達善惡憂喜得失，應畫轉輪圖，寫分明。謂從無明，乃至老死。月日分位，次第羅列，鼠牛虎兔龍蛇馬羊猴雞犬豕，十二相狀，本形輪轉，次第為人解說。」時諸大眾，聞佛所說，踊躍歡喜，信受奉行。

此經將十二因緣和十二支、十二獸相配，並用來說明各支日得

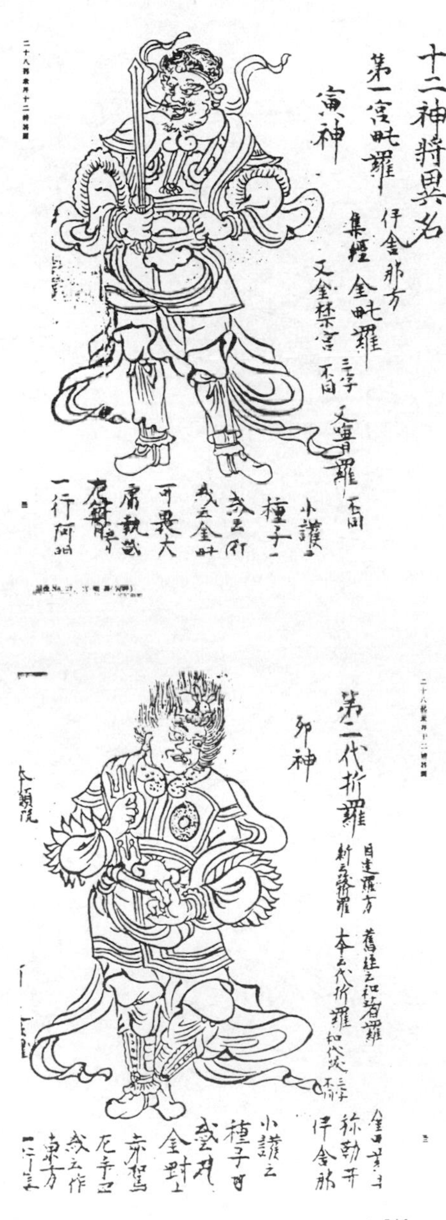

圖一〇　藥叉十二神將（《大正新修大藏經・圖像部七・二十八部眾并十二神將圖》）

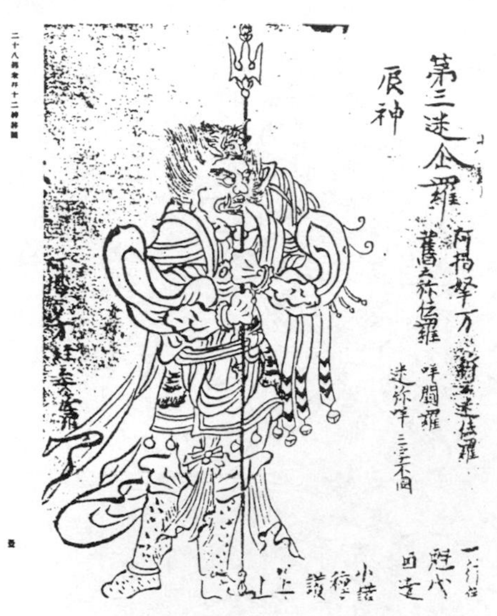

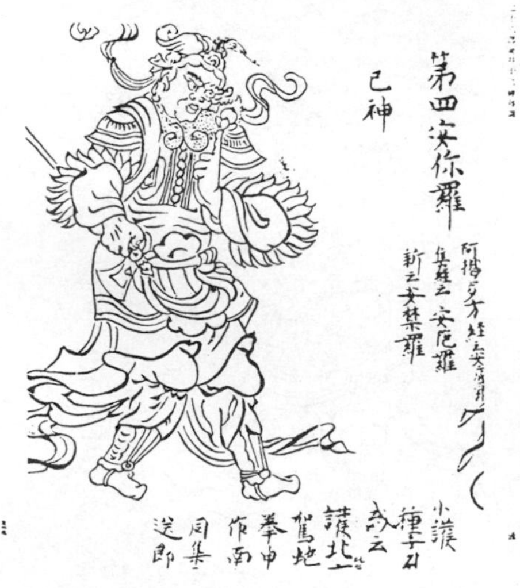

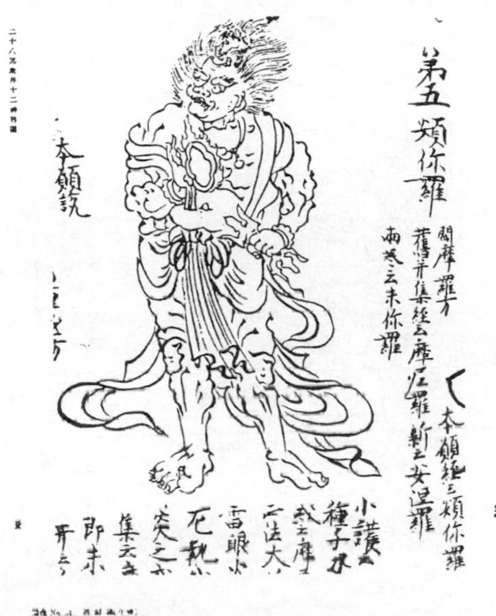

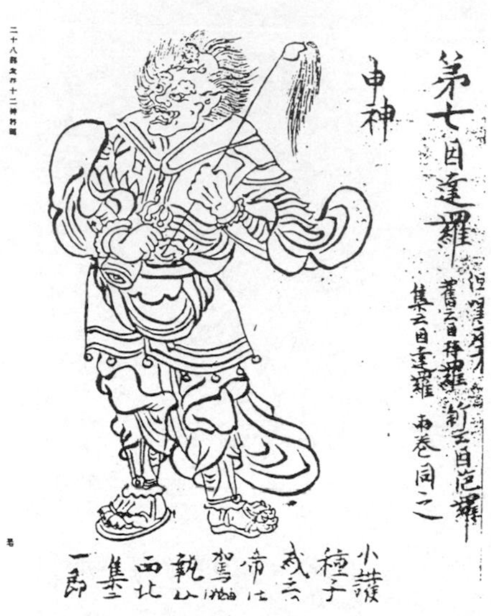

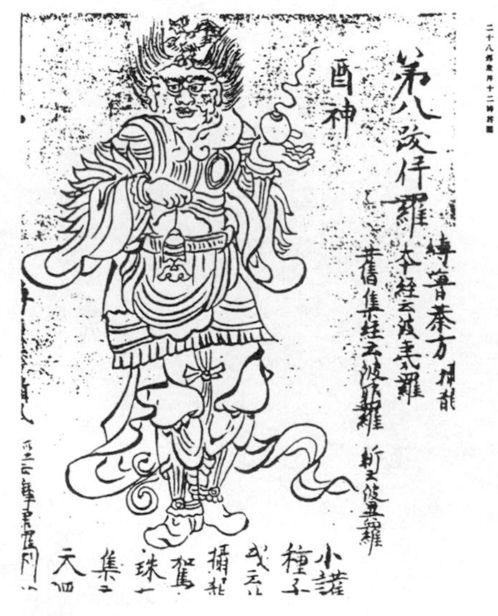

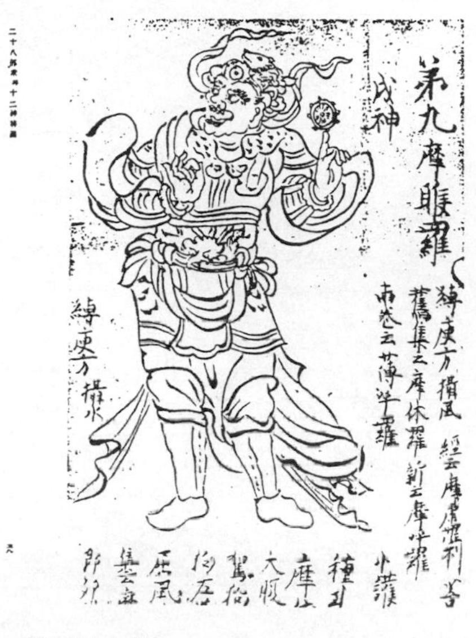

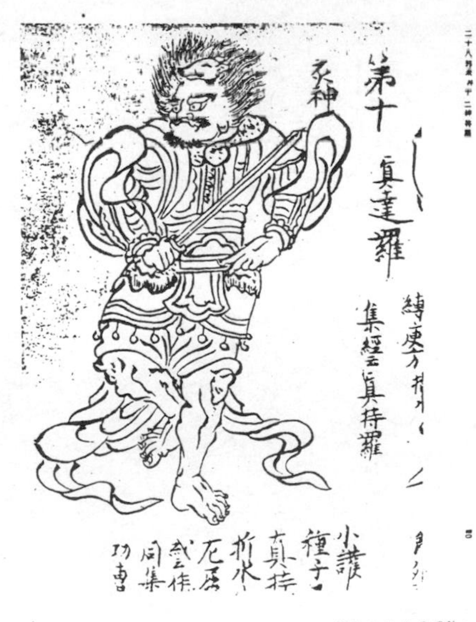

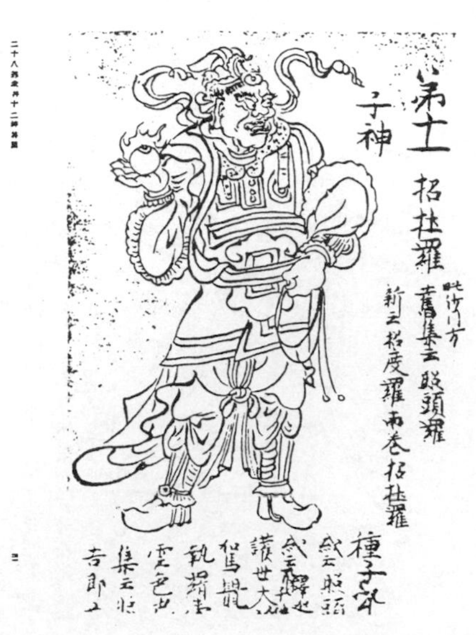

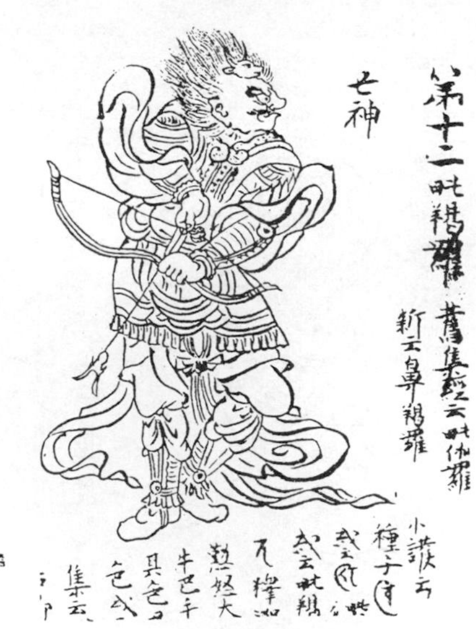

圖一一　藥叉十二神將（《大正新修大藏經・圖像部七・醍醐本藥師十二神將圖下》）

赤
赤
赤
赤
青
申神

病、遠行、出生、壽夭等吉凶占測。受中國星占擇日說的影響，是極為顯然的，而卻假借佛說出之，佛經中像這類的經典甚多，不足深議。今略舉其文，以見一斑；如卷上云：

> 六入日病，於第三日四日有難，第十夜差。觸日得病，第三日難，第八日起，恆患長命。受日得病，第五日難，第九日，十箇月患。……觸日東行，財物散失；南行，安樂；西方行時，諍訟驚怖；北方速回，增長財利。

佛教十二因緣為：無明、行、識、名色、六入、觸、受、愛、取、有、生、老死。十二因緣原在說明有情眾生三世輪迴生死的因與果；和十二支、十二月毫無相干；此經則將其與十二支及十二月相配繫，用來說明吉凶禍福；其相配情形如後圖。

《十二緣生祥瑞經》卷下

＊西天＊譯經三藏朝散大夫試鴻臚
少卿傳法大師＊臣施護奉　詔譯

法云。有支順轉。積日逆流黑白月餘。如經廣說

第四節　結語

中國早期以十二地支來代表一年十二個月、一日十二時辰；並用十二支來記日、來表示方位。十二支的出現極早，在近世出土的殷商甲骨片中，已出現用它來記日。十天干十二地支，後來相配合使用，成為六十甲子，也用來記年記日。干，是幹的意思；支，是枝葉。天幹地枝，是說它們是萬物的根本。後來把這些記日用的干

支加以人格化了，認為應該也有神祇來管理它，於是天干上有甲乙神的出現；而十二地支，則衍生為十二生肖、十二神。

又，由於十二支和天文曆日有極密切的關係，所以早期擇日用的栻中，就把它和天上的二十八宿、北極星等相結合，構成了栻中的天盤。更由於栻的使用，使得十二支由記日的名詞，轉化為與人民生活息息相關，指導人民趨吉避凶的神祇。

又，十二獸雖由十二支衍化而來，但何以會用鼠、牛、虎、兔、龍、蛇、馬、羊、猴、雞、狗、豬等這十二獸來做為代表，而不用其他動物，它的次第又是如何排定的呢？則歷來學者說法紛歧，且大都莫明所以。如有人說十二獸是人們常接觸的動物，而有的則說是十二個部族的圖騰；有人則說十二獸的次第是由賽跑的先後次第決定的等等，不一而足。其實由西元 1975 年在湖南雲夢縣睡虎地十一號戰國時秦墓出土的甲種《日書》中所出現十二獸和十二支相配的記載看來，《日書》中所說的十二獸是鼠、牛、虎、兔、龍、蛇、鹿、馬、猿、雉、羊、豕，與後世略異；可見今日所見十二獸，是經逐漸演化而後定型的；其先後次第則可能是由該獸代表十二支中的何支來決定的；代表子的獸，自然排在丑之前了。至於何以用鼠來代表子，用牛代表丑等等，則學者語多猜測，不可取；今略舉一說於下：

王逵《蠡海集》云：

子為陰極，幽潛隱晦，鼠藏跡，以鼠配之。丑為陰，俯而慈愛，牛舐犢，以牛配之。寅為三陽，陽勝則暴，虎性暴，以虎配之。卯為日之門戶，兔一竅，舐雄毛則孕，感而不交，故以兔配之。辰巳陽起而變化，龍為盛，蛇次之；龍蛇乃變化之物，故以龍蛇配之。午為陽極，顯明剛健，馬快行，以馬配之。未為陽，仰而秉體，羊跪乳，以羊配之。申為三陰，陰勝則黠，猴性黠，以猴配之。酉為月之門戶，雞一竅，合踏而無形，交而不感，故以雞配之。戌亥陰斂而持守，狗為盛，豬次之，故以狗豬配之。

文中所說兔舐雄毛而孕，雞交而不感，多是臆測不實之言，古人說十二生肖者，多類此，不多舉。大抵十二生肖是逐漸演變而形成的；硬以現有的生肖來解釋相配屬的原因，必多牽強。又，至於十二支所代表的意義，則《史記．律書》以十二律配十二支、十天干、八風、二十八宿等。並說明相互間所含有的意義。文云：

十月也，律中應鍾。應鍾者，陽氣之應不用事也。其於十二子為亥。亥者，該也；言陽氣藏於下，故該也。廣莫風，居北方。廣莫者，言陽氣在下，陰莫陽廣大也，故曰廣莫。東至於虛；虛者，能實能虛，言陽氣冬則宛藏於虛；日冬至，則一陰下藏，一陽上舒，故曰虛。東至于須女；言萬物變動其所，陰陽氣未相離，尚相如胥也，故曰須女。

十一月也，律中黃鍾。黃鍾者，陽氣踵黃泉而出也。其於十二子為子。子者，滋也；滋者，言萬物滋於下也。其於十母為壬癸。壬之為言任也。言陽氣任養萬物於下也。癸之為言揆也。言萬物可揆度，故曰癸。東至牽牛；牽牛者，言陽氣牽引萬物出之也。牛者，冒也。言地雖凍，能冒而生也。牛者，耕植種萬物也。東至於建星；建星者，建諸生也。

十二月也，律中大呂。大呂者，其於十二子為丑。丑者，紐也；言陽氣在上未降，萬物厄紐未敢出也。條風居東北，主出萬物。條之言條治萬物而出之，故曰條風。南至於箕；箕者，言萬物根棋，故曰箕。

正月也，律中泰蔟。泰蔟者，言萬物蔟生也。故曰泰蔟。其於十二子為寅。寅，言萬物始生螾然也，故曰寅。南至於尾；言萬物始生如尾也。南至於心，言萬物始生有華心也。南至於房；房者，言萬物門戶也。至於門，則出矣。明庶風，居東方。明庶者，明眾物盡出也。

二月也，律中夾鍾。夾鍾者，言陰陽相夾廁也。其於十二子為卯。卯之為言茂也，言萬物茂也。其於十母為甲乙。甲者，言萬物剖符甲而出也。乙者，言萬物生軋軋也。南至於氐；氐者，言萬物皆至也。南至於亢；亢者，言萬物亢見也。南至于角；角者，言萬物皆有枝格如角也。

三月也，律中姑洗。姑洗者，言萬物洗生，其於十二子為辰。辰者，言萬物之蜄也。清明風，居東南維，主風吹萬物而西之。軫；軫者，言萬物益大而軫軫然。西至於翼；翼者，言萬物皆有羽翼也。

四月也，律中中呂。中呂者，言萬物盡旅而西行也。其於十二子為巳。巳者，言陽氣之已盡也。西至于七星；七星者，陽數成於七，故曰七星。西至于張；張者，言萬物皆張也。西至於注；注者，言萬物之始衰，陽氣下注，故曰注。

五月也，律中蕤賓。蕤賓者，言陰氣幼少，故曰蕤。痿陽不用事，故曰賓。景風，居南方；景者，言陽氣道竟，故曰景風。其於十二子為午。午者，陰陽交，故曰午；其於十母為丙丁。丙者，言陽道著明，故曰丙；丁者，言萬物之丁壯也，故曰丁。西至於弧；弧者，言萬物之吳落且就死也。西至于狼；狼者，言萬物可度量斷萬物，故曰狼。涼風，居西南維，主地。地者，沈奪萬物氣也。

六月也，律中林鍾。林鍾者，言萬物就死氣林林然。其於十二子為未。未者，言萬物皆成，有滋味也。北至於罰；罰者，言萬物氣奪可伐也。北至於參；參，言萬物可參也，故曰參。

七月也，律中夷則。夷則，言陰氣之賊萬物也。其於十二子為申。申者，言陰用事申賊萬物，故曰申。北至於濁（畢）；濁者，觸也。言萬物皆觸死也，故曰濁。北至於留（昴）；留者，言陽氣之稽留也，故曰留。

八月也，律中南呂。南呂者，言陽氣之旅入藏也。其於十二子為酉。酉者，萬物之老也，故曰酉。閶闔風居西方。閶者，倡也。闔者，藏也。言陽氣道萬物，闔黃泉也。其於十母為庚辛。庚者，言陰氣庚萬物，故曰庚。辛者，言萬物之辛生，故曰辛。北至於胃。胃者，言陽氣就藏皆胃胃也。北至於婁。婁者，呼萬物且內之也。北至於奎。奎者，主毒螫殺萬物也，奎而藏之。九月也，律中無射。無射者，陰氣盛用事，陽氣無餘也，故曰無射。其於十二子為戌。戌者，言萬物盡滅，故曰戌。

《史記．律書》以十月為始來論述，是因為漢初承秦制，都是以建亥之月（農曆十月）來做為歲首的緣故。文中把十二地支，稱為十二子；十天干，稱為十母。其解釋十二支之含義為：「子者，滋也；言萬物滋於下。」「丑者，紐也；言陽氣在上未降，萬物厄紐未敢出也。」「寅，言萬物始生螾然也。」「卯之為言茂也，言萬物茂也。」「辰者，言萬物之蜄也。」「巳者，言陽氣之已盡也。」「午者，陰陽交，故曰午。」「未者，言萬物皆成，有滋味也。」「申者，言陰用事申賊萬物。」「酉者，萬物之老也。」「戌者，言萬物盡滅。」「亥者，該也；言陽氣藏於下。」《史記．律書》是以一年中天地萬物蟄藏、生長、收藏等情形來解釋十二地支。

又，十二支被人格化後，後來便出現了不少十二生肖的獸頭人身神像，這類神像在歷代中都迭有出土，可以看出這種信仰已深入民間，成為民俗的一部分。《稽神錄》（《太平廣記》卷四百一〈豫章人〉條）：

> 天復中，豫章有人治舍。掘地，得一木匱，發之，得金人十二頭（尊）。各長數寸，皆古衣冠，首戴十二辰屬，款刻精麗，殆非人功。其家寶祠之，因以致福。時兵革未定，遂為戍將劫取之，後不知所終。

天復為唐昭宗年號，共四年，從西元 901～904 年。文中所出土的十二個頭戴十二生肖的金質神像，身上所著衣冠為古衣冠，可見是距唐較遠的朝代所製造的，作者才會以「古衣冠」稱之。而臺灣國立歷史博物館收藏了兩組獸頭人身十二生肖塑像，其一屬東漢，一屬唐代。不僅在古代，十二生肖之圖或塑像，在今日也常可看到；時人喜歡收藏或戴飾與自己生肖有關的圖、塑像等物，以為是吉祥，是自己的護身符。

又，十二獸既是由十二支演化而來的；那麼十二獸的開始出現，又是始於何時呢？以典籍所見來說，《左傳．僖公五年》：「龍尾伏辰。」《春秋經．襄公二十三年》：「陳殺其大夫慶虎及慶寅。」而《呂氏春秋．達鬱》：「周鼎著鼠，令馬履之，為其不陽也。不陽者，亡國之俗也。」《詩經．小雅．吉日》：「吉日庚午，既差我馬。」《詩經》、《左傳》、《呂氏春秋》的文句中，龍辰、虎寅、午馬、子鼠的搭配，已隱約可看出十二獸配十二支之說的存在；而西元 1975 年在湖南雲夢縣睡虎地十一號戰國時秦墓所出土的甲種《日書》，則直接提供了周世已有十二獸、十二支相配的有力證據。

在周世，十二獸不僅與十二支相配，同時由近世甘肅天水放馬灘戰國晚期一號秦墓出土的甲乙種《日書》中，得知戰國時十二支已與建除十二客相結合，用來做為擇日之用，說明行事的所宜所忌。

又，將十二獸十二支及天文曆象，轉變為實際應用於民生事務者，則為「栻」。栻的被用來占測吉日良時，可能周世已存在；見諸典籍者，為《周禮，春官．大史》：「大師，抱天時與大師同車。」這種由上下兩片，上圓下方，代表天與地的栻盤，自漢後，便成為占卜天時，決斷吉凶的重要工具。

道教沿承周秦兩漢十二獸、十二支、二十八宿相配之說，踵事增華，發展成六壬課法。並且把十二獸推衍為三十六獸；把十二神復加添了十二將。六壬法，其實是漢代栻占的延伸。

十二獸自戰國以後，便盛行於漢魏六朝各代，成為中土民俗的一部分；佛教傳入後，竊取十二獸之說，用來傳教。北涼．曇無讖《大方等大集經》中，即把中土的十二獸與東西南北等方位相配，說成是佛教中修習小乘佛法的修行者，並說他們成道後，便依照不同時日，輪流出來教化同類。其後隋．智顗《摩訶止觀》卷八下，則把十二獸當做是一日十二時辰中，出來擾亂修行人的精物。文中，智顗採用了道教六壬占法中的三十六獸及《抱朴子·登涉》所說呼名以消時媚之法，來消除禪坐時走火入魔的幻境。到了唐代，湛然大師《止觀輔行傳弘決》卷八之三，繼承了智者對十二獸媚亂修行人的說法，並加以疏注。

又，佛教《藥師琉璃光如來本願功德經》中所說的十二藥叉神將，原與十二生肖並無任何關連，但唐時的一行和尚卻認為十二藥叉即是十二生肖，也是道教十二時神和佛教十二佛菩薩的化身；於是一行把東西南北等方位，和十二藥叉、十二神、十二支、十二佛菩薩等相結合在一起，用來做為祈福、除病、消災之用。

到了宋朝，施護《十二緣生祥瑞經》，更把佛教的十二因緣與中土的十二獸、十二支相配，用來說明時日吉凶貴賤，以做為行事宜忌向背的抉擇。

佛經中的十二獸、十二支、十二神、三十六獸之名，及吉凶占斷方式，都是出自中土，其抄襲之跡是至為顯然的。

第六章

道教中元節對佛教《盂蘭盆經》及目連傳說的影響

第一節　序言

中元普渡，對中國人來說，是一個源遠流長的民俗。道、佛兩教，都把這天，當做是普渡亡魂的日子。這種雷同，並不是中印雙方的習俗恰好如此，而是佛道二教相互模仿、相互影響的結果。這個節日的源始，究起因，則是起自道教的禳災救贖行為；佛教東傳後，逐漸漢化，並仿照中元節，而有了盂蘭盆節。

中元，是指農曆七月十五日，道教稱之為中元節，原與佛教無關，也與印土風習無關。佛教入中土，為了傳教，逐漸吸收中土風習與名相，用以融入佛經；有的甚或直接採取中土風習而偽撰成經，用以招徠信眾。佛教的重視中元節，便是如此心態下產生的，而其開始，則肇自西晉．竺法護所譯的《佛說盂蘭盆經》。這本經書，據其內涵來析述，應是竺法護採道教習俗儀軌，所偽撰出來的經典。今略說於下：

道經以農曆正月十五日為上元，七月十五日為中元，十月十五日為下元。上元一品天官紫微大帝，中元二品地官清虛大帝，下元三品水官洞陰大帝；此三官大帝各在三元日檢校人鬼功過善惡；而其中，天官賜福，地官赦罪，水官解厄。東漢．張道陵《旨教妙經》說應在三元節日「沐浴齋戒，作元都大獻，祈恩謝過」（宋．賈善翔《猶龍傳．卷五．度漢天師》引）。有關三官之說，詳見《太上洞玄靈寶三元玉京玄都大獻經》、《元始天尊說三官寶號經》、《三官燈儀》、《太上洞玄靈寶三元品戒功德輕重經》等經。上元、中元、下元這三元日，到後來成為道教重要的三大節日。而在三官中，尤其以地官主司赦罪，和我們對先祖亡靈的救贖有極大的關係。道經說在中元節這天，以百味飲食、奇珍異物，作玄都大獻，呈獻於道教大羅天中玉京山眾聖，可以救贖先祖亡靈；所以中元節的救贖法會，常伴隨著祭祖而進行。

至於印度，它的曆法係沿襲希臘，和中土不同，且將一月區分為黑白月，無所謂七月十五；再者，印度不強調孝；不主張家族因果論❶；而《佛說盂蘭盆經》卻一再強調孝；並模仿六朝道經之說，

---

❶佛教強調自業自受，與中國所說「積善之家有餘慶」及道教「殃及七祖」「福流子孫」的家族因果說，看法不同。關於這點，近人湯用彤《漢魏兩晉南北朝佛教史》第一分第五章〈太平經與佛教〉，曾談到道教《太平經》和佛教的不同，湯氏以為《太平經》倡「承負」說，所謂「承負」，即是祖宗所作的善惡業，都能影響於子孫；先人流惡，子孫即受承負之災。湯氏以為承負和佛教的因果說頗類似；兩者的不同點在於承負的報應流及後世，而佛家的

主張救贖七世父母眷屬；且選定在印度人所不談的陰曆七月十五日來舉行盂蘭盆法會。再者，佛教重自業自救，而此經則強調借他力來救贖；又，此經與唐初所記道教中元節誦唸的道經，內容相近；這些在在都說明竺法護此經出自偽撰，且是受道教影響而寫成的。不僅經文是偽撰，甚至經中目連救母的故事，也是法護所杜撰。清．俞正燮《癸巳類稿》卷十四〈道笑論〉有一段文字，論述佛教抄襲道教中元節之事，頗能與筆者之說相印證，今錄之於下：

> 道教中元施食，事由元都大會。釋家自論博叉（月也），不合中憲日月，乃言七月十五，目連面然，別生典故，覼施小利，便

報應則流及後身。換句話說，佛教是自作自受，而道教則自作由後代子孫來受。湯氏之說頗具創意；但湯氏以為《太平經》承負說，可能受佛教影響，則疏於考證，《太平經》的承負觀念，在中國早已存在，且為國人的普遍信仰；《易經．坤卦．文言》：「積善之家必有餘慶。」及《史記．陳丞相世家》陳平自認多陰謀，後代子孫不昌；都可看出這是中土舊有的觀念，且此說既與佛教不同，便不能說受佛教影響。

又，關於中印間的這種差異，日人福永光司也注意到了，他在〈道教と佛教〉一文中（文刊《東洋學術研究》卷二十七別冊特集，西元 1988 年 11 月 20 日發行），曾談到東晉郗超〈奉法要〉一文；郗氏為虔誠佛徒，文中郗氏引佛教《泥洹經》：「父作不善，子不代受。子作不善，父亦不受。善自獲福，惡自受殃。」駁斥道教殃及七祖說。福永則借郗氏之事，說明佛道兩者觀念上的差別。

背佛憲。後又傳訛，婆那作盆，倒懸為盎（見《一切經音義》）。襲用中元，明是道士餘談。盆混婆那，豈非室如懸磬，觚卻不觚，釋將非釋，良可笑也。

由於《佛說盂蘭盆經》說，在七月十五日這天，以百味食品放在盂蘭盆中，用以供僧，救贖先祖亡魂，因而佛徒也就把這天稱之為盂蘭盆節。又，佛徒雖把這天當做他們的節日，然而依舊無法袪除道教中元節的陰影，世人稱這天為中元節者多，稱盂蘭盆節者少，即是顯證。

《佛說盂蘭盆經》原是偽撰，但由於經中談到目連救母故事，較能吸引一般凡庶心理，且所說的救母事蹟，深能發揚中國孝道思想，所以到了宋以後，中元法會上，便逐漸取代了原先的道教經典，而普遍被人民採用來做為救贖亡魂的依據了。再者竺法護所杜撰的目連救母故事，到了唐代，被取用來當做講唱文學——變文的重要題材。今日敦煌出土唐寫卷與目連救母有關的變文，便有三種之多。目連救母的故事後來又演變為喧唱的寶卷，以及用人來扮演的戲劇。在宋朝，中元節目連救母雜劇的搬演，已成為人們爭睹的重要戲碼。其後有些地方，甚且把目連救母戲劇中破地獄的情節，直接拿來當救贖亡魂的儀式；用人來扮演，也用木偶來演。同時救贖薦亡的目連劇，也不一定限定在七月十五日演出。凡是有人新亡或久喪，家屬在經濟能力許可下，都可以請人來做法事，搬演目連救母故事，帶領死者破關過橋，超渡升天等等。目連救母的故事，除了變成民間耳熟能詳的劇曲外，也成了民間超薦亡魂的重要術儀。現將《佛說盂蘭盆經》和道教的關係、歷代中元法會的情形，及目連故事的流變等，分述於下：

第二節　道教中元節

中元節，原是祭拜道教地官清虛大帝的日子。地官在道教諸神中，主司赦罪。天官、地官、水官三官大帝的信仰，早在東漢時，已見諸記載。至於道經中，關於三官名號職司，《元始天尊說三官寶號經》（《正統道藏．洞真部．本文類．宿字號》）所記較簡要，文云：

> 上元一品，賜福天官，紫微大帝；中元二品，赦罪地官，清虛大帝；下元三品，解厄水官，洞陰大帝。

三官的信仰，起於東漢，中元節為道教重要日子；而在如此重要的節日中，由漢魏六朝至唐，道教中元節法會所用來誦唸，以求消災救贖的經典，究為何經呢？此事史無明文記載，或許曾有記載，而因唐宋時集結的《道藏》，被元朝帝室所焚燬；明正統年間，雖以國家力量來加以補修，然已有許多道經，經此焚燒而缺佚，造成了文獻缺略，考證困難。但所幸唐初人所編撰的類書中，仍見引用，雖是節錄，也可以據此而略作探索了。

唐初高祖李淵下令歐陽詢等人編修的《藝文類聚》和玄宗下令徐堅等編修的《初學記》，兩者都談到道經中有關中元普渡的情形，並引到了道教中元節誦唸的道經。這可能是目前所知道，最早在中元節用來誦唸的道教經典了，所以彌足珍貴。歐陽詢和徐堅兩人，皆引自同一本道經，文字稍有詳略，而《初學記》較佳，今錄《初學記》卷四〈歲時部下．七月十五日〉之文於下：

> 道經云：七月十五日，中元之日。地官校勾，搜選眾人，分別善惡。諸天聖眾，普詣宮中，簡定劫數，人鬼傳錄。餓鬼囚徒，一時俱集，以其日作玄都大獻於玉京山。採諸花果，世間所有奇異物，玩弄、服飾、幡幢、寶蓋，莊嚴供養之具，清膳飲食，百味芬芳，獻諸眾聖，及與道士。於其日夜講誦是經。十方大聖，齊詠靈篇。囚徒餓鬼，當時解脫，一切俱飽滿，免於眾苦，得還人中。若非如斯，難可拔贖。

唐初的歐陽詢和徐堅所引到的道經，乃是節錄；兩人同樣僅說「道經」，而卻不說出詳細的經名，這是因為道經的名稱，常是極長的緣故。筆者根據所引述的文字，再去翻查《正統道藏》，很慶幸的發現此經現仍被保存在《道藏》中，尚未亡佚。其正式名稱為《太上洞玄靈寶三元玉京玄都大獻經》（《正統道藏．洞玄部．本文類．

服字號》)，在《道藏》本中，附有註釋，但未說明何人所註；由於此經極為重要，謹將其全文轉錄於下：

元始天尊與太上道君、十方大聖、飛天神王、七千二百四十童子，俱在西那玉國，鬱察之山，浮羅之嶽，長桑林中。敷黃金薦地，白玉緣階，七寶琳琅，光明煥日。黃雲四纏，紫霞三匝，香光纏嗇，衝溢虛空。又更紫氣輕霞，縈盤三匝，靈風扇動，香氣氤氳，鬱溢虛空，而為供養。天鈞大樂，奇雅妙音，萬種互作。天尊含笑，五色光明，從口中出，徹照諸天。爾時眾聖俱在一處，普見十方無極世界地獄之中，囚徒、謫役、餓鬼、死魂，裸身無衣，頸腳鎖械，足立劍樹，頭戴火山。大小相牽，五體爛壞，頭面燋燎，鑊湯煮漬，萬痛切身。金鎚亂拷，食息無閑。飢即食炭，渴飲火精。流曳三塗五苦之中。道君稽首上白天尊：「未審此輩罪人，生世之日，行何罪業？作何因緣？受斯楚痛。伏願天尊，賜垂訓勵，告所未聞。如蒙開悟，仰受聖恩。」天尊告曰：「斯罪人也，皆由前緣。不見明教，不聞法音，慳貪無度，殺害無辜，口是心非，禁繫賢人，飲酒食肉，禍亂五神。罵詈咒詛，叫喚神明，欺師罔道，穢慢三光，篡君殺父，侵暴宗親。心懷諂曲，不念眾生，潛行竊盜，噴嗃無端，割奪功德，以饒一身，不肯布施，散乞貧人，今受斯苦，以酬宿怨。」天尊以次而說偈言：

篡殺於君父	殺害無辜人。	死受金鎚打	鐵杖不去身。
乘間入他家	掠奪人財物。	死魂墮幽獄	萬劫不得出。
奢婬好細滑	穢慢於三光。	死魂受幽閉	後生並癡狂。
凶横作口舌	鬥亂於宗親。	死受鎔銅灌	後身恆吹人。
食噉於眾生	飲酒亂五神。	死受鑊湯煮	鐵杖不去身。
噴嗃虛為實	欺誘頑益己。	死受拔舌報	後生不得語。
欺師不信道	叫喚於神明。	流曳三塗中	後生六畜身。
讒謗擊賢人	諂曲作無端。	死墮毒獸螫	輾轉無一歡。
減割功德物	以縱慳貪心。	死魂為餓鬼	飢渴飲火精。
侮慢於耆德	不敬有道人。	後生為下賤	報處六畜形。

天尊說此偈已，太上道君前進作禮，上白天尊：「今日欣會，慶亦難言。天尊垂盼，賜告罪根。未審斯等罪人，皆有眷屬見在親羅，為當即身更無後嗣？」天尊告曰：「雖有男女，種前業根，不修功德，不作因緣，何由可免？輾轉增篤，沈淪罪田，億劫辛苦，無由得還。眾惡備履，望反綿綿。」道君稽首又問：「天尊！作何因緣，得離眾苦？行何福業，得還人中？」天尊告曰：「斯等罪人，造罪既多，非是一類。若欲救拔，亦難可周，非一人力得以濟免，當依玄都大獻法。七月十五日，中元之辰，地官校戒，擢選眾人，分別善惡，諸天大聖，普詣宮中，簡定劫數，人鬼簿錄；餓鬼、囚徒，一時俱集。以其日夜，燒香燃燈，照耀諸天，九幽長夜，八門之中，作玄都大獻，倣玉

京山，採諸花果，依以五色。世間所有眾奇異物，道具名珍，綾文錦綺，翫弄服飾，十絕旛幢，寶蓋莊嚴，供養之具；餚善飲食，百味芬芳，獻諸眾聖及道士等。於其日夜，講說是經；十方大聖，齊詠靈篇。囚徒餓鬼，當得解脫，一俱飽滿，免於眾苦，得還人中。自非如斯，難可拔贖。於是十方及道士等，感此至言，為之誦詠，上通九億，下徹六天地獄，罪人一時解脫。吾過去後，東善非極，西惡非深。苦縣君子，當之大秦。上皇之後，三萬六千年，此劫數盡，天地將壞，人人塗炭。華文競興，姦訛彌熕。朴散淳澆，邪偽紛葩。無極世世（界），男女之人，性習慳貪，死為餓鬼，飢其魂神，授食不得，變為埃塵。浩劫辛苦，塗炭沈淪，輾轉五道，以報昔怨。今故相告，宜遵之焉。來生男女，當自翹勤，勤情勵己，勿為罪由也。」

爾時太上道君得聞命旨，稽首作禮而說偈言：

前生有緣會　今得見天尊。　先說今劫已　復告後劫愆。
勤行修至道　勿與有為怨。　貪欲成大患　嗔癡為禍源。
斷除煩惱障　三業自清閑。　邪魔不能亂　豈遭地獄艱。
遊涉琳瑯苑　高步七寶園。　逍遙恣無欲　稽首禮天尊。

爾時十方眾聖，得聞天尊妙法拔度之因，聞所未聞，悟所未悟，遂乃同聲讚善，歡喜奉行。太上道君、十方大聖，說偈頌已。天尊告曰：「三元齋日，皆須講說是經。勤修禮拜，六時行道。香湯潔己，過中不味。內外恬夷，淡泊無為。不交人事，先授十戒。靜心閉意，思神念真，想存在法。」爾時眾聖，一時稽首，請奉戒文。天尊告曰：「第一戒者，不得殺生，淫祀六天神鬼。第二戒者，不得竊盜為非，取他財物。第三戒者，不得愛樂美色，嫉妒非法。第四戒者，不得妄言綺語，以為口過。第五戒者，不得耽酒沈醎，縱橫無度。第六戒者，不得嘖嗃自是，欺謗兆人。第七戒者，不得欺師罔道，損棄聖典。第八戒者，不得嗔恚四輩，訕謗道士。第九戒者，不得貪覓過度，損物益己。第十戒者，不得觸罵宗親，不敬耆老。此十戒者，身之大患。犯之者，風刀萬劫，恆值惡緣。善心信敬，開導後人。勤行諦聽，受勿忘言。行之如法，生不犯過，死無拘閉。天降雲軿，自然得道。」

太上道君稽首禮曰：「三元齋法，中元之旨，前已具聞，未審上下二元，依何法式？」天尊告曰：「此三元齋，三錄定簡，靈寶要文。正月十五者，此為上元天官檢勾；十月十五日者，此為下元水官檢勾。此者，所攝不同。今所陳說，七月十五日作玄都大獻者，此乃總管上下二元，故以相告，宜遵之焉。中元教戒之日，玄都大獻之晨，常須建福修齋，行道講經，供養三寶，拔度亡靈。既此一時，地獄囚徒，咸蒙福祐。遵則享祚，洩則禍臻。」太上道君、十方大聖、飛天神王、七千二百四十童子，聞是說已，一時歡喜，作禮而去。

以上是該經全文，依據此經所說，七月十五日中元節，是地官檢校人世善惡，傳錄人鬼的日子；能在這天的晚上，燒香燃燈，以珍奇服玩及果品百味，獻於玉京山眾聖，並以飲食百味供養道士，日夜講誦該經，則可借眾聖之力，免除人世過惡及地獄苦。玉京山，是三清大羅天境中最主要的山；人世的聖山為崑崙山，而三清境的聖山則是玉京山。玄都，據該經的註釋，是大羅天中的宮名。眾聖，是指大羅天境的仙聖。這是唐初時所看到中元節誦唸道經救贖的情形，當時所誦唸的，即是這本道經。這本經既見載於唐高祖時所敕修的類書，則此經必是六朝舊物。應是六朝中元節時用來誦唸的道經。關於這本經的來源，唐．玄嶷《甄正論》卷下云：

> 自唐以來，即有益州道士黎興、澧州道士方長，共造《海空經》十卷；道士李榮又造《洗浴經》以對《溫室》；道士劉無待又造《大獻經》以擬《盂蘭盆》，并造《九幽經》將類罪福報應。（《大正新修大藏經》第五十二冊頁 569 下）

玄嶷以為《大獻經》為唐道士劉無待所造，但如以唐初歐陽詢等人編修的《藝文類聚》所言看來，《大獻經》在唐高祖前應已存在，僧人玄嶷《甄正論》之說應是誣指。又，《洞玄靈寶三洞奉道科戒營始．卷五．上清大洞真經目》（《正統道藏．太平部．儀字號》）載錄了《上清三元齋儀》；而《洞玄靈寶三洞奉道科戒營始．卷四．

靈寶中盟經目》亦載錄了多種與三元相關之經典，如《上清太上中元檢仙真籙》、《上清太上下元檢地玉籙》等，足證中元祀典在六朝時已盛行。且張陵《旨要妙經》一卷說：「三元齋日者，正月十五日上元、七月十五日中元、十月十五日下元，此三元日，天地水三官考校罪福，皆當沐浴齋戒，作元都大獻，祈恩謝過。」文中提到「元都大獻」，可見元都大獻在東漢．張陵時已存在，只是當時誦念的道經，是否即是《太上洞玄靈寶三元玉京玄都大獻經》，或是此經的前身經典，則難以確知。

《猶龍傳．卷五．度漢天師》頁3、45云：

> 老君又授天師歲六齋、月十齋大法，皆披《靈寶五篇經》自然天書大字為《旨要妙經》一卷，令宣教天下，其要曰：正月、三月、五月、七月、九月、十一月者，歲六齋也。上三天令天帝太一使者與三官，司察天下人之罪福，……又有三元齋日者，正月十五日上元、七月十五日中元、十月十五日下元，此三元日，天地水三官考校罪福，皆當沐浴齋戒，作元都大獻，祈恩謝過。又三會日，以正月七日名舉遷賞會，七月七日名慶生中會，十月十五日名建功大會。此三會日，三官考覈功過，受符籙、契令、經法者，宜依日齋戒，呈章賞會，以祈景福。又五臘日者，正月一日名天臘，五月五日名地臘，七月七日名道德臘，十月一日名民歲臘，十二月臘日名王侯臘。此五臘日，常

> 當祭祀先亡，薦福追念，名為孝子，得福無量。餘日名淫祀，有罪。通前三元，名為八解日，皆可設淨供求福焉。夫齋法要絕甘、肥、辛、葷、酒、色、陰、賊、嫉妬及一切惡事，唯宜燒香燃燈，誦經禮懺，願諸一切，悉免災厄，乃為齋矣。(《正統道藏・洞神部・譜錄類・敬字號》，新文豐縮印本第三十冊頁243下至頁244下)

以上《猶龍傳》引到東漢．張陵所撰《旨要妙經》，文中載述「此三元日，天地水三官考校罪福，皆當沐浴齋戒，作元都大獻，祈恩謝過」。可見七月十五元都大獻，在漢代已存在。當時亦必有誦讀之經書本子。

又，道經中談到中元節獻珍寶服飾於玉京山，而唐．楊炯〈盂蘭盆賦〉也談到當時宮中供祀時擺設玉京仙境，陳設珍玩情形。文云：

> 陳法供，飾盂蘭。壯神功之妙物，何造化之多端。青蓮吐而非夏，赬果搖而不寒。銅鐵鉛錫，璆琳琅玕。映以甘泉之玉樹，冠以承露之金盤。憲章三極，儀形萬類。上寥廓兮法天，下安貞兮象地。殫怪力，窮神異。少君王子，掣曳兮若來；玉女瑤姬，翩還兮必至。鳴鸕鷀與鸑鷟，舞鵷雛與翡翠。毒龍怒兮赫然，狂象奔兮沈醉。怖魍魎，潛魑魅。離婁明目，不足見其精

微；匠石洗心，不足徵其奧祕。繽繽紛紛，氤氤氳氳，五色成文，若榮光休氣，發彩於重雲。蒨蒨粲粲，煥煥爛爛，三光壯觀，若合璧連珠，耿曜於長漢。夫其遠也，天台嶫起，繞之以赤霞。夫其近也，削成孤峙，覆之以蓮花。晃兮瑤臺之帝室，赩兮金闕之仙家。

楊炯所述的唐代中元祭儀，拿來與類書所引該日誦唸的道經內容相印證，可以說是相吻合的。又，吾人將道經《太上洞玄靈寶三元玉京玄都大獻經》，再拿來和竺法護所撰《佛說盂蘭盆經》相比，不難看出兩者有頗多相似處。其共同點，是皆在此日供養高僧仙聖，及同藉由眾力來挽救地獄鬼魂。因此，法護《佛說盂蘭盆經》疑是抄襲此經而來。又，此經依其內容看，已有受佛教影響處，或許此經的撰成年代未必早於法護的《佛說盂蘭盆經》，然由《正統道藏》所收中元節有關的道經，都與消災救贖有關看來，救贖亡魂之說，乃道教中元特色，佛經重自業自救，不談救贖先人亡魂，且東漢．張陵《指教經》（《旨要妙經》）已有在上元、中元、下元節日作元都大獻之說，其時應已有中元普渡的道經。如此，則竺法護如不是抄襲此經，亦將是抄襲比此經早的其他中元元都大獻道經而來。

中元節的道經，今日《正統道藏》所收者，尚有多本。如《太上靈寶中元地官消愆滅罪懺》、《三官燈儀》、《元始天尊說三官寶號經》等。這些經也都與赦罪消災有關，如《太上靈寶中元地官消愆滅罪懺》云：「惟宜率斂淨財，十家五家，同心併力，市易香油，建置道場，虔請高行道士，明達經典者，禮轉中元一百二十天尊名號……一切生死報對，悉皆消滅，幽關重閉，並受光明；苦爽窮魂，隨念往生。」今再舉《三官燈儀》中，與中元燈儀相關之部分（《正統道藏．洞真部．威儀類．為字號》）：

……今辰某慶逢吉旦，節屆上中下元，當三官考校之辰，乃九天賜福之會。所以齋戒身心，精崇淨供。華燈遍照於層霄，銀燭交輝於星漢。紅蓮萬朵，齊開於三五之期；醁酒三斟，供獻於百千之聖。沈檀芬馥，遙達於金闕之天；僊範吟哦，速徹於玉清之界。輒伸丹悃，仰叩洪禧。法眾虔誠，讚揚功德。信禮無上大羅天長生保命護身天尊。……臣眾等志心歸命中元二品七炁赦罪地官清虛大帝、一切神仙諸靈官。伏聞太陽殿上，仰大道之清虛；洞陰闕中，瞻元君而洞耀。五岳八紘之類，會校錄於慶生。九幽三府之流，願闕宣而赦罪。矧茲下土，實仰元恩。今辰某澡滌塵襟，虔遵聖範。仰洞靈而設像，建淨宇以陳儀。志心歸命中元二品赦罪地官清虛大帝。伏願啟耀流光，歆誠矚懇。削愆尤於動植，得遂生成；施善利於飛潛，咸臻寧晏。至仁廣度，品物蒙庥。稽道皈依，虔誠讚詠。信禮高上洞空宮七炁赦罪地官。

中元赦罪　　主帝元君　　靈真大聖　　社稷之神

滋生萬物　長養下民　祛除妖怪　掃蕩邪氛
乘雲跨虎　遊行乾坤　保安家國　內外咸寧
蠲消九橫　馘滅五瘟　流祥賜福　與道合真
……
諷經　宣疏　回向

《三官燈儀》文字優美，以駢文形式寫成，疑是六朝或唐時的作品。經中所說中元燈儀，在祭壇上設地官聖像、燈燭、沈檀、紅蓮、酒。並且在諷經後，有宣疏及回向，向地官祈請，把功德回向給某人。

上面所引中元節的這些道經，都是在救贖亡魂，與地官赦罪的職司相符。救贖七世、九世父母亡魂，乃六朝道經常見之語，和中國帝王的設立七廟有關，實與佛經中所見的佛教思想無關。法護之經，應是偽撰無疑。

又，清．顧張思《土風錄》在敘述盂蘭盆目連救母時，自注云：「《臞仙運化樞》以為丁令威救母。」丁令威是道教的仙人，晉．陶潛《搜神後記》卷一云：「丁令威，本遼東人，學道於靈虛山，後化鶴歸遼東，集城門華表柱，時有少年舉弓欲射之，鶴乃飛，徘徊空中而言曰：『有鳥有鳥丁令威，去家千年今始歸，城郭如故人民非，何不學仙塚纍纍。』遂高上沖天。今遼東諸丁云其先世有升仙者，但不知名字耳。」則法護的目連傳說也可能是據道經中元節的儀俗及丁令威的傳說，綜匯演變而來。然而也可能丁令威救母的傳說，是仿照目連救母故事。但不管如何，法護依道教中元節地官檢校人鬼，信徒設供救贖，則應可確定；說詳本文第三節。

又，唐前道教中元節所誦唸的道經，後來所以不見流行，可能和道經中沒有像《佛說盂蘭盆經》所述目連救母的故事情節來吸引人有關。這可以由後來目連故事的大量衍變，以及《佛說盂蘭盆經》被俗稱為《目連經》看出來。因此到了宋時的中元節，據孟元老《東京夢華錄》所說，民間便只印賣《目連經》了。

道教中元節的情形已明，底下再來敘述《佛說盂蘭盆經》的真偽，及道教中元節對佛教的影響。

第三節　《佛說盂蘭盆經》的真偽

西晉．竺法護譯《佛說盂蘭盆經》一卷，為佛教七月十五日盂蘭盆法會救渡亡魂所依據的主要經典，影響後代至深且鉅。此經也簡稱為《盂蘭盆經》，據唐．宗密撰《盂蘭盆經疏》所說，原來同經異譯者，共有三種：一是西晉武帝時，竺法護譯，名為《盂蘭盆經》；一是西晉惠帝時，法矩譯，名為《灌臘經》；一為另一經師所譯，名為《報恩經》。宗密疏云：

此經總有三譯：一、晉武帝時剎法師翻，云《盂蘭盆經》。二、惠帝時法矩法師譯，云《灌臘經》；應以文云：「具飯百味、五果、汲灌、盆器、香油、挺燭」等故。三、舊本別錄又有一師翻，云《報恩經》；約所行之行而立名故。

宗密所說的刹法師，即是竺法護；法護梵名為竺曇摩羅刹，簡稱刹法師。而宗密所說另師所譯的《報恩經》，當即是《大正新修大藏經》所收的東晉．失名譯《佛說報恩奉盆經》，此經內容與法護譯者相同，而較簡短；至於第二種譯本，法矩所譯者，今則已佚。現將佛藏中保存此經異譯及相關的科儀、注疏等情形，約略敘述於下：

△西晉．竺法護譯《佛說盂蘭盆經》一卷；現收錄於《大正新修大藏經》冊十六。

△東晉．失名譯《佛說報恩奉盆經》一卷；現收於《大正新修大藏經》冊十六。

△唐．宗密疏《盂蘭盆經疏》二卷；現收錄於《卍續藏經》冊三十五。

△敦煌寫卷伯 2269 號《盂蘭盆經讚述》。

△唐．宗密疏、宋．元照記《盂蘭盆經疏新記》二卷；收於《卍續藏經》冊三十五。

△敦煌寫卷伯 2269 號《盂蘭盆經讚述》，殘卷，首缺。

△宋．元照重集《蘭盆獻供儀》一卷；收於《卍續藏經》冊一百三十。

△宋．遇榮鈔《盂蘭盆經疏孝衡鈔》二卷，前附科文、壇式各

一卷；收於《卍續藏經》冊九十四。

△宋．日新錄《盂蘭盆經疏鈔餘義》一卷；收於《卍續藏經》冊九十四。

△宋．善觀述《盂蘭盆經疏會古通今記》二卷；收於《卍續藏經》冊三十五。

△明．智旭疏《盂蘭盆經新疏》一卷；收於《卍續藏經》冊三十五。

△清．靈耀撰《盂蘭盆經疏折中疏》一卷；收於《卍續藏經》冊三十五。

△清．元奇撰《盂蘭盆經略疏》一卷；收於《卍續藏經》冊三十五。

上述所列的經典，《佛說報恩奉盆經》是《佛說盂蘭盆經》的異譯，其餘則是此經的科儀、注疏。而在所有的注疏中，則以唐．宗密所注，最具影響力。宗密多引中土《孝經》及儒家經典所言者，來疏注此經。至於科儀方面，宋．元照及遇榮所寫者較詳盡。

《佛說盂蘭盆經》，經文簡短，敘述目連救母事蹟。盂蘭盆，據宗密的解釋，「盂蘭」是西域語，中土譯語為「倒懸」；「盆」為中土之音。「盂蘭盆」，是指用來拯救倒懸的盆子。目連，也稱摩訶目揵連，或大目揵連，或大目乾連，都是譯音。此經的內容是說：

釋迦牟尼佛的弟子大目乾連，初得六神通，以道眼觀看世間，看到自己的母親墜落在餓鬼道中，「不見飲食，皮骨連立」，目連以缽盛飯餉母，但食物未入口即化為炭火，不能得食。目連悲號啼泣，向佛祈請，釋迦牟尼佛告訴目連，必須在七月十五日，以百味飲食、人世甘美者，盛放於盂蘭盆中，並具備燈燭、香油、床具、汲灌等，用以供養得道眾僧；而佛告敕受施之僧侶，則須先咒願施主七世父母及現在父母而後受食。而藉此施僧功德，能使已亡者解脫三途苦，即時升天，現存者則得福樂百年。佛並告眾人，應年年的七月十五日，作盂蘭盆施佛及僧，以報七世父母及現世父母恩。

以上是經文大意；由於此經文文字短小，為方便於文後探討此經之真偽，今將《佛說盂蘭盆經》全文引錄於下：

> 聞如是，一時佛在舍衛國祇樹給孤獨園，大目乾連始得六通，欲度父母，報乳哺之恩。即以道眼觀視世間，見其亡母生餓鬼中，不見飲食，皮骨連立。目連悲哀，即缽盛飯，往餉其母。母得缽飯，便以左手障飯，右手摶飯。食未入口，化成火炭，遂不得食。目連大叫，悲號啼泣，馳還白佛，具陳如此。
>
> 佛言：「汝母罪根深結，非汝一人力所奈何。汝雖孝順，聲動天地。天神、地神、邪魔、外道、道士、四天王神，亦不能奈何。當須十方眾僧威神之力，乃得解脫。吾今當為汝說救濟之法，令一切難皆離，憂苦罪障消除。」
>
> 佛告目連：「十方眾僧於七月十五日僧自恣時，當為七世父母及現在父母厄難中者，具飯百味、五果、汲灌、盆器、香油、錠

燭（燈燭）、床敷、臥具；盡世甘美以著盆中，供養十方大德眾僧。當此之日，一切聖眾，或在山間禪定，或得四道果，或樹下經行；或六通自在，教化聲聞緣覺；或十地菩薩大人，權現比丘，在大眾中；皆同一心，受鉢和羅飯。具清淨戒，聖眾之道，其德汪洋。其有供養此等自恣僧者，現在父母、七世父母、六種親屬，得出三途之苦，應時解脫，衣食自然。若復有人父母現在者，福樂百年；若已亡、七世父母生天，自在化生，入天華光，受無量快樂。」時佛敕十方眾僧：「皆先為施主家咒願七世父母，行禪定意，然後受食。初受盆時，先安在佛塔前，眾僧咒願竟，便自受食。」

爾時目連比丘，及此大會大菩薩眾，皆大歡喜；而目連悲啼泣聲，釋然除滅。是時目連其母，即於是日得脫一劫餓鬼之苦。

爾時目連復白佛言：「弟子所生父母，得蒙三寶功德之力，眾僧威神之力故；若未來世，一切佛弟子行孝順者，亦應奉此盂蘭盆，救度現在父母，乃至七世父母，為可爾不？」

佛言：「大善快問！我正欲說，汝今復問。善男子，若有比丘、比丘尼、國王、太子、王子、大臣、宰相、三公、百官、萬民庶人，行孝慈者，皆應為所生現在父母，過去七世父母，於七月十五日，佛歡喜日，僧自恣日，以百味飲食安盂蘭盆中，施十方自恣僧，乞願便使現在父母壽命百年、無病、無一切苦惱之患，乃至七世父母離餓鬼苦，得生天人中，福樂無極。」

佛告諸善男子、善女人：「是佛弟子修孝順者，應念念中常憶父母供養，乃至七世父母。年年七月十五日，常以孝順慈憶所生父母，乃至七世父母，為作盂蘭盆施佛及僧，以報父母長養慈愛之恩。若一切佛弟子，應當奉持是法。」爾時目連比丘、四輩弟子，聞佛所說，歡喜奉行。

竺法護所譯的這本經，文字雖然短小，而影響後世卻極為深遠。但若據經中文字來看，則可疑處甚多，所言多中土信仰與習俗，且多道教儀法，非印度佛教之說；顯然此經是竺法護所偽撰，而非傳自印土。今分項論述其偽。

一、中印曆法不同，道佛節慶互異

七月十五日，乃中土曆法，非印度所用。七月十五為道教節日與佛教無關。

中土是以夏曆來記算時日，夏曆一般也稱為陰陽曆，或農曆，在曆法中，以地球繞太陽一周，為一年的曆法，稱為陽曆。而以月亮圓缺的周期，即以月亮繞地球一周稱為一月的曆法，則稱為陰曆。陰曆一年共有 354 天，而陽曆的一年則為 365 又 1/4 天。兩者一年相差約 11 又 1/4 天。每隔三年，則相差約一個月以上的時間。中土的曆法，是據月亮的圓缺為主，然後再以每隔三年閏一個月的方式，來補足陰陽曆所差的日數，所以是偏向於陰曆，而屬於陰陽合曆。

印度曆法，承自希臘，與西方相同，是以太陽曆為主。又，印度人把一個月，分為黑白月，黑月十四或十五日，白月十五日。每月的一日至十五日，稱為白月；十六至三十日稱為黑月。同時是黑月在前，白月在後；黑白月相合為一月。唐．玄奘《大唐西域記》卷二，談到印度的曆日云：

> 六時合成一日一夜；夜三，晝三。居俗日夜分為八時，晝四，夜四；於一一時，各有四分。月盈至滿，謂之白分；月虧至晦，謂之黑分；黑分或十四日，或十五日，月有小大故也。黑前白後，合為一月。六月合為一行；日遊在內，北行也；日遊在外，南行也。總此二行，合為一歲。

又，唐．不空譯《文殊師利菩薩及諸仙所說吉凶時日善惡宿曜經》卷上〈宿曜曆經序黑白月分品第六〉云：

> 凡月有黑白兩分；從一日至十五日為白月分，從十六日至三十日為黑月分。每月白月一日、三日、五日、七日、十日、十一日、十三日；黑月一日、三日、五日、七日、十日、十一日、十三日，所向皆成就，名為吉祥日。又，白月四日夜、八日晝、十一日夜、十五日晝；黑月三日夜、七日晝、十日夜、十四日晝，為凶惡時，所作不成就。

同經卷下云：

> 西國每一月，分為白黑兩分。入月一日至十五日，為白月分。（自注云：「以其光生漸明白之謂也。」）入月十六日至三十日，為黑月分。（自注云：「以其光漸減黑之謂也。」）

印人既把一月分為白黑月兩分；那麼七月十五日，正確的說法便應說為七月白月十五日，否則會與七月黑月十五日相混。如隋·那連提耶舍譯《大方等大集經》卷四十二〈日藏分中星宿品〉便以「九月黑月一日」、「白月一日」，「十月黑月一日」、「白月一日」等來稱呼各月的日子。且印人既以太陽曆為主，那麼陽曆的七月十五日也與中土者不同，不應按照農曆七月十五日來舉行。況且《文殊師利菩薩及諸仙所說吉凶時日善惡宿曜經》說白月十五日晝是凶惡時，所作不成就，那麼更不應該用這天來作法會，行救贖了。以七月十五日來修法會，顯然是受道教影響而來。七月十五日，為道教的中元節，是祈求地官消災滅罪的日子。是道教的重要日子，與佛教無涉。

二、道重家族佛重個人，救贖方式各異，救贖七世父母和中土帝王立七廟有關

七世父母的救贖，係道教常見科儀；佛教講個人輪迴，不談家

族救贖。尤其七祖或九玄七祖之說，出自中國宗廟制度，和佛教完全無涉。道經承襲中土重孝思想，致力於救贖九玄七祖。九玄指由自己往下算的後九代，即子、孫、曾、玄、來、昆、仍、雲、耳；七祖指自己以上的七世祖，即父、祖、曾、高、太、玄、顯。這些是中土過度家族化所形成的稱呼法，印土無此說。然《佛說盂蘭盆經》卻多次言及以眾僧力救贖七世父母，顯與佛教經義的自力自救說相違；且救贖七世祖，應和中土天子立七廟、九廟有關。中國自周朝以來，即為先祖立廟，所立的廟數，或說七，或說九，《元史·卷七十四·祭祀三·宗廟上》在元主入主中國後，大臣曾討論立七廟和九廟的問題，錄之於下：

> （至元）十四年八月乙丑，詔建太廟於大都。博士言：「古者廟制率都宮別殿，西漢亦各立廟，東都以中興崇儉，故七室同堂，後世遂不能革。」十五年五月九日，太常卿還自上都，為議廟制……一曰都宮別殿，七廟、九廟之制。《祭法》曰：「天子立七廟，三昭三穆與太祖之廟而七，諸侯、大夫、士降殺以兩。」晉博士孫毓以謂外為都宮，內各有寢廟，別有門垣。太祖在北，左昭右穆，以次而南是也。前廟後寢者，以象人君之居，前有朝而後有寢也。廟以藏主，以四時祭；寢有衣冠幾杖象生之具，以薦新物。天子太祖百世不遷，宗亦百世不遷，高祖以上，親盡則遞遷。昭常為昭，穆常為穆，同為都宮，則昭常在左，穆

常在右，而外有以不失其序。一世自為一廟，則昭不見穆，穆不見昭，而內有以各全其尊，必祫享而會於太祖之廟，然後序其尊卑之次。蓋父子異宮，祖禰異廟，所以盡事亡如事存之義。然漢儒論七廟、九廟之數，其說有二。韋玄成等以謂周之所以七廟者，以后稷始封，文王、武王受命而王，是以三廟不毀，與親廟四而七也。如劉歆之說，則周自武王克商，以后稷為太祖，即增立高圉、亞圉二廟於公叔、太王、王季、文王二昭二穆之上，已為七廟矣。至懿王時始立文世室於三穆之上，至孝王時始立武世室於三昭之上，是為九廟矣。然先儒多是劉歆之說。

古來帝王立廟有七廟和九廟之說，所以道教談救贖，自然就有九玄七祖都須要救贖的問題存在。

因果輪迴之說，創自印度婆羅門教，而佛教沿襲其說。佛教傳入中土後，又把印度的輪迴觀念帶到了中國。輪迴說雖起自印度，傳自佛教；但小乘佛教的四諦、十二因緣，都只在談論個人如何領悟人世的苦難無常；由厭離而證聖，都僅重視在個人的救贖和解脫。再者，佛教談因緣果報，並把這觀念運用在家庭中父母與子女的關係上，於是父母與子女，僅是善緣或孽緣的組合，緣起則聚，緣散則滅，彼此間並無禍福榮辱與共的緊密關係；因此《泥洹經》說：「父作不善，子不代受。子作不善，父亦不受。善自獲福，惡自受殃。」(《弘明集》卷十三郗超《奉法要》引）也因此，有人把家庭中夫婦子女的組合，比喻成前世相虧欠，今生來償還。生到好子女，是他前輩子欠我們的；生到壞子女，則是我們欠他的。《聊齋誌異》卷十三〈四十千〉所述的故事，最容易看出佛教的這種觀念，茲錄於下：

> 新城王大司馬有主計僕，家稱素封。忽夢一人奔入曰：「汝欠四十千，今宜還矣。」問之，不答，徑入內去。既醒，妻產男，知為夙孽，遂以四十千捆置一室。凡兒衣食病藥，皆取給焉。過三四歲，視室中錢僅存七百，適乳姥抱兒至，調笑於側，因呼之曰：「四十千將盡，汝宜行矣。」言已，兒忽顏色蹙變，項折目張，再撫之，氣已絕矣。乃以餘資治葬具而瘞之。此可為負欠者戒也。昔有老而無子者，問諸高僧，僧曰：「汝不欠人者，人又不欠汝者，烏得子？」蓋生佳兒，所以報我之緣；生頑兒，所以取我之債。生者勿喜，死者必悲也。

佛教的這種觀念，和中國的傳統思想相違。在中國，自古即非常重視個人與家庭的關係。不僅認為個人是家庭的一分子，更進而甚且把整個家庭看成一個大個體。以為家中父母善惡行為，所帶來的禍福結果，會影響子女；反之，子女也可以榮辱父母。《易經．坤卦．文言》:「積善之家必有餘慶，積不善之家必有餘殃。」《史記．

陳丞相世家》:「始陳平曰:『我多陰謀,是道家之所禁。吾世即廢,亦已矣。終不能復起,以吾多陰禍也。』」郗超《奉法要》:「古人云:『兵家之興,不過三世。』陳平亦云:『我多陰謀,子孫不昌。』引以為教。」這些都說明了,中國人認為前世祖先的善行,可以使後世子孫蒙福;惡行則使子孫蒙禍;這個觀念再加上先秦人死為鬼,無人祭祀則成厲,會作祟於人;於是而有祭享先祖、救贖先祖之說法產生。所表現出來的,如道教所常言的,救贖七世祖、九世祖之說;堪輿家也認為祖墳會影響後代子孫的好壞;這些都是由於自古以來,中國人把整個家庭的善惡,當做一個整體來看待的結果。又,七世祖、九世祖的救贖,和中土帝王的立七廟、九廟有關,在道經中幾已成為常見的術語了。道教在傳經上、在修道上、在齋醮上,都可看到救贖七祖九祖之語。見諸傳經規戒上者,如《太真玉帝四極明科經》卷一云:

有科者之身,記功明善,深慎奉行,依盟寶祕,不得輕傳。泄露靈篇,九祖父母,充無窮之役,負山運石,填積夜之河,吞火啖炭,萬劫不原,身死幽泉。

《洞真太上說智慧消魔真經》:

七百年內聽三傳,先誓盟畢而行之。不盟而視,七世獲考於三陰水官。

《靈寶無量度人上品妙經》：

有祕上天文，諸天共所崇，泄慢墮地獄，禍及七祖翁。

《洞真太上神虎隱文》：

有泄於神虎文，禍遘於九宗；有漏於金虎真符，災逮於七祖。

以上是傳經方面的科戒，處處顯示後世子孫行惡，可以累及先祖。又，《上清大洞真經》卷一〈太微小童章〉云：

玉經慧朗，通萬神；為我致真，命長存。拔度七祖反胎仙，制鍊百神一炁全。

同經卷二〈泥丸上一赤子章〉：

令七祖父母長得安寧，解脫宿罪，共登上清。

《元始無量度人上品妙經》卷一：

嚴校諸天，普告三界無極神鄉、泉曲之府、北都羅酆、三官九署、十二河源；上解祖考億劫種親，疾除罪簿，落滅惡根，不得拘留，逼合鬼群。

《洞真上清開天三圖七星移度經》卷下第七：

高上玉皇帝君，乞丐原除我七祖以來，下及某身所行陰惡無道，殺生婬慢，妒害正法，千條萬犯，陽罪陰過，名奏北帝者，並乞丐除散。消滅罪名，斷落死根，度人天關，得在東華，書字玉篇，七祖父母，反胎南仙。

此是修道不僅己身得利，也可以使七祖升天，免地獄苦。而特地以齋醮救渡亡魂者，則更為常見，如《太上慈悲九幽拔罪懺》卷八〈救酆都地獄苦品第一〉：

懺主某，已過去者九祖七玄，三世父母，伯叔兄弟及諸眷屬，或處幽閉受罪苦者，願乘懺力、功德力、難思力，早證解脫，登無為道。

《太上靈寶上元天官消愆滅罪懺》卷上：

度脱九玄七祖，上生天堂，身得成真，安閒自在。

《太上洞淵神咒齋懺謝儀》第十六：

願以是功德，歸流其家存亡二代。七玄眷屬，並得免離幽夜，出處光明。上即輪化昇仙中；中得遊神淨土；下即反生人間侯王之門。

《無上黃籙大齋立成儀》卷二十四〈九幽神燈儀．洞靈無上天尊〉：

向來然燈功德，上明三界，下煥九幽。睹此光明，同霑福力。即使火山息焰，冰池靜波。吞火食炭，化為甘露，金槌鐵杖，變成蓮花。若存若亡，俱登道果。九幽地獄，無量罪魂，或是九祖七玄，或是先亡後逝，或識不識，若冤若親，墮此獄中，受諸罪報。或先親作業，或七世為非，或三業六情，或十惡五逆……願睹光明，萬罪消釋。乘功德力，託化人天，禮覲天尊，聞經悟法，諸惡永息，眾善遵行，世世生生當歸正道。

從上面所舉的這些經籍，可以看出道教對七祖九祖的救贖，不僅出現在專門為救渡亡魂的齋醮上，甚至修道、傳經也都會提到他們，並以他們來做為個人功過的獎懲。可見個人和家庭的成員，尤其是直系血親，是一體不可分的。而《無上黃籙大齋立成儀》卷二十四〈九幽神燈儀．洞靈無上天尊〉:「或先親作業，或七世為非，或三業六情，或十惡五逆。」等語，更可表現出道教認為先祖所作的善惡業，會影響今生的後代子孫。

綜合以上所說，救贖先祖的觀念，當是中土及道教所有，道經中救贖七世、九世先祖父母之說，在六朝時極為常見。印土既無此俗，而《佛說盂蘭盆經》中，言及救贖七世祖先者，短短經文中，竟達將近十次之多，如:「當為七世父母及現在父母厄難中者，具飯百味、五果。」「若復有人父母現在者，福樂百年；若已亡、七世父母生天，自在化生、入天華光，受無量快樂。」「咒願七世父母」「救度現在父母，乃至七世父母。」「行孝慈者，皆應為所生現在父母，過去七世父母，於七月十五日，佛歡喜日，僧自恣日，以百味飲食安盂蘭盆中，施十方自恣僧，乞願便使現在父母壽命百年、無病、無一切苦惱之患，乃至七世父母離餓鬼苦，得生天人中，福樂無極。」「應念念中常憶父母供養，乃至七世父母。年年七月十五日，常以孝順慈憶所生父母，乃至七世父母，為作盂蘭盆施佛及僧，以報父母長養慈愛之恩。」這些救贖七世父母的說法，當皆是沿承道教而來。

三、孝親觀念為中土特色；印土並不強調孝

《孝經．五刑章》:「五刑之屬三千，而罪莫大於不孝。」《孝

經・感應章》:「孝悌之至，通於神明，光於四海，無所不通。」此即中國自古以來，所認為罪莫大於不孝，孝可以感動天地神明的由來。孝成為中土文化的特色，有別於其他各國。

印度和西域的大宛、大夏及西南夷相近，在西漢時已出現在中國史籍中。西域各國民風與漢相異。漢代即常以孝親來譏詆匈奴及西域各國，並以此來自貴而賤他，認為蠻夷不知孝親，接近禽獸。《史記・匈奴列傳》云:「苟利所在，不知禮義。自君王以下，咸食畜肉，衣其皮革，被旃裘。壯者食肥美，老者食其餘；貴壯健，賤老弱。父死，妻其後母，兄弟皆收其妻妻之。其俗有名不諱，而無姓字。」印度，古稱天竺國，在《史記・西南夷列傳》及〈大宛列傳〉中稱為「身毒」，說它和大夏、大宛等國民俗相近，《史記・大宛列傳》云:「身毒，在大夏東南，可數千里，其俗土著，大與大夏同，而卑溼暑熱，其人民乘象以戰，其國臨大水焉。」這些西域各國，在漢朝人的眼中，是貴壯賤老，不知禮樂的化外之民。且既是貴壯賤老，便不會如中土的敬老尊老，倡行孝道。而此經不僅倡導子女對父母的孝，且說目連「孝順聲動天地」，說法與《孝經・感應章》相同，而與印土的習俗相違。由此而言，佛經中以孝為宗旨，大力倡導報父母恩之說的經典，如東漢・安世高譯《佛說父母恩難報經》、西晉・失名譯《佛說孝子經》等等，當皆是入中土後，為適合中土民俗所偽造的。筆者在某次會議上，曾聽饒宗頤教授談到他在印度住過，也說當地人並沒有像中土所說的「孝」的觀念。

四、此經有貶抑道士語，應出道教救贖後

《佛說盂蘭盆經》云:「天神、地神、邪魔、外道、道士、四天王神，亦不能奈何。」言下之意，要從地獄中拯救目連的母親，縱使道士也無能為力。頗有貶損，以為甚至連道士的中元法會，也不能救贖墜入地獄的先祖亡魂；顯然此經撰於道教七月中元節救亡魂之後，所以才會貶抑道士以自高。

五、此經內容與道教中元日誦唸的道經相近

竺法護所譯《佛說盂蘭盆經》的內容，和唐·歐陽詢《藝文類聚》、徐堅《初學記》所引道教中元日誦唸的道經《太上洞玄靈寶三元玉京玄都大獻經》內容相似，兩者皆藉由該日的法會獻祭、供養，用來超薦亡魂。兩者之別，只是一在獻祭玉京山，供養仙聖；一在獻供佛及高僧；如此不同而已。關於這點，本文第二節中已談到，不再細論。佛教是強調自業自救的宗教，此處卻大談藉由他力來拯救，實是自相矛盾。

六、此經供僧眾借以薦拔，仿自漢世三張之飯賢消災

《佛說盂蘭盆經》所言供養眾僧，借由眾僧力以薦亡救贖之說，疑係由東漢三張設廚飯賢演變而來。飯賢之法，在漢魏六朝一直盛行不已，道經《要修科儀戒律鈔》卷十二引《太真科》:「家有疾厄，

公私設廚，名曰『飯賢』。可請清賢道士上中下十人、二十四人、三十人、五十人、百人；不可不滿十人，不足為福。賢者廉潔，亦能不食，食亦不多；服餌漿藥，不須厚饌，是世人所重，獻之，崇有道耳。此時應須立壇，先三日清齋，後三日言功，賢人身中多神，故饒之。德重，故厚之。食以飽為度。味以適為期。供食一如齋食，不得葷穢，犯者五刑論。」而《老君音誦誡經》所言設廚會之時機甚多，有求福請願，有為病者救度，有信眾犯律自解，有為亡人「遷度魂靈」，「五祖七世父母，前亡後死免離苦難」等等；並云：「老君曰：『廚會之上齋七日，中齋三日，下齋先宿一日。齋法素飯菜，一日食米三升，斷房室、五辛、生菜、諸肉盡斷，勤修善行，不出由行，不經喪穢、新產，欲就會時，向香火八拜，使大德精進之人在坐首。』」因而借由飯賢以求消災薦亡，乃是漢魏六朝道教的普遍信仰，而竺法護的供僧薦亡，亦應是取自道教之信仰而來。

七、小乘經典無此經，印度無此俗

印度無七月十五盂蘭盆的習俗，流行於小乘國家之經典亦無《盂蘭盆經》，亦無中元薦拔習俗。大乘經典是西元二世紀（東漢）以後所撰造出來的經典，大都雜取印度、西域文化及中土文化所形成，距離釋迦時代（春秋）已極遙遠，與釋迦說毫無相關。

八、小乘經無目連救母，目連救母是由〈優多羅母墮餓鬼緣〉所衍生出來的

小乘經中無目連母墮地獄事，西晉．竺法護目連救母故事，是由吳．支謙譯《撰集百緣經》卷五〈優多羅母墮餓鬼緣〉所衍變而來，該品敘述優多羅母生前慳惜不布施，死後墮餓鬼道，優多羅出家後得羅漢果，供佛及僧，使其母脫離惡道，茲引錄於下。

吳．支謙譯《撰集百緣經．卷五．餓鬼品第五．優多羅母墮餓鬼緣》：

（優多羅母生前慳惜不供養沙門）於其後時，母便命終，墮餓鬼中，兒便出家，懃加精進，得阿羅漢果，在河岸邊窟中坐禪，有一餓鬼，其口乾燋，飢渴熱惱，來詣兒所，語比丘言：「我是汝母。」比丘怪言：「母生存時，常好布施，方今云何返墮餓鬼，受斯報耶？」餓鬼答言：「以我慳貪，不能供養沙門、婆羅門，以是之故，受餓鬼身，二十年中，未嘗得食及以漿水。設我向河及以泉池，水為至竭；若向果樹，樹為乾枯，我今飢渴熱惱所逼，不可具陳。」比丘問言：「何緣致是？」餓鬼答言：「我雖布施，心常慳惜，於諸沙門、婆羅門所，無恭敬心，橫加罵辱，今受是報。汝今若能為我設供，施佛及僧，為我懺悔，我必當得脫餓鬼身。」時兒比丘聞是語已，甚懷憐愍，即便勸

化，辦設餚膳，請佛及僧，供養訖竟，時彼餓鬼，即現其身在於會中，發露懺悔，爾時世尊為此餓鬼種種說法，心懷慚愧，即於其夜，便就命終，更受身形，墮飛行餓鬼中……時兒比丘聞是語已，復更勸化，辦具飲食，并諸床褥，施四方僧，供養訖竟，於是餓鬼復更現身在大眾前，尋更懺悔，即於其夜，取其命終，生忉利天。……佛說是優多羅緣時，諸比丘等捨離慳貪，厭惡生死，有得須陀洹果者、斯陀含者、阿那含者、阿羅漢者、有發辟支佛心者、有發無上菩提心者。爾時諸比丘，聞佛所說，歡喜奉行。❷

《撰集百緣經》所言老婦慳吝不布施，墮餓鬼等惡道中，經由其子供養釋迦及眾僧而得解脫；其故事又見於梁．僧旻、寶唱撰《經律異相．卷十九．珍重沙門母為餓鬼以方便救濟十八》引《優多羅母經》；但餓鬼所說解脫方法略有不同，後者說是「以瓶盛水，楊枝著中，以法服覆，上比丘僧，令飯具供養，舉吾名咒願之，令得衣食」（《大正藏》五十三冊頁 107 中、下）。這個故事看似救贖。實者，《大正藏》第四冊所收吳．支謙譯《撰集百緣經》、後漢．支婁迦讖譯《雜譬經》、失名譯《雜譬喻經》、吳．康僧會譯《舊雜譬喻經》等等諸經，是性質相類似的書，都是蒐集了許多布施行善相關的小故事。這幾本經書，都在闡釋種何因緣，得何果報；此處命終

❷《大正藏》四冊頁 225 上、中。

後，將隨所種因，更生在善處或惡處。其經旨在誇炫果報及釋迦之神力，而不是在強調救贖亡魂；這由諸經中以「緣」為名來敘述故事，可以得知和果報有關。且上述眾經諸「緣」所說的故事甚多，而與飯佛僧得渡有關者，僅有此則及《撰集百緣經》卷三〈老母善愛慳貪緣〉二則，其目的皆在去慳吝，不在救贖。上述二則故事，和東漢三張「飯賢」，借由高道之咒願以救贖亡魂相類似，疑是受道教影響而使然。但〈老母善愛慳貪緣〉僅述其有佳餚可食，〈優多羅母墮餓鬼緣〉則說其母在命終後才更生善處，都和直接救贖超拔亡魂，有所不同；其用意在教誨僧眾識因果，去除慳貪，發菩提心。

《撰集百緣經．優多羅母墮餓鬼緣》其故事情節和西晉．竺法護《佛說盂蘭盆經》目連救母相雷同，這應是竺法護抄襲其說。在上述《撰集百緣經》、後漢．支婁迦讖譯《雜譬經》、失名譯《雜譬喻經》、吳．康僧會譯《舊雜譬喻經》等較早期的譯經中，談到目連和餓鬼相關的有許多篇，以《撰集百緣經》而言，如卷三〈老母善愛慳貪緣〉、卷五〈富那奇墮餓鬼緣〉、〈賢善長者婦墮餓鬼緣〉、〈惡見不施水墮餓鬼緣〉、〈槃陀羅墮餓鬼身體臭緣〉、〈目連入城見五百餓鬼緣〉等等，上述都說目連看到餓鬼，問其果報因緣，佛為解說，使眾僧捨離慳貪，發無上菩提心。但西晉前早期諸經中那麼多目連和鬼的故事，卻都沒有一則談到目連母入地獄或為餓鬼之說。目連救母說，疑應是西晉．竺法護受三國吳．支謙譯《撰集百緣經．優多羅母墮餓鬼緣》所啟發而杜撰者，將優多羅救母轉化為目連救母。

又，西晉．竺法護《佛說盂蘭盆經》雖言及目連救母，但對地獄情節所言不多，僅說目連以飯餉母，「母得缽飯，便以左手障飯，右手摶飯，食未入口，化成火炭，遂不得食」。其後目連故事情節的增強，也可能取自吳．支謙譯《撰集百緣經》對餓鬼的諸種描述，如「身如燋柱，腹如大山，咽如細針，髮如錐刀，纏刺其身」（《撰集百緣經．卷五．富那奇墮餓鬼緣》）等。至唐代，受俗講及變文影響，而形成了扣人心弦的目連救母故事。今所見的唐代寫卷變文，尚有敦煌寫卷伯 2193 號《目連緣起》、北京成字 96 號《目連變文》、斯 2614 號《大目乾連冥間救母變文并圖一卷并序》（另斯 3704 號、伯 2319 號、伯 3485 號、伯 3107 號、伯 4988 號、北京盈字 76 號、北京麗字 85 號、北京霜字 89 號；上述諸寫本內容相容，而殘佚情形互異。）

變文說目連小名羅卜，其母青提夫人因行惡墮阿鼻地獄，目連入冥間救母，至地獄各殿見諸冥吏而得見其母，後借由佛力出阿鼻，使母轉生餓鬼，目連在七月十五日廣造盂蘭盆救母，使再轉生為黑狗，其後再帶黑狗至佛塔前誦經，使退卻狗身，轉世為女人，聽經聞法，再轉為忉利天人。故事中目連所見冥吏有：地藏菩薩、閻羅大王、司命、司錄、太山都尉、五道將軍、善惡童子、牛頭、馬面、獄卒、都官、獄主、羅剎、夜叉。而在境域上，入冥處有奈河；「奈河之上，見無數罪人，脫衣掛在樹上，大哭數聲，欲過不過，迴迴惶惶」和唐．藏川述《佛說地藏菩薩發心因緣十王經》：「葬頭河曲於初江邊，官廳相連承所渡；前大河即是葬頭，見渡亡人，名奈河津；所渡有三：一山水瀨，二江深淵，三有橋渡官；前有大樹，名衣領，樹影住二鬼，一名奪衣婆，二名懸衣翁；婆鬼警盜業，折兩手指；翁鬼惡無義，逼頭足一所。尋初開，男負其女人，牛頭鋏棒挾二人肩，追渡疾瀨，悉集樹下，婆鬼脫衣，翁鬼懸枝，顯罪低昂，與後王廳。」相呼應。日本流傳冥繪有「奪衣婆」、「懸衣翁」❸，有目連與黑狗冥繪圖❹，疑皆是受唐代《十王經》及目連變文影響而來。

綜合以上所說，這本經書當是竺法護所偽造。竺法護為西晉武帝時人，據梁．慧皎《高僧傳》所說，竺法護的祖先為月支人，世居燉煌郡，八歲出家，精通中國六經古籍，同時也遍遊西域各國，學習佛法；死於西晉惠帝時，年七十八。竺法護在當時佛教界的聲譽地位極高，立寺長安青門外，僧徒有數千人；支遁曾為他的畫像做贊；孫綽撰《道賢論》，把西晉初的七僧拿來和竹林七賢相比，並以山濤喻竺法護。

在魏晉時代，當時佛教的名僧和社會的名士，常相往來，共談玄理，這些人不僅精通漢籍，也長於劇談；《世說新語．文學》載當

❸見日本長岳寺本六道十王圖，富山縣立山博物館平成十三年九月發行《地獄遊覽》頁 138。

❹見十三世紀極樂寺本六道繪左幅；日本．鷹巢純《目連救母說話圖像和六道十王圖》一文頁 55，《佛教藝術》第 203 號，平成四年八月發行。

時的僧人如支道林、于法開、康僧淵、竺法深、僧伽提婆等，與名士講談的情形甚多；這些僧人中，不少是西土來的和尚，如《高僧傳》卷四〈康僧淵傳〉云:「康僧淵，本西域人，生於長安，貌雖梵人，語實中國。容止詳正，志業弘深。」《世說新語．文學》云:「康僧淵初過江，未有知者，恆周旋市肆，乞索以自營。忽往殷淵源許，值盛有賓客；殷使坐，粗與寒溫，遂及義理。語言辭旨，曾無愧色，領略粗舉，一往參詣，由是知之。」又如，僧伽提婆為罽賓人，而《世說新語．文學》云:「提婆初至，為東亭第講阿毗曇，始發講，坐裁半，僧彌便云:『都已曉。』即於坐分數四，更就餘屋自講。提婆講竟，東亭問法綱道人曰:『弟子都未解，阿彌那得已解？所得云何？』曰:『大略全是，故當小未精覈耳。』」

名僧既和名士交流，且和竹林七賢相配，而七賢中如嵇康、阮籍之流，或是道教中人，或熟近道教事物。魏晉之世，名士信道教者多，嵇康甚且以道教的養生說、宅第吉凶論，引入清談之中。如此，名僧不得不受道教影響。

這些情形，說明了當時外來的和尚，為了在中國生存，不得不熟悉華語華事，而為了傳教，也常將中土物事習俗摻入佛經中；更有甚者，在自己所帶來的經典已譯完，而信眾仍希望更多的經典出現時，便常會有偽撰的情形出現。這些偽撰的經典，常是先以譯者所熟悉的梵文寫出，然後再予漢譯，也有直接以漢譯出現的。先寫梵文再譯的，有的自撰自譯，也有的自撰而由他人來譯；因此常可看到，有些經典已可確定為偽經，卻仍有同經二譯三譯在不同時代被譯出的情形出現。也因此竺法護所撰的《佛說盂蘭盆經》，雖為偽經；但唐·宗密在作疏時，仍有三種同經異譯本存在。這種情形，跟《淨度三昧經》為偽經，卻有多種譯本，是相同的。有關佛教經典受中土習俗及道教影響，以及佛教偽經情形，請參見拙撰《道教與密宗》（臺灣新文豐出版社西元 1993 年 4 月出版）、《道教星斗符印與佛教密宗》（新文豐出版社西元 1993 年 4 月出版）、《道教術儀與密教典籍》（新文豐出版社西元 1994 年 3 月出版）等書。

第四節　歷代中元節慶和目連救母故事的衍變

中元節為道教節日，至西晉初，佛教以盂蘭盆法會混入此節日中；但自竺法護撰經倡盂蘭盆救贖之後，能將佛教盂蘭盆法會真正付諸施行的，以文獻所見，似乎是始於梁武帝。今將歷代中元節和盂蘭盆法會混合舉行的情形，分述於下：

《佛祖統紀》卷三十七〈法運通塞志〉第十七之四：

梁武帝大同四年：帝幸同泰寺，設盂蘭盆齋。

梁·宗懍《荊楚歲時記》❺：

❺《荊楚歲時記》一書，舊題為晉·宗懍撰；宋·陳振孫《書錄解題》題為梁·宗懍撰。關於宗懍究竟是晉人或梁人的問題，清《四庫題要》則據《梁

七月十五日，僧尼道俗，悉營盆供諸佛。按：《盂蘭盆經》云：「有七葉功德。並幡花歌鼓果食送之。」蓋由此也。經云：「目連見其亡母在餓鬼中，即鉢盛飯，往餉其母，食未入口，化成火炭，遂不得食。目連大叫，馳還白佛。佛言：『汝母罪重，非汝一人奈何，當須十方眾僧威神之力。至七月十五日，當為七代父母厄難中者，具百味五果以著盆中，供養十方大德。』佛敕眾僧：皆為施主祝願七代父母，行禪定意，然後受食。是時目連母得脫一切餓鬼之苦。目連白佛：『未來世佛弟子行孝順者，亦應奉盂蘭盆供養？』佛言：『大善。』」故後人因此廣為華飾，乃至刻木、割竹、飴蠟、剪綵、模花葉之形，極工妙之巧。

北齊．顏之推《顏氏家訓．終制》：

若報罔極之德，霜露之悲，有時齋供，及七月半盂蘭盆，望於汝也。

以上是六朝時所見的中元盂蘭盆情形。然而由於梁武帝、宗懍、顏之推等人都是虔誠的佛教徒，所以僅偏重在佛教方面的敘述，甚

書．元帝紀》及《南史．元帝本紀》，考定宗懍為梁元帝時人。今從《四庫題要》之說，改題為梁人。

至僅以七月十五日來稱呼，而不肯照舊稱之為中元節。但從宗懍所記，知道中元節，在當時，不管僧尼道俗，都把它看做是重要的節日。而當時的民間，已有刻木、割竹來做成裝飾物、祭拜物，並有用糖、蠟、彩紙來模塑花葉物品等慶節的活動出現。六朝有關中元節慶的記載較少，到了唐代，這方面的文獻，便逐漸增多了。

《明皇實錄》云：

三元日（指正月十五日上元、七月十五日中元、十月十五日下元），宜令崇元學士講《道德》、《南華》等經，群公咸就觀禮。

《唐六典》云：

中尚署七月十五日進盂蘭盆。

《新唐書》卷四十八〈百官志三．河渠署〉：

令一人，正八品下；丞一人，正九品上。掌河渠、陂池、隄堰、魚醢之事。凡溝渠開塞，漁捕時禁，皆顓之。饗宗廟，則供魚鱐；祀昊天上帝，有司攝事，則供腥魚。日供尚食及給中書、門下，歲供諸司及東宮之冬藏。……三元日，非供祠，不採魚。

唐．楊炯〈盂蘭盆賦〉（唐．徐堅《初學記》卷四〈歲時部下．七月十五日〉引。福按：唐．歐陽詢《藝文類聚》卷四〈歲時中．七月十五〉亦引此文）：

渾元告秋，羲和奏曉。太陰望兮圓魄皎，閶闔開兮涼風嫋。四海澄兮百川皛，陰陽肅兮天地窅。掃離宮，清重閣。設皇邸，張翠幕。鸞飛鳳翔，燄陽熛爍；雲舒霧布，翕赩習霍。陳法供，飾盂蘭。壯神功之妙物，何造化之多端。青蓮吐而非夏，赬果搖而不寒。銅鐵鉛錫，璆琳琅玕。映以甘泉之玉樹，冠以承露之金盤。憲章三極，儀形萬類。上寥廓兮法天，下安貞兮象地。殫怪力，窮神異。少君王子，掣曳兮若來；玉女瑤姬，翩遷兮必至。鳴鵜鶘與鸑鷟，舞鵾雞與翡翠。毒龍怒兮赫然，狂象奔兮沈醉。怖魍魎，潛魑魅。離婁明目，不足見其精微；匠石洗心，不足徵其奧祕。繽繽紛紛，氤氤氳氳，五色成文，若榮光休氣，發彩於重雲。蒨蒨粲粲，煥煥爛爛，三光壯觀，若合璧連珠，耿曜於長漢。夫其遠也，天台嶕起，繞之以赤霞。夫其近也，削成孤峙，覆之以蓮花。晃兮瑤臺之帝室，赩兮金闕之仙家。其高也，上諸天於大梵；其廣也，遍法界於恆沙。上可以薦元符於七廟，下可以納群動於三車。

《舊唐書》卷一百一十八〈王縉傳〉：

> 代宗七月望日，於內道場造盂蘭盆，飾以金翠，所費百萬。又設高祖以下七聖神座，備旛節、龍傘、衣裳之制，各書尊號於旛上以識之。舁出內，陳於寺觀。是日，排儀仗，百寮序立於光順門以俟之。旛花鼓舞，迎呼道路，歲以為常，而識者嗤其不典。其傷教之源，始於縉也。

《集仙錄》(《太平廣記》卷六十六〈謝自然〉引)：

> (七月十五日)，盧云：「暫詣紫極宮，看中元道場，官吏士庶咸在。」逡巡盧使來云：「此一時全勝以前齋。」問其故，云：「此度不燒乳頭香。乳頭香，天真惡之，唯可燒和香耳。」

初唐四傑楊炯的〈盂蘭盆賦〉，把唐初中元節盂蘭盆會描寫得十分生動；由其文中「掃離宮，清重閣。設皇邸，張翠幕」及文末的「上可以薦元符於七廟」，可以知道，所描述的是宮中陳設的中元法會盂蘭盆道場。場中所擺設的，有巧奪天工的青蓮、禎果，以及用金屬玉片所搭造成的天界仙宮和人間勝景，並有仙人及各類動物的模型擺置其中，所謂：「憲章三極，儀形萬類。上寥廓兮法天，下安貞兮象地。殫怪力，窮神異。少君王子，掣曳兮若來；玉女瑤姬，翩遷兮必至……」少君，指漢武時的李少君；王子，指周時的王子晉；這兩人以及玉女、瑤姬，都是道教神仙人物。由其文中所述看來，道場的佈置，是以道教人物景觀為主，這可能跟中元節本來就是道教的節日有關，同時也跟道教是唐代的國教有關。又，由此文及《舊唐書》說中元節宮中設盂蘭盆，而盂蘭盆為佛教物事，如此看來，在唐時已混佛道而一之了；更據《明皇實錄》所言，則知唐世中元節時，宮中開講《道德經》、《莊子》等道經。再者，唐．王建〈宮詞〉云（見《全唐詩》卷三百二十〈王建六〉）：

> 燈前飛入玉階蟲，未臥常聞半夜鐘；看著中元齋日到，自盤金線繡真容。

又，唐．盧拱〈中元日觀法事〉詩（《全唐詩》卷四百六十三）：

> 四孟逢秋序，三元得氣中。雲迎碧落步，章奏玉皇宮。壇滴槐花露，香飄柏子風。羽衣凌縹緲，瑤轂輾虛空。久慕餐霞客，常悲習蓼蟲。青囊如可授，從此訪鴻蒙。

唐．李商隱〈中元作〉（《全唐詩》卷五百四十）：

> 絳節飄颻空國來，中元朝拜上清迴。羊權雖得金條脫，溫嶠終虛玉鏡臺。曾省驚眠聞雨過，不知迷路為花開。有娀未抵瀛洲遠，青雀如何鴆鳥媒？

王建為唐代宗大曆十年進士，據王建所說，則在中元時，必懸掛道教三清及三官等仙聖之真容，所以宮中才忙於繡製。又，盧拱與白居易同時代；盧拱、李商隱所說的是道觀的中元法會。從盧所說，知中元節時設有祭壇，並上章玉皇宮，道士禹步作法會。大抵道教所有的法會，都須上章；中元也不得例外。

又，唐．李郢〈中元夜〉詩（見《全唐詩》卷五百九十。李郢在唐宣宗大中十年（西元 856 年）第進士，為晚唐詩人）云：

江南水寺中元夜，金粟欄邊見月娥。紅燭影迴仙態近，翠鬟光動看人多。香飄彩殿凝蘭麝，露繞輕衣雜綺羅。湘水夜空巫峽遠，不知歸路欲如何？

李詩描寫中元夜看熱鬧的人多，男女雜沓的情形，而由「紅燭影迴仙態近」，可知所陳設的景物，有道教的仙宮及人物，和楊烱所說的相近，只是一是描述宮中道場的中元，一是描述江南水寺的中元夜。

綜合上述所引唐代資料看來，唐代的中元節的情形，大抵如下：宮中及民間皆設盂蘭盆，設壇，上章請求救贖消災；會場上擺設道教三清、三官聖像及道教仙宮勝景，上面佈置金屬、玉器，及人工做成的蓮花、禎果、鸞鳳、鷺鷥、仙人、玉女等等，並配以香氣、紅色煙霞，使它看起來有「晃兮瑤臺之帝室，艳兮金闕之仙家」的感受。宮中並在這天開講道教的《道德經》和《南華真經》。在這天的晚上，紅燭燈影，男女雜沓前到各道觀佛寺觀看，正是所謂「翠鬟光動看人多」。至於中元盂蘭盆法會的目的，則是「上可以薦元符於七廟，下可以納群動於三車」。元符，是指帝王受命的符應瑞兆；三車，是佛教名相，以牛車、羊車、鹿車喻大中小三乘；三車各自所能渡的人，多少有別。此句意思是說對上面來說，可以拔薦帝王；對下來說，可以普渡群生。換句話說，可以使普天下的鬼魂，都免除地獄之苦。

上述是宮中及民間所見的中元情形。又，中元的活動，不僅百姓爭睹，有時帝王也會出宮參加。唐德宗貞元七年七月癸酉〈七月十五日題章敬寺〉詩云（《全唐詩》卷四）：

> 招提邇皇邑，複道連重城。法筵會早秋，駕言訪禪扃。嘗聞大仙教，清淨宗無生。七珍匪吾寶，萬行先求成。名相既雙寂，繁華奚所榮。金風扇微涼，遠煙凝翠晶。松院靜苔色，竹房深磬聲。境幽真慮恬，道勝外物輕。意適本非說，含毫空復情。

《雲笈七籤》卷一百二十〈道教靈驗記．青城丈人授黃帝龍蹻并降雨驗〉：

> 僖宗皇帝中和元年辛丑七月十五日，詔內臣袁易簡、刺史王茲、

> 縣令崔正規，與朕詣青城山修醮，封（青城山）為五岳丈人希夷真君。是時縣界亢旱，苗穀將燋。封醮之夜，龍吟於觀側溪中，風雨大至，枯苗再茂，縣境乃豐。以事上聞，編于國史矣。

以上是唐代帝王在中元日親幸佛寺、道觀的情景。但宮中既自設有道場，皇帝出宮參加法會的情形，便極少見了。

又，中元的目的雖在救贖亡魂、消除災過，但在唐代，整個慶典的活動，似乎歡愉爭豔的氣氛多於陰慘詭祕，和後世中元節中，有部分科儀禁止生人觀看的作法大有不同。唐代中元節的活動，到了宋代後，略有變化。宋代中元節前後三天張燈，《佛說盂蘭盆經》已逐漸被宋代民眾所重視，並且目連救母戲劇，也正式在中元節搬演。

《宋史》卷一百一十三〈禮志十六〉云：

> 三元觀燈，本起於方外之說。自唐以後，常於正月望夜，開坊市門燃燈。宋因之，上元前後各一日，城中張燈，大內正門結綵為山樓影燈，起露臺，教坊陳百戲。天子先幸寺觀行香，遂御樓……太平興國二年七月中元節，御東角樓觀燈，賜從官宴飲。五年十月下元節，依中元例，張燈三夜。

《遼史》卷五十三〈禮志六〉：

七月十三日，夜，天子於宮西三十里卓帳宿焉。前期，備酒饌。翼日，諸軍部落從者，皆動蕃樂，飯宴至暮，乃歸行宮，謂之「迎節」。十五日，中元；動漢樂，大宴。十六日昧爽，復往西方，隨行諸軍部落大譟三，謂之「送節」。國語謂之「賽咿唲奢」。奢，好也。

宋．孟元老《東京夢華錄》：

七月十五日中元節。先數日，市井賣冥器靴鞋、幞頭、帽子、金犀假帶、五綵衣服，以紙糊架子，盤遊出賣。潘樓并州東西瓦子，亦如七夕。耍鬧處亦賣果食、種生、花果之類，及印賣《尊勝目連經》。又以竹竿斫成三腳，高三五尺，上織燈窩之狀，謂之盂蘭盆，掛搭衣服、冥錢在上，焚之。构肆樂人自過七夕，便般目連救母雜劇，直至十五日止，觀者增倍。中元前一日，即賣練葉，享祀時鋪襯卓（桌）面。又賣麻穀窠兒，亦是繫在卓子腳上，乃告祖先秋成之意。又賣雞冠花，謂之洗手花。十五日供養祖先素食，纔明，即賣穄米飯。巡門叫賣，亦告成意也。又賣轉明菜花、花油餅、餕豏、沙豏之類。城外有新墳者，即往拜掃。禁中亦出車馬詣道者院謁墳。本院官給祠部十道。設大會，焚錢山。祭軍陣亡歿，設孤魂之道場。

宋·陸游《老學菴筆記》卷七：

故都殘暑，不過七月中旬。俗以望日具素饌享先。織竹作盆盎狀，貯紙錢，承以一竹焚之。視盆倒所向，以占氣候。謂向北則冬寒，向南則冬溫，向東西則寒溫得中。謂之盂蘭盆，蓋俚俗老媼輩之言也。又，每云：「盂蘭盆倒，則寒來矣。」晏元獻詩云：「紅白薇英落，朱黃槿豔殘；家人愁溽暑，計日望盂蘭。」蓋亦戲述俗語耳。

宋·周密《乾淳歲時記》：

七月十五日，道家謂之中元節，各有齋醮等會。僧寺則於此日作盂蘭齋，而人家亦以此日祀先，例用新米、新醬、冥衣、時果、綵段、麵棋，而茹素者幾十八九，屠門為之罷市焉。

宋·陳元靚《歲時廣記》卷三十〈中元下·祭父母〉引《歲時雜記》云：

律院多依經教作盂蘭盆齋。人家大率即享祭父母祖先。用瓜果、楝葉、生花、花盆、米食，略與七夕祭牛女同。又取麻穀長本者，維之几案四角。又以竹一本，分為四五足，中置竹圈，謂之盂蘭盆，畫目連尊者之像，插其上。祭畢，加紙幣焚之。

宋·高承《事物紀原》八：

今世每七月十五日，營僧尼供，謂之盂蘭齋者。按《盂蘭經》曰：「目連母亡，生餓鬼中，佛言：須十方眾僧之力，至七月十五日，具百味五果，以著盆中，供養十方大德。」後代廣為華飾，乃至割木割竹，極工巧也。今人弟以竹為圓架，加其首以荷葉，中貯雜饌，陳目連救母畫像，致之祭祀之所，失之遠甚矣。

以上是宋人中元節的情形。宋朝的中元節，宮中和民間都懸燈三夜（當天及前後各一天），天子和百姓一起共賞燈節。同時搬演和盂蘭節相關的目連救母戲碼，讓人藉看戲，而忘去秋老虎的酷熱。北宋·晏殊詩云：「紅白薇英落，朱黃槿豔殘；家人愁溽暑，計日望盂蘭。」所謂「望盂蘭」，即是盼望中元節早日到，可以看戲消暑。又，宋人有關中元的記載中，其中以孟元老《東京夢華錄》所說的最為詳盡。據孟元老自序所說，他是在宋徽宗崇寧二年（西元1103年）到達宋都開封，在京城住了二十幾年，到靖康元年（西元1126年）才南遷。文中所敘中元節時，民間販賣紙糊的冥器衣飾、紙錢，掛在竹製的盂蘭盆架上，除此外也賣果實、種生、花果之類及印賣

《目連經》。此中之種生、花果，在其他節日也常見；其作法，《東京夢華錄·七夕》中有詳述。文云：

> 七月七夕，潘樓街東宋門外瓦子，州西梁門外瓦子，北門外，南朱雀門外街，及馬行街內，皆賣磨喝樂：乃小塑土偶耳；悉以雕木彩裝欄座，或用紅紗碧籠，或飾以金珠牙翠，有一對直數千者。禁中及貴家與士庶，為時物追陪。又以黃蠟鑄為鳧、雁、鴛鴦、鸂鶒、龜、魚之類，彩畫金縷，謂之水上浮。又以小板，上傅土，旋種粟，令生苗，置小茅屋、花木，作田舍家小人物，皆村落之態，謂之穀板。又以瓜雕刻成花樣，謂之花瓜。又以油麵、糖蜜造為笑靨兒，謂之果食。……又以菉豆、小豆、小麥於磁器內，以水浸之，生芽數寸，以紅藍綵縷束之，謂之種生。皆於街心綵幙帳設，出絡貨賣。

上述所說七夕販賣的花果飾品，有用土做成的人形偶，穿上衣物，用框欄裝盛，如今日的人偶；有用黃蠟做鳥類、魚、龜，讓它浮在水上；也有在木板上佈置莊稼村落人物等小模型的；也有用糖、麵做成人物之形，像今日的捏麵人。而所謂的種生，則是今日所說的豆苗，只是用紅藍彩線來捆綁出售，或整盆出售。陳元靚《歲時廣記》引《歲時雜記》云：「京師每前七夕十日，以水漬菉豆或豌豆，日一二回易水。芽漸長至五六寸許，其苗能自立，則置小盆中，至乞巧可長尺許，謂之生花盆兒，亦可以為葅。」又，這種節慶日花果飾物的販賣，似乎六朝已開始了。宗懍《荊楚歲時記．七月十五日》說：「故後人因此廣為華飾，乃至刻木、割竹、飴蠟、翦綵、模花葉之形，極工妙之巧。」

上面所講的這些花果飾物，在宋代，以七夕最為齊全，但其他節日也常出來販賣。宋朝的中元節中，除賣這些應節東西外，最可注目者，應為《目連經》的印賣及目連救母雜劇的搬演。孟元老文中的《目連經》，當是西晉．竺法護所撰《佛說盂蘭盆經》的俗稱。至於目連雜劇的搬演，現所見的最早的資料，也應是孟元老《東京夢華錄》的記載。

又，陸游《老學菴筆記》以為七月中元時所用的竹盆，原是用來祭祖燒紙錢的。並以燃燒時，盆倒的方向，來預測入冬時氣候的寒溫。陸氏以為此竹製品，原與目連救母的盂蘭盆無關，而卻被老嫗誤會為盂蘭盆。陸游所言，可能有所據，也許他曾看過中元祭祀佛道二教演變過程的有關記載，但時至今日，由於資料缺略，也無力考證了。

綜上所說，宋朝的中元祭，係以竹架做成的盂蘭盆，上掛紙錢、紙做的冥器衣物，並插上目連救母圖；在該日，街上印賣《目連經》、花果、人偶等飾物，且請樂人搬演目連救母雜劇。盂蘭盆架上的紙錢、衣飾、目連像等，則在祭祀完後焚燬。宮中及民間在中元前後三天懸燈，供人觀賞。

上面所說的宋代中元節盂蘭盆祭，已與唐代有所不同；在道場擺設上，道教色彩漸淡，已無仙宮勝景的陳設，而《目連經》的印賣，則更使佛教的影響力加深；但盂蘭盆上掛紙做的衣飾、紙錢，則依舊有濃厚的道教氣息。又，在宋時，目連救母的戲劇已正式在中元節搬演。此是目前所見最早在中元節固定搬演目連戲的記載。唐朝雖然有目連變文，可是變文是佛教以說唱的方式來敷演經義，在一般節慶法會時常見演出，中元節時是否有搬演，並未見諸記載；假使有搬演，也未必就專屬於中元的劇目。變文的表演方式，通常是講一段，唱一段；再講一段，唱一段；講唱循環運用。講的部分不押韻，唱的部分押韻。原意是在敷演佛經要義，但到後來為招徠觀眾，大都只偏向於經中故事的敘述。變文雖非雜劇，然已具備講與唱，如再配上動作，以人物來演出各角色，則成戲劇，所以變文可以說是劇曲的先聲。有關這部分的論述，請參見拙撰《敦煌俗文學論叢》一書第一篇，臺灣商務印書館西元 1988 年 7 月出版。

又，唐代留下來的變文中，與目連救母有關的有：敦煌寫卷伯 2193 號《目連緣起》、敦煌寫卷斯 2614 號《大目乾連冥間救母變文并圖一卷并序》、敦煌寫卷北平成字 96 號《目連變文》三種。這三種中，都是在演述西晉．竺法護所譯的《佛說盂蘭盆經》，而以《大目乾連冥間救母變文并圖一卷并序》，所述最為生動細膩。目連變文，係敘述目連的母親青提夫人慳吝，不肯齋僧，死後墜地獄。目連修得阿羅漢果後，往天宮尋母不著，再往十八地獄一一尋母；文中描述地獄的景象甚悉，有閻王、地藏菩薩、太山都尉、五道將軍、善惡童子、牛頭馬面；入地獄時須過奈河、有刀山地獄、劍樹地獄、銅柱地獄、阿鼻地獄等。文中說目連以十二環錫杖，開啟地獄門，和青提夫人見面；但因母親罪重，不能救她出離地獄苦，所乞得的飯，入口化為猛火；因而目連只好離開地獄向佛祈求，釋迦牟尼告以須在七月十五日廣造盂蘭盆齋僧，並誦經，始能救贖其母。目連依教，但青提夫人雖能脫離地獄，卻因罪重，轉生為黑狗；目連帶狗在佛塔前七日七夜誦經，始再轉生為女人。目連再帶其母至佛前懺罪，終於感動天女來迎，前往忉利天受快樂。《大目乾連冥間救母變文并圖一卷并序》的故事，雖仍本於《佛說盂蘭盆經》，然已大幅改寫，已具有話本和章回小說的雛型。

目連變文，雖具有劇曲與小說的特色，而在唐朝，以現存的資料看來，它似乎並不是為中元節而講唱；現存敦煌寫卷最主要的目連變文——《大目乾連冥間救母變文并圖一卷并序》，除斯 2614 號外，另有伯 2319 號、伯 3485 號、伯 3107 號、伯 4988 號、北京盈字 76 號、北京麗字 85 號、北京霜字 89 號、斯 3704 號等抄本。這些抄本中，有的文末有記載抄寫目連變文的動機事由；如斯 2614 號文末云：

> 貞明柒年辛巳歲（西元 921 年）四月十六日淨土寺學郎薛安俊寫，張保達書。

北京盈字 76 號文末云：

> 太平興國二年（西元 977 年），歲在丁丑潤六月五日，顯德寺學仕郎楊願受一人思微（惟），發願作福，寫盡此《目連變》一卷。後同釋迦牟尼佛一會，彌勒生作佛為定。後有眾生同發信心，寫盡《目連變》者，同池（持）願力，莫墮三塗。

伯 3107 號背面云：

> 謹請西南方雞足山賓頭頗羅墮和尚。右今月八日於南閻浮提大唐國沙州就淨土寺奉為　故父某某大祥追福設供。伏願誓受佛敕，不捨蒼生，興運慈悲，依時降駕。
>
> 戊寅年六月十六日孤子某某謹疏。

上述這些目連變卷子的抄寫時間，都不是在七月中元附近，而抄寫動機，則大抵在為自己求往生和為新死的家人薦亡，也都與中元無關。因此在唐代，〈目連變〉的講唱，僅同於一般的變文，應與中元節無必然關係；這可能跟唐代以道教為國教有關。據此，中元節搬演目連救母劇目，應當是始於宋。宋以後，則甚且以目連救母劇中，扮演目連的人或木偶，來執行破地獄救亡魂的法事行為。直接把目連劇變成了破地獄救亡魂的科儀來看待，以此來為人做超渡。

唐宋中元節情形，既已論述於上；明清以後，與今日所見的中元節祭，相去不大。明朝中元節見諸記載者，如《大明一統賦》注云：

七月十五日為中元節，僧家有盂蘭盆會，有司祭無祀鬼神。

明．劉侗、于奕正撰《帝京景物略》卷一〈水關二〉：

中元夜，盂蘭會。寺寺僧集，放燈蓮花中，謂燈花，謂花燈。酒人水嬉，縛煙火作鳧、鴈、龜、魚，水火激射，至萎花焦葉。是夕，梵唄鼓鐃與讌歌絃管，沈沈昧旦。

同上卷二〈春場六〉：

十五日，諸寺建盂蘭盆會。夜於水次放燈，曰放河燈。最勝水關，次泡子河。上墳如清明時。

明．田汝成《西湖遊覽志餘》：

七月十五日，俗傳地官赦罪之辰。人家多持齋誦經，薦奠祖考；僧家建盂蘭盆會、放燈河中，謂之照冥。

由上述，知明朝時，中元節已開始有放水燈，為鬼照冥的記載，並且據《帝京景物略》所說，彼時也已在中元夜燃放煙火、烽炮；其熱烈的程度，常是「萎花焦葉」。臺灣今日的煙火烽炮，則大抵集中在正月十五的上元節。至於清代的中元節，則又增添了苫高臺、鬼王棚座、法船等佈置。

清聖祖康熙御製〈中元日蕉園作〉（《御定月令輯要》卷十四〈七月十五日〉引）：

> 中元來太液，新爽下林端。水檻臨流日，風窗捲幔看。魚遊迷藻荇，鷗戲悅沙灘。宇宙無塵翳，涼生月一團。

清．顧張思《土風錄》一：

> 七月十五日，寺僧設盂蘭盆會。案宗懍《歲時記》引《盂蘭盆經》云：「目連救母，于是日具百味五果以著盆中供佛。」（《臞仙運化樞》以為丁令威救母。）《釋氏要覽》云：「盂蘭，華言解倒懸也。」宋本《顏氏家訓．終制》云：「有時供齋及七月半，盂蘭盆望於汝也。」是六朝時已行之。

清．潘榮陛《帝京歲時紀勝》：

中元祭掃，尤勝清明。綠樹陰濃，青禾暢茂；蟬鳴鳥語，興助人遊。庵觀寺院，設盂蘭會，傳為目連僧救母日也。街巷搭苫高臺、鬼王棚座，看演經文，施放燄口，以濟孤魂。錦紙紮糊法船，長至七八十尺者，臨池焚化。點燃河燈，謂以慈航普渡。如清明儀，舁請都城隍像出巡，祭厲鬼。聞世祖朝，曾召戒衲木陳玉林居萬善殿，每歲中元，建盂蘭道場。自十三日至十五日放河燈，使小內監持荷葉燃燭其中，羅列兩岸，以數千計。又用琉璃作荷花燈數千盞，隨波上下。中流駕龍舟，奏梵樂，作禪誦。自瀛臺南過金鰲玉蝀橋，繞萬歲山至五龍亭而回。河漢微涼，秋蟾正潔，至今傳為勝事。都中小兒亦於是夕執長柄荷葉，燃燭於內，青光熒熒，如燐火然。又以青蒿縛香燼數百，燃為星星燈。鏤瓜皮，掏蓮蓬，俱可為燈，各具一質。結伴呼群，遨遊於天街經壇燈月之下，名門燈會，更盡乃歸。

清．富察敦崇《燕京歲時記》：

中元黃昏以後，街巷兒童以荷葉燃燈，沿街唱曰：「荷葉燈，荷葉燈，今日點了明日扔。」又以青蒿黏香而燃之，恍如萬點流螢，謂之蒿子燈。市人之巧者，又以各色彩紙製成蓮花、蓮葉、花籃、鶴鷺之形，謂之蓮花燈。謹按《日下舊聞考》：「荷葉燈之製，自元明以來即有之，今尚沿其舊也。」

清．王養濂、李開泰合編《宛平歲時志稿．七月》：

七月十五日，諸寺建盂蘭會。是夜於水陸放燈以度鬼。祭掃如清明時。

清．讓廉著《春明歲時瑣記》：

七月十五日為中元節，俗傳地官赦罪之辰。人家上塚，奠先人如清明儀；僧家建盂蘭盆會，誦經齋醮，焚化紙船，謂之法船，以為渡幽冥孤獨之魂。市中賣各種花燈，皆以紙作蓮瓣攢成，總謂之蓮花燈。亦有賣帶梗荷葉者，謂之荷葉燈。晚間小兒三五成群，各舉蓮花、荷葉之燈，繞巷高聲云：「蓮花燈蓮花燈，今天點了明日扔。」或以短香遍黏蒿上；或以大茄滿插短香，謂之蒿子燈、茄子燈等名目。此燃香之燈，於暗處如萬點螢光，千星鬼火，亦可觀也。

明人的記載中，已有放水燈，為鬼照路的記載；清人潘榮陛的記載中，更有「街巷搭苫高臺、鬼王棚座，看演經文，施放餤口，以濟孤魂。錦紙紮糊法船，長至七八十尺者，臨池焚化。點燃河燈，謂以慈航普渡」等，所講的與今日臺灣所見者，已很接近。今日臺灣中元節所見的鬼王棚座、燈蒿、放水燈等都已出現在清人記載中。

至於民國以後的中元節，今以臺灣所見者為主，來加以敘述。有關早期臺灣中元節的敘述，日人片岡巖《臺灣風俗誌》第一集第四章〈臺灣人的年節．七月十五日〉❻所載者頗為客觀詳盡，今轉錄於下：

> 中元節，又稱「七月半」。各家供牲醴、飯菜、燒紙放炮祭祖先。這天為盂蘭盆，俗稱「普渡」，並分「公普」與「私普」兩種，盛大舉行祭典，而不一定在十五這天舉行。私普是七月初一到月底。在這期間甲街是某日，乙街是某日，丙莊是某日等等，沿襲舊俗，輪流舉行。各戶懸著寫「普照陰光」、「慶讚中元」的燈，門口供三牲、五牲、飯菜等。燒香、燒紙超度孤魂。傍晚，設宴招待親戚朋友。普渡所供牲醴飯菜，若不夠孤魂吃飽者，孤魂會作祟，家裡養的豬、雞、鴨會遭殃。公普在各祠廟舉行，信士等同心協力，團結一致來共襄盛舉。如臺北大龍峒大道公廟由泉州同安縣人，祖師廟由安溪縣人，龍山寺由惠安、晉江二縣人，分一里、二里、三里的區域舉行普渡。大道公廟在這月十二日，龍山寺在同月十三日，祖師廟在同月二十日分別舉行。各廟信士相競盛大鋪張，傾囊購祭品來拜祭。

❻日人片岡巖著的《臺灣風俗誌》一書，係於西元 1921 年 2 月 10 日由《臺灣日日新報》社（今日《臺灣新生報》的前身）發行，今所引用的文字，係由陳金田譯，大立出版社西元 1986 年出版者。

各廟為舉行普渡，以杉木、竹竿頂端懸燈的「燈篙」，豎在廟側，做為招魂的目標，以為無數孤魂餓鬼會依燈篙的燈火為目標，由各方湧進來。宮廟懸燈結彩，佈置十分講究。聘請五至七名道士，日夜誦一朝或二朝的《盂蘭盆經》。到普渡這天，在廟庭搭孤棚（置祭的臺，由爐主準備），各戶備三牲、五牲及粿粽、孤飯、漢席、豎碟等山海珍味，排在孤棚上（孤飯插寫著「普照陰光」 的三角旗，其他供品插線香），祭品尚有豬羊數百，雞鴨數千，或以豬、羊、雞、鴨、海產，製作好多的假山人物；或將魚肉堆積如山；或以金銀紙錢製作假厝等等，其盛況實難以言喻。然後由五至七名和尚念經超渡孤魂，數棚的戲班同時開演，鑼鼓喧天，觀眾擠得無立錐之地。

超渡完了，銅鑼一響，幾千百的群眾相爭湧進孤棚，把供品搶奪一空，這稱為「搶孤」。現場秩序大亂，如戰地，喊聲震天欲絕，往往發生死傷。所以甲申年巡撫劉銘傳諭告，把這項風俗禁止，而在鄉村，現今仍年年舉行。迷信以鬼的動作很快，且令人生畏，給鬼吃的供品比鬼更快攫取者，則鬼會閃避，不致禍害人類。

各廟信士在公普的前夜舉行「放水燈」。為了招待孤魂，製作船形的「水燈頭」，以陣頭鑼鼓為先導，遊行市街後，到江邊放入水中。水燈首由爐主以下三大柱及三至七名的頭家擔任，稱為主會、主醮、主壇、主普、主事、天官、水官、地官等等。並由爐主指揮，各掌其職。水燈遊行時，各人拿著寫自己首名或「普照陰光」的彩燈參加，並以大竹桿製作三至十公尺樹葉型的架，吊幾十百隻紙燈或玻璃燈，由人舉著遊行。這座燈是由數街、數莊聯合，或募集同姓、同業組織團體醵資製成。又有繪山水的燈，魚形、鳥形的紗燈戴在頭上，或手提彩燈等組團參加。各團兩側有幾千百的炬火隨行，與幾百萬的燈火相映，焰焰照天，如白晝。樂團演奏清喨的太平曲，鑼鼓喧嘩震耳，觀眾如堵，極鬧於一時。遊行後，由和尚引導，將水燈頭放入水中。

片岡巖此書發表於民國 10 年（西元 1921 年），片氏的作品，是當時代較詳細的。縱使在今日要找描寫得如此詳盡簡潔而又有深度的也很少見。文中所述臺灣中元祭的情形，到現在西元 1994 年，已過了七十三個年頭，但大抵依然如此，只是有些地方仍須要補充說明：如放水燈，是在中元前一天的夜晚舉行；搶孤活動，已改成爬上高桿，比賽誰先拿到桿頂平臺的旗子；通常平臺是設在四支粗大木幹上，觀看者多，參加的人數則僅能限少數幾個。又，中元放水燈及其他法會壇儀等，主持的出家人，各地方並不相同，有的請和尚，有的則請道士，也有和尚道士都請的。

再者，今日依然有公普、私普，但都已集中在七月十五這天了；公普是由大家醵資在寺廟及各大市場舉行，每家拿祭品來擺放，也藉機舉辦比賽誰家擺祭的豬公最大；私普則是各家各戶在中元節這天，在自家門口擺祭品，燒香祭祖及祭好兄弟（孤魂野鬼），形式較簡單。公普的場地大，並由於各家及商店公會等拿出來的東西多，所以極為熱鬧，除祭品、花果、冰雕品外，有用麵食捏成的各種人物動物形狀，巧奪天工；而在孤棚祭品前面，並立有祭祀的主要對象——鬼王。鬼王是用紙糊成的立體人物，身形高大，獠牙血口，面目猙獰，身穿金色盔甲，頭上戴飾觀音大士像；由於形貌醜惡，通常小孩子都不敢逼視。鬼王，依筆者據道經考證，應是觀音大士化身，所以鬼王的頭上，才會飾以觀音像。其出處，當是肇源自北宋道士淡癡所傳的道經《玉歷至寶鈔》一書。此經敘述地獄十王諸殿情形，及該道經撰寫經過。文中說誦唸《玉歷至寶鈔》可以脫離地獄苦。並說當經書寫成時，玉皇大帝遣觀音菩薩到地獄向地藏菩薩、酆都大帝、地獄十王等傳達旨意，「是時彩霞遍地，觀世音菩薩下降，大帝率同十王出殿恭立丹墀，稽首頂禮。菩薩現出焦面鬼王，丈六金身，莊嚴法相」。由於《玉歷至寶鈔》說觀音現焦面鬼王丈六金身的形狀；而鬼王為諸鬼界的管轄者，所以在普渡中，便以觀音所化現身穿盔甲的焦面鬼王為主祭對象。又，道經中除以焦面鬼王為觀音化身外，也有的以為是道教大慈太乙救苦天尊所化的。道教的救苦天尊，也是循音救苦，其神格和佛教的觀音相近；至於道佛這兩尊神的先後，及誰影響誰，則還有待考證。以救苦天尊為焦面鬼王者，如明．笑笑生作《金瓶梅》第六十六回〈黃真人煉度薦亡〉，敘述李瓶兒死後薦拔亡魂情形云：

> 在大廳上鋪設壇場，上安三清四御，中安太乙救苦天尊，兩邊東嶽、酆都，下列十王、九幽，冥曹幽壤，監壇神虎二大元帥、桓劉吳魯四大天君、太陰神后、七真玉女、倒真懸司、提魂攝魄一十七員神將……道眾舉音樂，宣念符命，並十類孤魂挂金索。
>
> 大慈仁者救苦青玄帝，獅座浮空，妙化成神力，清淨斛食，示現焦面鬼，注界孤魂，來受甘露味。

又，在公普時，常有數種戲劇同時演出。常見者有布袋戲、歌仔戲、皮影戲、野臺電影、歌星演唱會及脫衣舞等多種。視地方大小，互有不同，有的甚至多到十幾個戲班、各類不同的戲種，同時演出；如臺中建國市場的中元祭便常如此。而這些中元戲中，尤以請歌星唱歌的康樂會及脫衣舞全裸演出最能吸引人，常是萬頭攢動，擠得無立錐之地。今日，臺灣中元節所演的戲目，早已不再是目連救母了。

又今日的中元節，雖已雜混佛道而一之，但由會中所用的慶讚中元、主醮、主壇、爐主、天官、水官、地官等名稱，以及不論佛、道教的法師，在法會上所手持的柄香爐等物，依然可以看出濃厚的道教氣息。爐主，是這次公祭的主辦人，通常須出錢最多，奉獻最多，更須出力籌劃整個祭典；但由於大家相信當上爐主，鬼神會特別庇佑他，讓他賺大錢，家庭平安，所以常是大家搶著來當；在人多時，都是由擲杯筊（用木或竹刻成兩個半月形的東西），向神明請示，而後決定；今年決定明年的，明年決定後年的爐主。

又，今日臺灣，自入七月後，鬼月的氣息就極為濃厚，通常七月初一，稱為開鬼門，在基隆的老大公廟，還有象徵開鬼門的儀式；十五日中元的普渡，是鬼月的高潮，而七月三十日，則是關鬼門。初一要拜；十五日是普渡，當然要祭拜；而三十日關鬼門，據《玉歷至寶鈔》所載，同時也是幽冥教主地藏王菩薩的聖誕，所以仍要祭拜一番，也有演戲，只是已沒有中元那樣的盛況。又，片岡巖所說的家家懸掛寫有「慶讚中元」的燈，小時在家鄉所看到的，是由四面玻璃，上下及玻璃相接處以鉛皮框成的長方形燈，有的內燃油燈，有的用電燈；燈外的兩旁有對聯，寫著「慶讚中元，普照陰光」。這種燈，在鄉下路燈缺乏的地方，經常可見，通常一進入七月，就懸掛起來，到關鬼門才收起，原意是要為鬼照路，免得沖犯行人；但近數十年來，各處路燈普遍張設，已極少看到在七月懸掛這類的燈了。偶一看到一兩個，也都不是油燈，而改用電燈，但已足以令人發思古幽情了。

又，一進入七月，臺灣民間的禁忌，也特別多；忌諱搬家、嫁娶；忌諱說「鬼」字，必須說「好兄弟」。衣服夜間不能晾曬在外面，怕被鬼碰觸；夜裡不能吹口哨，怕引鬼進來；夜晚不能在野地亂小便，怕溺在鬼身上，惹來作祟，如不得已，須蹲低來溺，口裡並要說出「請好兄弟迴避」，以減少濺到過往的鬼眾。

綜合整個中元祭說來，是頗具有人情味的。並且由於整個活動，是全社區每家各戶都參與的，因而也常能藉此相互聯誼，而增進感情。又，在臺灣，目連救母的戲目，雖已逐漸不再成為中元祭祀時的主戲，但在大陸其他地方，甚至東南亞華人社會中，以目連救母劇來扮演陰間救贖的角色，依然存在。同時這種救贖戲的搬演，也逐漸不被囿限在中元節上。甚至在家中有人新亡時的薦亡法會上，也常見舉行。筆者在今年一個學術性會議上，曾看過新加坡來的容世誠、張學權兩位先生所拍攝馬來西亞吉隆坡三教堂所舉行中元盂蘭普渡會中，目連破地獄，救贖亡魂的全程錄影帶❼。拍攝時間是在西元 1993 年農曆七月十四至十九日。兩位先生是在新加坡、馬來西亞等南洋地區，從事田野探查的學者。該次普渡雖然有演出其他戲種，但與救贖薦亡有關的，則為目連戲，又此次普渡所誦唸的經文為《地藏菩薩本願經》而非宋時所誦唸的《佛說盂蘭盆經》；至於儀式，則是雜糅佛道二教而形成的。今即據攝錄帶所見目連戲的搬演情形來加以說明。

今日在新加坡、馬來西亞所常見的目連救母戲劇，是以傀儡來

---

❼關於南洋目連戲的超渡儀式，請參見容世誠、張學權在西元 1994 年 5 月臺北「中國祭祀儀式與儀式戲劇研討會」所發表的會議論文〈南洋的興化目連戲與超渡儀式〉一文。

演出，並且已逐漸演變成為救贖亡魂升天的儀式。既然成為救贖儀式，於是也就有齋戒、淨壇、淨棚、招魂等科儀。齋戒，是指操縱目連戲木偶演出的人員須持齋；淨壇、淨棚，是由法師以符水灑醮壇和戲棚四周，有潔淨除穢的作用；至於招魂，則除在法會的空地上豎招魂幡外，在開戲前由目連傀儡手持三枝香招請亡魂到場觀戲；當戲演到「血湖池」時，便正式進行超渡亡魂的科儀，戲班內的工作人員，用擴音器喚請超薦亡魂的家屬準備，家屬便手拿招魂幡和紅包到戲臺下等候。戲臺內的人依序唸亡者姓名，然後由死者的家屬把書有死者姓名的紙條，交給操縱傀儡的師父，跪在臺下等待超渡；再由傀儡師父操縱目連傀儡，誦唸亡魂姓名，對著另一尊象徵亡魂的傀儡，以錫杖叩地書符，一一超渡亡靈升天。當每個亡魂被超薦完後，臺上的助手即把香和名牒交給家屬，再由家屬拿去焚燬。等到所有的名條都超渡完後，然後再行破血盆的儀式，由目連木偶手持禪杖，戳破紙糊的血盆，並將血盆拋至臺下，象徵血湖被破。接著演目連以錫杖叩地書符，一一擊破十八重地獄，把所有的無主亡魂都救走。通常送名條請求稱名超渡，是要另外收費的。如果沒錢，只能想像目連擊破地獄門時，親人也隨著眾亡魂而被超渡了。由於傀儡是扮演鬼神救贖的角色，因而這些木偶是神聖而不可隨便觸摸的，觸犯這個禁忌，會招來不祥；有些地方，這類木偶，甚至是被擺在廟宇中供奉，至演戲時才請出來。

又，以木偶演出的目連救贖，稱為木身目連。另外，也有以真人來飾目連，用以破除地獄的打塔活動，稱為肉身目連。肉身目連的超薦儀式，是在現場佈置了象徵地獄拘禁亡魂的七層高塔，塔約三公尺高，每座塔代表一名亡魂，塔下擺著象徵血盆的盒子、象徵七星燈的七小碟（內燃燈油）、飯菜、三種肉，以及三十公分長的紙梯。由飾演目連的法師手持禪杖，進行打塔。法師先在塔前畫有城門的地方行禹步，然後以禪杖底尖在一盞七星燈前畫符，再用禪杖底部將這盞燈打破；助手把城門圖案碎紙和紙梯交給亡者家屬拿去燒燬；象徵打破地獄門。接著一層一層打塔，方式和破地獄門相同，並用杖戳破塔的層隔。每打一層塔時，助手須把懸掛在塔外的亡魂紙偶往上提，象徵塔內亡魂至另一境地，或升至另一層地獄，直至所有的血池、七星燈及每一層塔均已破，打塔的儀式才告完成。

以上是南洋地區所看到的目連救贖劇。又，今日南洋地區所見，目連戲以錫杖一層層戳破塔中紙隔，象徵開啟地獄，救出亡魂的打塔儀式，當是受唐代敦煌寫卷斯 2614 號《大目乾連冥間救母變文并圖一卷并序》的影響而來。兩者的模式十分相像，今錄變文中相關文句於下：

目連見以（已）唱其（奇）哉　　專心念佛幾千迴
風吹毒氣遙呼吸　　看著身為一聚灰
一振黑城關鎖落　　再振明門兩扇開
目連那邊伋來喚　　獄卒擎支（叉）便出來

和尚欲覓阿誰消息　其城廣闊萬由旬
卒倉沒人關閉得　　刀刃晶光阿點點
受罪之人愁懺懺　　大火終融滿地明
煙霧滿滿帳天黑　　忽見闍梨於此立
又復從來不相識　　縱由算當更無人
應是三寶慈悲力

獄主啟言：「和尚緣何事開地獄門？」報言：「貧道不開，阿誰開？世尊寄物來開。」獄主問言：「寄甚物來開？」目連啟獄主：「寄十二環錫杖來開。」獄卒又問：「和尚緣何事來至此？」目連啟言：「貧道阿孃名青提夫人，故來訪覓看。」獄主聞語，卻入獄中高樓之上，迢白旛，打鐵鼓，「第一隔中有青提夫人已否？」第一隔中無。過到第二隔中，迢黑旛，打鐵鼓，「第二隔中有青提夫人已否？」第二隔中亦無。過到第三隔中，迢黃旛，打鐵鼓，「第三隔中有青提夫人已否？」亦無。過到第四隔中亦無，即至第五隔中間，亦道無。過到第六隔中，亦道無青提夫人。獄卒行至第七隔中，迢碧旛，打鐵鼓，「第七隔中有青提夫人已否？」……獄主聞語，扶起青提夫人，提拔三十九道長釘、鐵鎖鎖腰、生杖圍繞；驅出門外。

南洋地區華人社會，所看到扮演破地獄救亡魂角色的目連戲，已如上述。至於在大陸地區方面，則有西元 1994 年 5 月 12～14 日在臺北舉行的「中國祭祀儀式與儀式戲劇研討會」上，大陸學者胡天成發表的〈重慶漢族喪葬儀式中的過橋〉、徐宏圖的〈日翻九樓夜演孟姜紹興戲初探〉都談到了目連救贖亡魂的戲劇演出。胡天成的文章是記錄西元 1993 年 9 月 21～25 日，重慶市巴縣雙河鄉窖金嘴村，村民為他亡去多年的父母所舉行的薦拔法會，與中元無關，誦唸的經文為道教的《救苦經》，而所行的儀式，則是以道士扮目連，破地獄，帶領女性亡魂過血河橋；如為男性，則過金剛橋。在用來做為救贖的儀式劇中，另有人扮演奈河橋鎮橋將軍、各獄王官、牛頭、馬面等人物。以戲劇來做為宗教救贖儀軌。至於徐宏圖所發表的，則是記錄浙江紹興地區的另一種儀式劇，此劇是以孟姜女哭倒萬里長城的傳統戲，加入目連救母而形成的；也是用來超渡亡魂的。內容大致是孟姜女的丈夫范杞良被秦始皇抓去築長城，並被殺來祭城，秦始皇看上了孟姜女美貌，要強娶入宮，孟姜女提出了條件，要秦始皇為她的丈夫做法事超渡，始皇答應，於是接著演出目連破地獄救亡魂等超渡儀式的戲中戲。但也有直接以道士行破地獄儀軌，不再另演目連戲的。結尾是孟姜女跳樓殉夫，天師差仙鶴度孟姜女及度亡魂升天。

又，胡、徐二氏所記錄的兩種目連戲，都是配合道教的術儀來演出，文中所講的地獄名稱為道教的九幽獄，而非佛教十寒八熱獄。九幽獄是依九個方位而立的，它的名稱如下：東方：風雷地獄；南方：火翳地獄；西方：金剛地獄；北方：溟泠地獄；中央：普掠地獄；東南方：銅柱地獄；西南方：屠割地獄；西北方：火車地獄；東北方：鑊湯地獄。九幽獄的傳說，在六朝道教典籍中已出現，詳細探討，請見拙撰《漢魏六朝佛道兩教之天堂地獄說》第六章，西元 1989 年 11 月臺灣學生書局出版。

第五節　結語

農曆七月十五日是道教地官赦罪的日子，也稱為中元節；它是道教三大節日之一。地官清虛大帝及其部屬，在這天檢校人鬼功過，人們如在這天舉行救贖法會，可以薦拔亡魂，使他超生在快樂之地。

佛教原無七月十五之稱，也無中元節，更無所謂救贖七祖亡魂之說。西晉時，道家道教盛行，名士中如嵇康、阮籍信道教者多，《世說新語．棲逸》說阮籍與孫登論及棲神導氣之術；《晉書．嵇康傳》說嵇康與王烈入山採藥而遇素書、石髓。嵇、阮為竹林七賢的領袖，清談的主要倡導者，既已如此認同於道教，其他人可知。而佛教初傳，基礎未固，來華的傳教士中，據梁．慧皎《高僧傳》所載，有許多是兼通中印內外學的，竺法護便是這樣的人。在當時名士名僧常相交遊，相互論難玄理，曾有人以竺法護、支遁等七僧，比配竹林七賢。名士既多道教徒，所談的玄論，如嵇康〈養生論〉，張遼叔、嵇康的論難宅第吉凶，都與道教的習俗說法有關；佛教既能影響道教，道教焉能不影響佛教。竺法護便在此環境下，偽撰了他的《佛說盂蘭盆經》。

《佛說盂蘭盆經》是竺法護所偽撰的，我們除了從法護的身世背景可看出一斑外，《佛說盂蘭盆經》的內容，和唐．歐陽詢《藝文類聚》、徐堅《初學記》所引道教中元日誦唸的道經內容相似，兩者皆藉由該日的法會獻祭，用來超薦亡魂；佛教談自業自救，甚至佛陀也無法救贖別人，由此點，也可以用來做為此經是偽撰的佐證了。再者，印度曆法和中土不同，不像國人用農曆，也沒有七月十五日法會之說，更沒有為七世祖先薦亡之事，也不特別看重孝道。凡此種種，都足以證明此經偽撰，目連故事出自偽託。

又，佛教的盂蘭盆節原是沿承道教的習俗而來的，盂蘭盆法會之最早見於舉行者，當為《佛祖統紀》所說的梁武帝大同四年，但清人靈耀則說齊高帝時已送盆供僧了，詳下引文，不知靈耀所說依據何書？然送盆供僧與舉行法會仍然有別。

七月十五日雖非佛教節日，但到了後來，伴隨著《盂蘭盆經》中目連故事的流傳，盂蘭盆會反而逐漸有喧賓奪主之勢，並被歷代帝王所重視；唐代宗開始在宮中設歷代祖先牌位藉盂蘭法會超薦亡魂，祈求冥福；宋真宗、仁宗也都仿效過。清．靈耀撰《盂蘭盆經折中疏》：「東土南齊高帝常於七月十五日，送盂蘭盆往諸寺中供自恣僧。唐代宗大曆元年七月作盂蘭盆，于禁中設高祖、太宗以下七聖位，祇薦冥福，歲以為常。宋真宗嗣位之初，詔兩街僧錄問盂蘭盆儀式，依法修設，復聽講此經。至仁宗嗣沒之初，亦詔僧三七於延慶殿開建道場，七日夜晝講此經，餘時禮念。七月十五日復於長春殿設盂蘭盆齋，資父王之仙駕，酬昊天之鴻恩；此皆國王行法之最盛者也。」

再者，由於佛道兩教都同樣在七月十五日這天普渡亡魂，因而民間的法會，常混合在一起來舉行。並且自宋以後，在舉行法會的同時，也連帶著搬演目連破地獄，救母升天的戲劇。

在目連救母故事的衍變方面，唐時已有多種目連變文出現，只是唐時的目連變文，僅是許多變文中的一種，和中元節無關，也和後來的救贖劇無關。其後由變文發展為喧唱的寶卷及用人扮演的戲劇。而目連救母劇的開始在中元節搬演，則應始於北宋。但北宋之時，據晏殊的詩及孟元老所記，似乎也只把目連戲當成應節的戲來演，其情形，就像今日我們在端午節時搬演白蛇傳一樣。宋後，目連戲逐漸被轉變為救贖薦亡的儀式劇，或用真人扮演，或用木偶來演，並直接用戲劇的方式，拿戲劇當儀軌來薦拔亡魂。同時目連戲也不必再和中元節連在一起，平常喪事法會的超渡薦拔，皆可舉行。大陸重慶、紹興一帶所看到的目連戲，即是如此。而南洋地區的目連戲，則更能看出救贖儀式劇的性質。

又，西元 1994 年 8 月 21 日（農曆七月十五日）中元節，筆者在臺中建國市場一帶的普渡會場上，所看到臨時搭建的普渡道場，有佛教的，也有道教的；經詢問了數家道場，其中二家道教道場，中元所誦唸的經典為《靈寶正一普施科儀》或名《靈寶正一中普施食玄科儀》；而佛教會場則所誦唸的經典頗為雜亂，有的誦唸《瑜伽餤口施食要集》，而輔以《普門品》；有的誦唸《慈悲血盆懺》，輔以《阿彌陀經》等；有的誦唸《慈悲十王妙懺法》而輔以《金剛經》等；不一而足。附記於此。

圖一二　西元 1994 年農曆七月十五日中元節臺灣臺中建國市場普渡法會，所見鬼王

圖一三　西元 1994 年農曆七月十五日中元節臺灣臺中建國市場普渡法會，所見祭棚

圖一四　西元 1994 年農曆七月十五日中元節臺灣臺中第一廣場普渡法會，道教法壇

圖一五　西元 1994 年農曆七月十五日中元節臺灣臺中建國市場普渡法會，佛教法壇

第七章

道教血湖地獄對佛教《血盆經》的影響

第一節　序言

血湖，是地獄中的獄名，也稱為血汙池、血池、血盆池、血盆；此獄是道、佛二教共有的獄名；然而在稱呼上，道教最常用的名稱為血湖，而佛教則較常稱為血盆。

道教的血湖地獄和佛經的血盆地獄，都是指由婦女經血、產血等汙血所積累而成的地獄；此獄是婦女的專屬地獄，尤其是對生產而死亡的婦女而言，更是如此。有關此獄的敘述，道教是以《元始天尊濟度血湖真經》為主，而佛教則以《佛說大藏正教血盆經》為主。此兩經都認為血湖地獄的形成，是因為婦女在經血或產胎血汙時：或因丟棄於地，汙穢了土地神；或因浼洗帶血衣物，染汙泉湖、池水等；經由不知情的民眾，取水供養神佛，以致褻瀆神明；因而死後墜入血湖地獄。血湖地獄由於係與婦女的產血、經血有關，所以此獄全係由這些汙血所成。再者，佛道兩家的經書，同時都認為婦女生產時，所以會有災厄死亡之事，如：有時母子俱亡，有時母存子亡，有時子在母亡；這些現象，乃是因為投胎出生者，多為冤家相索債所致。

由上所述，兩教在敘述血湖地獄上，竟然出現了那麼多的雷同處，則應是相互抄襲而來；不是偶然的相合。至於誰抄襲誰，則須以兩教的禁忌，及血湖、血盆所呈現的地獄思想來做推斷。

今以漢魏六朝早期的佛道教經典，不曾言及血湖、血盆；記載血湖、血盆地獄的經典，大都集中在唐末，尤其是宋世看來；則血湖、血盆應該是這一時期才形成的。再者更據佛道兩本性質相近，同在敘述地獄十王的經典——《佛說十王經》及《玉歷至寶鈔》來加以論述，則《佛說十王經》中尚無血盆地獄出現，而《玉歷至寶鈔》才有言及。《佛說十王經》，筆者據文獻考定為唐初四川沙門藏川所撰，說見拙作《敦煌俗文學論叢》第四篇，西元 1988 年 7 月臺灣商務印書館出版；《玉歷至寶鈔》則為北宋仁宗天聖八年（西元 1030 年），遼國道士淡癡，假託入冥界所抄寫而來的經書❶。《玉歷

---

❶《玉歷至寶鈔》一書，係北宋朝遼國道士淡癡假託入冥，見地獄中諸事，奉酆都大帝等命所抄寫成書；書中有淡癡「時在太平，庚午年秋九月重陽戊辰日」之語，及淡癡弟子勿迷道人之識語云：「貧道於戊申夏六月，雲遊四川成都雙流縣郊野，路遇吾師淡癡尊者。」「前於戊寅夏六月，傳授東皋刊印。今庚戌，貧道三竺進香，中元將此刻本全卷并同諸聖誕辰，通共三十二張，并付工價，又授與武林印傳。」清乾隆朝李宗敏便據這些文字而考證，以為「時在太平庚午年秋九月」，是指遼聖宗太平十年，亦即是宋仁宗天聖八年；

至寶鈔》實是沿承《佛說十王經》，並加以增補而形成的。血湖獄，在《玉歷至寶鈔》中稱為血汙池，乃是《佛說十王經》所無，而是該書所新增入的；因而血湖的出現，最早不超過唐中葉以前，至遲不會遲於北宋仁宗朝。而以現存文獻看來，唐末至宋初形成的可能性最大。早期道教講泰山獄、九幽獄、泉曲河源及酆都諸獄中，都還未出現血湖獄；早期佛教有十寒八熱地獄、邊地獄等說，其中所列諸小地獄名稱，也均無血盆地獄之稱；唐宋以後，佛道經書有關血湖血盆的敘述，才逐漸轉多。

再者，從血湖、血盆專司女性罪犯，且其犯罪之由，乃是因為產婦及經血染汙地神及眾聖所起。這種禁諱產婦、經期女對神祇的褻瀆說法，跟道教的禁忌產婦、經期女、喪家等入道場的禁忌相符；這種禁忌，在道經中處處可見，與佛教無涉。從這裡看來，血湖、血盆地獄之說，當是創自道教。在道經中，把血湖地獄，劃入酆都諸獄中，說是在大地的東北方；佛教則說血盆池地獄在羽州追陽縣，闊八萬四千由旬；而由羽州追陽縣的地名，也可知血盆獄出自中土，非關印度。

又，關於破獄救贖法上，宋朝所編的道教叢書如《上清靈寶大

《玉歷至寶鈔》載淡癡於此年入冥司抄寫此經；而「戊申夏六月」即是宋神宗熙寧元年（西元 1068 年），勿迷道人於此年在四川雙流縣遇其師淡癡，淡癡將《玉歷至寶鈔》傳予勿迷；此外，「戊寅」年為宋哲宗元符元年，庚戌為高宗建炎四年，這兩年為勿迷將書付印之年。

法》、《靈寶領教濟度金書》等，均詳細載有破血湖獄之儀軌。至於佛教，則在承襲道教血湖思想後，將之與目連故事相結合；以誦唸經懺來行救贖。其後，佛教血盆地獄，更由於目連故事的廣泛流傳，而逐漸有取代道教之趨勢出現。今皆論述於下。

第二節　道教血湖地獄

一、道經中的血湖地獄

道教中談到血湖地獄的經典有：

△《元始天尊濟度血湖真經》（《正統道藏．洞真部．本文類．宿字號》）

△《太一救苦天尊說拔度血湖寶懺》（《正統道藏．洞玄部．威儀類．被字號》）

△《太上濟度章赦》卷中（《正統道藏．洞真部．表奏類．官字號》）

△《靈寶玉鑑》卷一、卷六、卷七、卷三十、卷三十二（《正統道藏．洞玄部．方法類》）

△《無上玄元三天玉堂大法》卷十六（《正統道藏．洞真部．方法類》）

△遼．淡癡撰《玉歷至寶鈔》

△寧全真編授、王契真纂《上清靈寶大法》卷三十四（《正統道

藏・正乙部》）

△寧全真、林靈真編《靈寶領教濟度金書》卷二、卷二百八十七、卷三百九十四（《正統道藏・洞玄部・威儀類》）

△《血湖正朝全集》（《藏外道書》第十四冊頁150～156）

△《血湖啟師全集》（《藏外道書》第十四冊頁663～668）

△《血湖大齋三申全集》（《藏外道書》第十四冊頁670～676）

△《關告酆都血湖官將全集》（《藏外道書》第十四冊頁686～690）

△《血湖迎真集》（《藏外道書》第十四冊頁691～695）

△《血湖大齋混元六幕全集》（《藏外道書》第十四冊頁696～703）

△《血湖三塗五苦全集》（《藏外道書》第十四冊頁704～707）

△《血湖曲赦全集》（《藏外道書》第十四冊頁712～717）

△《血湖大齋科品全集》（《藏外道書》第十四冊頁718～736）

△《靈寶玉籙血湖》（《藏外道書》第十四冊頁737～742）

△《血湖正朝集》（《藏外道書》第十四冊頁743～746）

道教《元始天尊濟度血湖真經》共分上中下三卷，每卷皆短小；是道經中敘述血湖地獄最詳盡，也是有關血湖地獄說法中較早出的經典；此經說血湖是在東北壬癸之地，屬北陰酆都羅山諸地獄中的一獄，位在北陰酆都羅山的海底；血湖地獄包括了四小獄：血池、血盆、血山、血海；四獄相通；統治血湖地獄者，為血湖大神。墜入此獄者，都是女性，原因是因為女性經血及產血，汙穢了地神、溪、河、池、井，以及孕婦產死、墮胎、溺死胎兒，冤家債主，相互償報所引起的。今引此經相關經文於下。《元始天尊濟度血湖真經》卷上：

> 只緣貪婪愛慾，迷失本真，一念既差，降生女質。五濁形漏，匹配夫妻，陰陽結聚，以為始孕。冤家債主，互相償報，是故生產有諸厄難。或月水流行，洗浣汙衣；或育男女，血汙地神；汙水傾注溪河池井，世人不知不覺，汲水飲食，供獻神明，冒觸三光；或誤服毒藥，損子墮胎；或男女數多，故行溺死。冤仇報對，魔鬼相攻。或致子死腹中，母亡產後；或母子俱亡，至傷性命；或遭刑戮，兵解難逃；或疾染惡鬼，橫傷非命，死入酆都血湖地獄，備受諸苦。由積血以成湖，認幻緣而有獄。

同經卷中：

> 東北壬癸之地，有大荒溟渤，海水腥穢，無邊莫測。中有大山，上參碧落，下入風泉，名曰北陰酆都羅山；周迴萬里，是陰氣之主，九地樞機焉。分列諸獄，考罰世人罪惡，及飛禽走獸、胎卵濕化、鱗甲羽毛、動植飛潛，咸皆隸焉。中有一獄，在北陰大海之底，名曰血湖硤石大小鐵圍無間溟泠地獄。又分四子

> 獄：曰血池、血盆、血山、血海；四獄相通，有神主之，號曰血湖大神。在於無極水底，水流其上，臭氣衝天。凡世間產死血屍女人，皆是宿世母子仇讎，冤家纏害，乃至今生一一還報，寂寂於冥夜之中，號號於黑暗之下。渾身血汙，臭穢觸天。金槌鐵杖，亂考無數。飢餐猛火，渴飲血池。萬死萬生，不捨晝夜，常居黑暗，不睹光明。

《元始天尊濟度血湖真經》說血湖地獄「在北陰大海之底，名曰血湖硤石大小鐵圍無間溟泠地獄」；經中除了談到血湖地獄外，間接的也談到了血湖附近的相關地獄，如硤石獄、大小鐵圍、無間獄、溟泠獄等。至於血湖和這許多小獄間的相關位置如何呢？《太一救苦天尊說拔度血湖寶懺》：

> 在大鐵圍山之南，別有大獄，其獄名無間之獄，獄之有獄，號曰硤石之獄。獄之東北地，號血湖，長一萬二千里，周回八萬四千里。下有一門，名曰伏波，乃血湖大神主之。其獄有五：一曰血膃之獄，二曰血泠之獄，三曰血汙之獄，四曰血資之獄，五曰血湖之獄。獨此一獄，又列為五。有硤石無間之號，大小鐵圍之山，皆分拘帶血之魂，腥穢無邊之眾。

《太上濟度章赦》卷中：

北都羅酆大鐵圍山硤石無間血湖地獄。

《上清靈寶大法》卷三十四〈血湖燈圖〉:

大鐵圍山之南有硤石獄，其形皆黑。旁有火焰，下有血湖。在東南一大石間，上大小（下）尖，中開一縫，罪人出入，自有百藥毒汁灌身心，獄號血湖。產死婦人億劫沈墮，苦不可勝，穢惡之甚。獄中有百萬鬼卒，晝夜考掠，乃翻體大神、擲尸大神、食心啖腦鬼王之類也。

酆都為道教地獄所在，其說大概興起於六朝初，在此之前則為泰山獄。而鐵圍山原為佛教名相，佛教認為在這一世界和另一世界的邊緣，有兩大鐵圍山間隔，在兩大鐵圍山中間，日月光所不能照到，是地獄所在。道經受佛教影響，也常談到鐵圍山，並將鐵圍山劃入酆都地獄的系統中。同時認為血湖在酆都鐵圍山南，硤石地獄之東。然而對於血湖地獄所在地的說法，除上述較為眾書所採用的一致說法外，道經中也有不同的說法出現，北宋仁宗至神宗熙寧年間，遼地道士淡癡所撰《玉歷至寶鈔》第四章〈玉歷之傳流〉云:

血汙池，置設殿（酆都大帝殿）後之左。

《玉歷至寶鈔》將血湖，稱為血汙池；並說設在酆都大帝殿之後，此是與諸經較不同之處。至於血湖地獄的分屬地獄，則《元始天尊濟度血湖真經》說有血池、血盆、血山、血海四獄；而《太一救苦天尊說拔度血湖寶懺》則說有血膃、血冷、血汙、血資、血湖五獄，說法不同。《元始天尊濟度血湖真經》係以元始天尊說經，經中將太一救苦天尊說成是血湖地獄的救赦者。太一救苦天尊既是血湖地獄的救贖者，疑道徒因此而始撰造了《太一救苦天尊說拔度血湖寶懺》，據此，則《太一救苦天尊說拔度血湖寶懺》之撰作年代，似應在《元始天尊濟度血湖真經》之後。

又，對於墮入血湖地獄之因緣，道經大都以為此獄是針對女人血汙、產死、胎亡而設；其墮獄，是因血汙褻瀆神聖；而其所以會有產死胎亡的現象，則是因為「前生仇讎，托胎報復」(《靈寶玉鑑》卷一)。基於此，所以須要建大齋以超渡。而超渡時所唸誦的經典，則為前面所引述與血湖有關的經文。但對這種以血湖為女人專屬獄的說法，有的道經也不以為然，認為是陽間的道姑所誤傳，持此說者為淡癡；淡癡假託入冥，說是親眼看到地獄十王，並蒙恩准傳錄冥事，將其事撰成《玉歷至寶鈔》。文中淡癡假借酆都大帝之口，論述血湖地獄之事云：

> 血汙池，置設殿後之左。陽世誤聞道姑所說，皆因婦人生產有罪，死後入此汙池。謬之甚矣。凡坤道生育，係屬應有之事，

即難產而暴亡者，均不罪其屍鬼汙穢，發入此池。如有生產未過二十日，輒即身近井竈，洗滌衣襖，曬亮高處者，其罪應歸家長三分，本婦罪坐七分。設此汙池，無論男女，凡在陽世不顧神前佛後，不忌日辰，如五月十四、十五，八月初三、十三，十月初十；此四日，男婦犯禁交媾，除神降惡疾暴亡，受過諸獄苦後，水浸其池，不得出頭。及男婦而好宰殺，血濺廚竈、神佛廟堂、經典書章、字紙、一切祭祀器皿之上者，受過別惡諸獄苦後，解到浸入此池，亦不得輕易出頭。陽世能有親屬立願，代為戒殺，買命放生，數足之日，齋供佛神，禮拜血汙經懺，方可超脫其苦。

經中否定了血汙池和經血、產亡的關係，且否定了此獄是專為婦女而設；淡癡認為男女均會墮入血汙獄，而其因緣則是非時行淫及好宰殺牲畜。淡癡之說，顯然是鄙棄道經中這種歧視女性、賤視女性生育辛勞而說的。元世祖在至元十八年（西元 1281 年）也曾頒禁令，禁止《血盆經》的刊行。《大元通制條格．卷二十八．禁書》：「照得江南見有白蓮會等名目，《五公符》、《推背圖》、《血盆》及應合禁斷天文圖書，一切左道亂世之術，擬合禁斷。」元世祖的用意，主要是在禁斷白蓮會眾的經書，未必出於憐憫婦女，但《血盆經》專針對婦人經血產血，確實對婦女也是不公正。

二、血湖地獄的成因

血湖地獄說的形成，究其因，當與早期道教之避諱經期女及產婦的作法有關。國人認為產婦及經期女是不祥，不願意與之共處的習俗，早在東漢之世，王充《論衡．四諱》中已提到，文云：

三曰諱婦人乳子，以為不吉；將舉吉事、入山林、遠行度川澤者，皆不與之交通。乳子之家亦忌惡之，丘墓廬道畔，踰月乃入；惡之甚也。暫卒見，若為不吉。

王充為東漢章帝時人，說到當時人對產婦的避忌，不僅將要有所行事，如遠行、入山採藥、婚嫁喜慶的人忌諱看到她；同時產婦的家人，也會讓她住在墓旁或郊外草屋中，滿月後才回來；這種禁忌，可能和漢代觸血忌的觀念有關。古代殺牲以祭，但有些日子則忌諱見血，因此在此日禁止殺牲、甚至針灸刺血等都在所禁之列；如不守此戒，觸犯血忌，則古人認為將會招來病死之禍；《論衡．四諱》說：「祭祀言觸血忌，喪葬言犯剛柔；皆有鬼神凶惡之禁，人不忌避，有病死之禍。」漢代的這些習俗，後來被道教所吸收，道經認為舉吉事、做法會、鍊丹修仙，須避忌被經期女及產婦所見，否則丹藥不成，並會惹來禍殃；《抱朴子．金丹》云：

> 今之醫家，每合好藥好膏，皆不欲令雞犬、小兒、婦人見之；若被諸物犯之，用便無驗。又染綵者惡惡目者見之，皆失美色；況神仙大藥乎？

《雲笈七籤》卷四十五〈祕要訣法．殗穢忌〉：

> 科曰：忌臨屍、產婦、喪家。齋、醮、食、櫛沐、飯食、便曲，不欲向北，及不得見三光；婦人月經不得造齋食，近道場，不得見諸畜產、喪車、靈堂等。

道教重長生不死，所以不願意見到生產死喪之事。至於忌諱經期中的婦女及產婦，則是因為經期女、產婦是汙穢不潔，會觸穢道場，使修仙不得，丹藥不成；且不僅是妨人行道而已，同時也會觸犯神祇，罪性極大。由於道教的這種觀念，根深蒂固的存在於國人心中，且由於六朝時的道經，雖然只說須避忌經期女、產婦等，但對這些有意或無意中來破壞別人修道及褻瀆神聖的人，並沒有嚴厲的刑罰來嚇止他們；因而到了唐宋時，便發展成為專為妨人修道、觸犯神祇的婦女，立一血湖重獄，來加以責罰。並且以冤仇相報來解釋婦女生產時，有的母子雙亡，有的母亡子活，有的母活子死等現象。《靈寶玉鑑》卷一〈專度血湖論〉云：

血湖地獄者，由幽冥之宰物者，隨死者之冤結而化見也。人莫不由父生母養，以成幻質。惟婦人自妊娠以至娩乳，苦厄良多。有懷胎而死，有既產而亡；或母死而子存，或母存而子死，或子母俱殞於臨蓐之頃，亦有俱喪於既產之餘，是皆其前生仇讎，托胎報復。至有以藥毒自墮其所孕，亦有以多子而不育其所生。彼安身立命之念既孤，則負屈啣冤之心莫釋。死則魂繫血湖以受報對，動經億劫，無有出期，非建大齋，莫能超渡。

《太上感應》卷二十七「損子墮胎」句，李昌齡傳（《正統道藏．太清部．退字號》）云：

又按郭普州記，信可有女名引鳳，初被二鬼追攝，遍歷一十八獄，每門各有一廳，最後一門大書地獄二字，有一王者坐一特殿，殿下列數百婦人，各有小兒抱捉號呼索命。有孕兩三月而自毒其胎者，有因挂麝香而偶至墮者，有因爭鬧而觸損者，有為精魅所擾而遂壞者，有因怒兒啼哭打擲至死者，有因視兒不謹死非其命者，有因闕乳而死者。王者一一詰問，莫不桎梏在身，枯瘠可憫。引鳳既而得還，具白其父信可，因大書于天寧寺壁以為世戒。

上述二道經，是敘述產婦與胎兒間所結下的恩怨；如有因吃藥而墮胎，有因不慎而流產，有因孩子啼哭擲打至死，有因缺乳而餓死等等；因而這些冤魂便來索命，致使生產時多苦厄。

綜上所述，血湖地獄的形成，肇因於道教對婦女產血、經血的禁忌，並配以產時冤魂索命說而形成的。

第三節　佛教《血盆經》

血盆，據道經所言，原是血湖地獄的分屬小獄；佛經中則以血盆來代替血湖，但也有直接稱血湖者，如《慈悲血湖寶懺》即是。血湖地獄的形成，原是由道教認為婦女產子及經血等物，會汙穢神明的觀念所演變來的。佛經中本無忌諱經期女及產婦之說，至盛唐密宗興起時，始受道教影響，而忌諱經期女、產婦進入道場及窺視法會；其後便成為佛道之共同通習。原始佛教既不刻意避忌經期女及產婦，因而血盆地獄之說，當是沿承道教風俗而來。佛經中言及血盆的重要經典有：

《佛說大藏正教血盆經》一卷，收錄於日本《卍續藏經》冊八十七。

《大藏血盆經》一卷，藏經中不收。

《慈悲血盆懺》上中下卷，藏經中不收。

《慈悲血湖寶懺》上中下卷，藏經中不收。

四經中以《佛說大藏正教血盆經》為主，年代較早，其餘三經疑係清末及近代的作品。《佛說大藏正教血盆經》經文極短，正文約只有四百二十字左右；由於該經短小，錄其全文於下，以便討論：

> 爾時目連尊者，昔日往到羽州追陽縣，見一血盆池地獄，闊八萬四千由旬。池中有一百二十件事鐵梁、鐵柱、鐵枷、鐵鎖。見南閻浮提女人，許多被頭散髮，長枷杻手，在地獄中受罪。獄卒、鬼王，一日三度將血勒教罪人喫。此時罪人不甘伏喫，遂被獄主將鐵棒打，作叫聲。目連悲哀問獄主：「不見南閻浮提丈夫之人受此苦報，只見許多女人受其苦痛。」獄主答師言：「不干丈夫之事。只是女人產下血露，汙觸地神；若穢汙衣裳，將去溪河洗澤，水流汙漫，誤諸善男女取水煎茶，供養諸聖，致令不淨；天大將軍劄下名字，附在善惡部中，候百年命終之後，受此苦報。」目連悲哀，遂問獄主：「將何報答產生阿娘之恩，出離血盆池地獄？」獄主答師言：「惟有小心孝順男女，敬重三寶，更為阿娘持血盆齋三年，仍結血盆勝會，請僧轉誦此經一藏，滿日懺散，便有般若船載過奈河江岸，看見血盆池中有五朵蓮華出現，罪人歡喜，心生慚愧，便得超生佛地。」諸大菩薩及目連尊者，啟告來勸南閻浮提人信善男女，早覺修取，大辦前程，莫教失手，萬劫難復。佛告說《女人血盆經》，若有信心書寫受持，令得三世母親，盡得生天，受諸快樂，衣食自然，長命富貴。爾時天龍八部，人非人等，皆大歡喜，信受奉行，作禮而退。

佛教自從竺法護的《佛說盂蘭盆經》以目連為入地獄的主角後，目連似乎便和地獄結下不解緣。此經亦是以目連為主，來敘述地獄情形；同時佛教把道教的血湖地獄，改成血盆，竊疑可能也是受《佛說盂蘭盆經》中「盆」字的影響使然。至於筆者所以說佛教血盆是源出道教，是抄襲道教而來的，其理由約有下列數點：

1、經中所使用的地名某州某縣（羽州追陽縣），純是中土稱呼。羽州之名，疑是由《尚書．舜典》：「殛鯀于羽山。」演變而來。孔傳云：「羽山，東裔，在海中。」孔穎達疏云：「《禹貢．徐州》云：『蒙、羽其藝。』是羽山為東裔也。《漢書．地理志》：『羽山，在東海郡祝其縣西南海水漸及。』故言在海中。」羽山在東邊旁海，所以此處把海想像成，闊八萬四千由旬的血盆池。

2、對經期女、產婦的禁忌，出自中國，傳自道教，與佛教無涉。

3、《佛說大藏正教血盆經》所說救贖「三世父母，盡得生天」；而救贖三世父母、七世父母之說，亦是中土道教常見術語，與佛教無涉（說見本書前篇有關《佛說盂蘭盆經》的探討部分）。

4、此經也和道經一樣，以為血盆地獄是女人的專屬地獄，並以為是女人經血露汙穢地神諸聖所引起，此經云：「女人產下血露，汙觸地神；若穢汙衣裳，將去溪河洗澤，水流汙漫，誤諸善男女取水煎茶，供養諸聖，致令不淨；天大將軍箚下名字，附在善惡部中，候百年命終之後，受此苦報。」這段文字和道經《元始天尊濟度血湖真經》所敘述的文意，全同；其中「天大將軍箚下名字，附善惡部」，此觀念亦出自道教司命神記人善惡、奪人算紀之說；「善惡部」，日本吉岡義豐所藏乾隆六年刊本《佛說大藏血盆經》作「善惡簿」，以文意看，應以作「善惡簿」為是。又經中之「洗澤」，吉岡本作「洗浣」，文字均較《卍續藏經》本為佳。

據上述四點而言，因而可以斷定此經乃是偽作，並且是仿效道經而作。更由《佛說大藏正教血盆經》中言及奈河，而奈河乃是後起經典《佛說十王經》、《玉歷至寶鈔》等所說❷；則此經之撰作，也是在《佛說十王經》之後。

佛教有關血盆地獄的經典，除《佛說大藏正教血盆經》外，其餘都是較晚近的作品，也是現在所見佛教諸藏經中所不收錄者。但《大藏血盆經》、《慈悲血盆懺》、《慈悲血湖寶懺》等三經，卻是當今民間普遍流行，用來救贖婦女亡者所誦唸的經典。筆者所收藏的三經本子，係購自臺中書肆。其中《慈悲血盆懺》，乃民國 28 年 9 月 27 日臺中瑞成書局刊印。而《大藏血盆經》則附於《慈悲血湖寶懺》之末，二者合成一書；係屏東金母宮委託二林聯成印刷廠所印。這三經疑是清末或近代的產品。今將此三經的內容論述於下：

1、《大藏血盆經》，全經是以七言押韻詩偈的形式寫成，經文短小，正文共一百四十八句。以目連入獄救母為緣起，藉由目連尊

---

❷有關《十王經》及奈河的探討，請參見拙作《敦煌俗文學論叢》一書第四篇，臺灣商務印書館西元 1988 年 7 月出版。

者經羽州看到萬丈深的血池獄，和獄官的問答，來敘述血盆獄的情形。所言入獄因緣，如云：「莫將溪水洗衣裳，日間汙穢天和地；夜間觸穢月星辰。」等，都和道教及《佛說大藏正教血盆經》所說觸穢天地神祇相同。至於此經的撰作年代，由經中有泰山十王殿、望鄉臺之說，這些名相出於《玉歷至寶鈔》，知此經不能早於宋朝；更由經中有「看經食菜拜閻王」、「食菜替娘禮血盆」等語，「食菜」一語，係臺語吃齋、吃素的意思。又經中「善魚夜來朝北斗」，「善魚」即臺語鱔魚的讀音；「犬有璉草知恩主」，「璉草」係以身體在草上打滾的臺語說法；此引用主人醉臥草叢，大火，狗以身泡水中，滾濕主人身旁草以救主的故事。經文「爹娘死後無對尋」，「無對尋」為無處尋的臺語發音。從這些臺語的用詞看來，此經疑是近代臺灣或閩南一帶的產品。又，該經是以說唱的語氣來寫成的，甚有意味，由於該經短小，今錄全文於下：

《大藏血盆經》

善男信女听原因　　听念血盆大藏經　　血盆經中非小可
業鏡臺前照分明

業鏡臺前憑簿照　　厘毫罪惡自家當　　目連尊者貌堂堂
身穿袈裟去尋娘

手執缽盂金禪杖　　打開酆都地獄門　　十八地獄都遊盡

娘親不見好恓惶

目連尊者實有心　　一頭挑母一頭經　　挑經向前背了母

挑母向前背了經

目連赶到羽州邊　　看見血池萬丈深　　池中萬丈海深闊

不見娘親在血池

獄生判官憑簿問　　牛頭馬面四方巡　　池中婦女人無數

披枷帶鎖不離身

目連尊者問原因　　這樣婦女罪何因　　獄官答應尊者听

都是陽間養育人

因是生男併育女　　如今血池罪臨身　　生男育女罪何過

觸穢三光共神明

披頭撒髮娘當罪　　都是生前不敬心　　娘在血池食血水

世間男女不知情

普勸婦人細思量　　莫將溪水洗衣裳　　日間汙穢天和地

夜間觸穢月星辰

一來汙穢江河水　　二來汙穢海龍王　　凡眼不知清水穢

挑水煎茶供佛前

將軍血帝記名字　　善惡簿中娘有名　　等到你娘陽壽滿

閻王差鬼拿罪人

拿到泰山十王殿　　向前從頭訴原因　　業鏡臺前憑簿照

分毫做錯罪加身

獄中二百十刑椇　每日三催不離身　鐵樑鐵柱鐵床板
鐵枷鐵鎖鐵叉鎗
日間銅槌打一百　夜間將他血來吞　十槌八下娘身打
未曾男女替娘身
陽間做錯無人認　泰山門下自承當　寒冰地獄冷清清
刀山劍樹血淋淋
拿到血池娘受苦　男女陽間不知情　髫頭撒髮血池叫
叫苦池中多少人
三日不食家中飯　七日解到望鄉臺　望鄉臺上看家鄉
何年何月轉還鄉
家中男女披麻索　閻王不肯放還鄉　啼啼哭哭告閻王
放轉家鄉三五年
乞奴轉厝苦情講　看經食菜拜閻王　閻王喝罵罪婦女
地獄誰人替你當
叫你陽間修善果　為何空手見閻王　奉勸世間男共女
食菜替娘禮血盆
持齋受戒三年後　免娘墜落血池中　一拜謝娘養育恩
二拜謝娘懷胎恩
三拜謝娘湯共茶　四拜謝娘乳哺恩　五拜東嶽泰山府
泰山都統做證明
養男不知娘辛苦　養女方知報答情　父母不親誰是親

不敬爹娘敬何人

金銀財寶有處討　　爹娘死後無對尋　　人人都愛爹娘養

養大成人七尺身

食娘三擔六斗血　　千辛萬苦養成人　　佛言真語全不信

邪言哄轉就相量

不分邪正癡呆漢　　克己傷心害爹娘　　與人相罵無好話

句句都罵爹共娘

不孝難講公道話　　不孝雖善非五常　　不孝念佛無利益

不孝空燒萬炷香

不孝誦經無感應　　不孝啼哭枉栖惶　　不孝做齋圖名利

不孝上墳好名揚

有名無實不相應　　雖然瞞人怎瞞天　　有恩不報非君子

有仇不報是賢良

佛祖留下天堂路　　人生百行孝為先　　犬有踕草知恩主

馬能做渡救康王

烏鴉反哺報娘奶　　為人何不敬爹娘　　虎狼尚能知父子

蜜蜂螻蟻有君臣

善魚夜來朝北斗　　豺獺皆能報本恩　　且如雎鳩之有別

為人混亂不分明

十月懷胎娘辛苦　　三年乳哺奶辛勤　　長大成人思孝順

自然天地不虧人

孝順之人增福壽　　忤逆之人壽夭貧　　孝順感動天和地

龍心不負孝心人

上代古人行大孝　　揚傳天下盡留名　　古人做與今人看

今人何不照樣行

孝順父母生孝子　　忤逆兒生忤逆孫　　若要兒孫孝順我

我今先孝二雙親

《大藏血盆經》　終

2、《慈悲血湖寶懺》，以懺文的形式寫成；目的在懺罪，描述地獄苦況及母親懷孕辛苦，告以懺悔，祈求往生樂土。此經的作者及撰作年代不詳。佛教的懺文，一般說是出自梁武帝，召誌公修設水陸大齋，而有懺法❸。然如細究其源，則應是受道教上章首過的作法所啟發。道教早在東漢之世，就已經採行向天、地、水三官上章首過的作法，把自己所犯的惡業，寫於章紙上，向三官來懺悔，祈求赦免。佛教承其說，也以懺文來消罪。

3、《慈悲血盆懺》，亦是以懺的形式寫成，中間雜引目連和佛的問答，說明婦女入血盆獄，是因為婦人的前世業因所致；經中並

❸《釋氏通鑑》云：「梁武帝妃郗氏，帝為雍州刺史時，妃薨，其性酷妒，化為巨蛇，入後宮通夢於帝，求為修功德，使離苦。帝閱《大藏》，製慈悲懺法，請僧懺罪，尋化為天人，於空中謝帝，既得生天，帝畢生不復立后。」

雜述地獄苦況，告佛以懺悔，並有禮佛、唸佛、誦咒等科儀。

第四節　結語

佛教血盆地獄思想是沿襲道經而來，並把血盆和目連故事聯結在一起；但佛經雖是仿襲道經而來，從宋後，血盆地獄為女人專屬獄之說，逐漸普遍被民眾所信；如《徐仙翰藻》卷十〈建血盆疏〉、卷十一〈散血盆〉、〈建血盆告諭文〉、卷十二〈題血盆會疏〉；此書現收錄於《續道藏．卿字號》，全書編成於元朝，書末有跋云：「時大德乙巳仲春山長陳夢根拜手書。」大德乙巳，為西元 1305 年，全書係以請神降壇的方式所寫成的，裡面的文章，假託唐末五代時後晉．徐知證所作，稱為徐仙；而所收的降神文詞，有宋代的，有元代的；有的不寫年代，難以斷定。徐仙為道教人物，而託名徐仙所撰的疏文，則都以「血盆」為名，文中也是佛道雜糅。可見血湖地獄的觀念已打破宗教界線，不再區分佛道，而成為民眾的普遍信仰。

又，明．馮夢龍《警世通言》卷十一〈蘇知縣羅衫再合〉：「老尼淨了手，向佛前念了《血盆經》。」明．笑笑生《金瓶梅》第六十二回〈潘道士解禳祭燈法，西門慶大哭李瓶兒〉，敘述李瓶兒因產後患血崩，和觀音庵王姑子的一段對話云：「我心裡還要與王師父些銀子兒，望你到明日我死了，你替我在家請幾位師父多誦些《血盆經懺》，我這罪業還不知墮多少罪業哩！」明．吳承恩《西遊記》第十一回〈遊地府太宗還魂，進瓜果劉全續配〉，在敘述十八層地獄時，中有血池獄，文云：「血池獄、阿鼻獄、秤杆獄，脫皮釐骨，折臂斷筋，也只為謀財害命，宰畜屠生；墮落千年難解釋，沈淪永世不翻身。」

從這些舊小說中對血盆血池地獄的敘述，可以看出當時人民，尤其是婦女，對這個婦女專屬獄的恐懼。

又，佛教救贖血盆地獄的科儀，因為《佛說大藏血盆經》中涉及目連尊者，所以其科儀也摻雜上目連入地獄救母的破獄儀法；且因目連故事的流傳，所以使得血盆地獄之稱，在氣勢上，逐漸壓過了血湖。時至今日，血盆地獄之說依然盛行，民眾常採用目連破血盆獄來做為破獄科儀。更由於血盆是女性的專屬地獄，因而今日，如果亡者是女性，在為其做薦拔時，通常都須以目連破血盆獄的傀儡戲或由法師扮目連破獄，及誦唸《血盆經懺》來做為救贖科儀。這一部分討論詳見本書第六章。

至於道教破獄救贖亡魂的科儀，則大抵不外立壇置幡燈，以齋醮誦經懺的方式，來薦拔亡魂。道經所載破獄儀如：《靈寶玉鑑》卷一〈專度血湖論〉：「《靈寶大法》，中有〈玉光〉一品，專一拔度血湖，拜表上章，行符告簡；次第有科。既以天將攝其魂，復以天醫療其疾，神水滌其腥穢，法食消其飢渴；然後釋其執著之想，開其超渡之方，妙用神功，盡在行持之士也。」而《太上濟度章赦》卷中〈蕩滌血湖章〉（《正統道藏．洞真部．表奏類．官字號》），則詳記其章文云：

臣謹據齋意，臣切念亡故某人三生四負，多積冤愆；六慾七情，易招釁咎。命罹產厄，神墮幽關。北酆東岱之曹，紀錄姓字；硤石血湖之獄，考對形魂。抱痛終天，無由解脫。爰念稟生之本始，孰非祖炁（氣）之分靈？妄業自招，實堪矜憫。帝恩無外，諒賜哀憐；謹為拜章一通，上聞三天。……臣謹為上請三炁流光符吏、蕩滌血湖符吏，各一人；官將各二十四人；上詣三天金闕玉陛下，請降三炁流光真符、玉元蕩滌血湖真符，告下北都羅酆大鐵圍山硤石無間血湖地獄，即冀符光朗耀，陰壤開明，原赦亡故某人洎見禁經產身亡未得出離者，並與疾除罪簿，落滅惡根，解釋冤仇，開通性識，承今符命，獲脫冥途，來詣玄壇，聞經聽法，全形復質，隨果注生。又念淪染血腥，形神穢濁，來朝三寶，難近天光，謹為上請五方五帝解穢君吏各一人，玉女使者各二十四人，九鳳破穢大將軍，滌穢大將軍，洗穢大將軍，滅穢大將軍，各一人，官將各二十四人，沐浴東井君一人，官將二十四人，浣濯夫人，黃華玉女各一人，仙花玉女一百二十人，一合來下為取黃華神水煉尸。素漿、甘靈、金津、雲腴、玉醴，灌注蘭湯之內；沐浴亡故某人，洗除產厭，蕩滌穢腥，俾令內外光明，形神潔淨，根塵業垢，並與澄清。又念亡故某人淪謝之初，自膺痛毒，榮衛傷瘁，未遂安痊；謹為上請天醫神吏、尚藥靈官、治病功曹、太醫博士各一人，一合來下，密運神聖工巧，餌以日精月華，玉芝金醴，五色神丹，救療諸苦，庶得陰陽通暢，血炁和平，經絡還元，魂神澄正，朝真受度，托化人天，永無淪墜之憂，自在光明之界。更願靈光煒燁，慧澤周流，業海澄波，血湖息浪，人民品物並受生成，舒化日於三塗，播仁風於八極。

由此段章文看來，淪入血湖地獄之婦女，要出離很難；且出離後，因為形質穢汙，須要請天將神吏，除穢瘵疾，才能托生光明之界，免除血湖之苦。

以上是道、佛方面有關血湖、血盆地獄的說法。又，近世恐懼產死嬰兒報仇而出現的嬰靈思想，據其心意來探索，也應是由血盆地獄衍化而來的。

在今日的功利社會中，墮胎現象極為普遍；有的珠胎暗結，胎兒漸大，但因愛情變色，而不得不墮胎；有的因盼望男嬰，而設法去除女胎；有的因胎兒有殘缺，不願生他育他；有的重在性慾之樂，不願有胎。雖由種種原因而除去胎兒，但這些胎兒在母體中，均已停留一段時日，母子聲息相連，難免有感情，再加上畏懼冤魂報仇；因而今日，墮胎或流產過的婦女，自然而然的，希望能藉宗教科儀，來超渡嬰靈，使得生者可以免除墮胎的罪惡感，和索命的恐慌；並且想像胎兒也可以藉此超薦，往生善地。因此近日救贖嬰靈的法會極多，甚至有的寺廟在報章雜誌中刊登廣告，來招徠民眾。此風起於日本，而迅速往外延燒；臺灣目前寺廟中替人超渡嬰靈的，也極普遍。

第八章

從文獻上看道教對印度本土及佛教密宗的形成與影響

佛教學者只注意到印度佛教對中國的影響，而忽略了中國對大乘佛教的影響。其實佛教在傳入中國之初，自安世高、支婁迦讖起，即襲取中土老莊及儒家思想以譯經。於是形成了大乘佛教和原始小乘的經典義理有極大的差異。一般學者所說的儒、釋、道三教會通，是指受中土思想影響的大乘佛教可以會通，而不是小乘佛教。魯迅以為中國的根柢在道教，呂澂則以為中國佛教的根柢在中國，不在印度❶。不僅大乘佛教受影響，佛教密宗金剛界、胎藏界的壇儀，受道教及中國郊天祀地圓壇方壇的影響，而密教的五方五佛等相配，更是沿襲自中土五行生剋說。

---

❶呂澂《中國佛學源流略講．序論一．內容》頁 4：「中國佛學的根子在中國而不在印度。」台北，里仁出版社，1985 年 1 月。按：里仁出版的呂澂《中國佛學源流略講》和上海人民出版社，2005 年 4 月出版的本子有別。里仁版較詳盡，此處所引呂澂說，用里仁本。

第一節　序言

學者大都認為自東漢明帝起，而佛教傳入中國。並且盛行攝摩騰和竺法蘭以白馬馱經到中國，譯出《四十二章經》，這是佛教譯經之始。但這樣的說法，已逐漸不被學者所採信。

佛教自明帝傳入中國，至桓帝止，大都只是依附在道教之下，僅在少數人之中流傳，並沒有明顯的經文譯本傳世。載記佛經經目最早者為東晉釋道安《經錄》，梁・僧祐《出三藏記集》即是據道安書而擴增。僧祐撰《出三藏記集・卷二・新集經論錄第一》依年代先後載錄歷代譯經師所譯佛經，第一本為《四十二章經》，在其下注明道安《經錄》未著錄，第二本及其後較早之譯經，為漢桓帝時來華的安世高所譯經及靈帝時支婁迦讖等譯經。

但《四十二章經》並非漢明帝時所譯佛經，而是晚出的經錄，據上引道安撰《經錄》時尚未出現，真正的佛教譯經，以現存文獻所載看，則應從安世高始。漢末桓帝時的安世高及靈帝時的支婁迦讖，二人之譯經，安世高偏禪學，而支讖則偏向般若學；二人為有系統且可徵信的佛經翻譯之始。

今以《四十二章經》全文看來，僅是摘錄諸經而成，沒有佛教「如是我聞」等三分說經的形式，應不是佛經，而是經抄。

有關《四十二章經》的撰作年代及撰作者問題，近代學者依然爭論不休，但已逐漸取得共識，即是大都認同呂澂《中國佛學源流略講》附錄〈四十二章經抄出的年代〉❷的說法。呂氏認為《四十二章經》有三分之二同於《法句經》，是從《法句經》中抄出的，抄出的年代在晉惠帝末年（西元 306 年）至成帝末年（西元 342 年）的三十幾年間，文中呂氏將《四十二章經》和《法句經》作了對比。筆者也認為此經並沒有如一般佛經有「序分」、「正宗分」、「流通分」三分說經的形式，而是分條引列佛言，確實頗像是經抄而非佛經。再者，《真誥》卷六〈甄命授第二〉第六頁至第十頁的「眾靈教戒所言」是抄襲自《四十二章經》，《真誥》載錄東晉楊羲（西元 330～386？）、許謐（西元 305～376）降真告語，說明《四十二章經》成書在東晉楊羲前，而當時流傳未廣，才敢於抄襲。東晉釋道安（西元 312 年～385 年）《經錄》不採錄，當是知其書非經，所以不採錄，或者是未見其書。

印度佛教傳到中國後，不能快速傳教，長期來為了要在中土生根發展，不斷的吸收中土文化、思想，用以糁入佛經中，甚至據以編纂成經。這種情形，由漢末安世高、支婁迦讖借用《老子》的無為、自然、有、無等名相譯經，到竺法護、鳩摩羅什以玄學來譯般若經，並將道家道體論移植於佛經中。自此而下，一直到西元八世紀密宗的形成，這種襲取中土文化及道家、道教哲理思想的情形，一直不斷。逐漸造成中國佛教和印度佛教間的差異。雖然，自西元

❷呂澂《中國佛學源流略講》，台北，里仁出版社，1985 年 1 月，頁 291 至 297。

十二世紀回教入侵印度後，佛教在印度幾乎已不存在，難以比較中國佛教和印度佛教的不同，但小乘國家仍保有較原始的佛教風貌，到小乘國家的寺廟中去生活數月，便不難發現中國佛教和印度佛教間實際上的差別。中國佛教已深度的中國化，受中土哲理、習俗、宗教、科儀的影響甚深，已和印度佛教的原貌相去甚遠。

不僅中國佛教受中國思想習俗的影響，甚至印度佛教也有受中土影響的地方。早期的學者大都只注意到印度佛教影響中國，近世學者已逐漸注意到中國文化及道教對印度本土的影響。其中受道教影響最為明顯的，應是印度的密教。

佛教密宗，又稱為密教，是西元八世紀左右在印度興起的佛教宗派，也是佛教發展的最後一個階段。此一宗派的特色是重視壇場術法，以護摩及身、口、意三密，來達到治病、驅魔、降怨、求權勢、求福慧，甚至即身成佛的目的。壇場主要以五方佛為設供對象，以大日如來為主神；和小乘以釋迦為主，大乘重視阿彌陀佛，有極大不同。護摩，是將薪木放入爐中燃燒，象徵智慧火燒煩惱薪。在護摩時，通常配合身、口、意三密進行。身密是結手印，口密為誦真言（咒語），意密為觀想所設供諸佛身境、梵字及自身體內蓮輪情形。密教徒以為藉由壇場術法、護摩及三密加持，可以達到息（息災）、增（增長福慧）、懷（增長權勢成就事業）、誅（降伏魔怨）；並且進而與諸佛身境相應，而即身成佛。

密教和佛教大小乘的差別，在於密教以五方佛中之大日如來為主，具有勾召降怨等壇儀，有身密（手印）、口密（咒語）、意密（觀想）等三密相應，有灌頂、護摩等儀法，有大日佛及金剛手等神祇。密教的形成，始於西元八世紀的唐玄宗朝。湯用彤《隋唐佛教史稿．第四章．真言宗》說：

「密教之傳，實起自唐玄宗時，雖密咒翻譯，自漢以來即有之，然至此始有完全之密教傳入。因咒為佛經所常有，而密教則外重儀軌，內附教理，自成一系統宗派也。玄奘、義淨詳記印土流行之宗派，玄奘雖稱有咒藏，義淨雖稱有道琳在印求明咒，且淨譯咒亦多，然均未列密教為一派，實可知密教之完成，蓋在唐時也。」❸

自漢而下，佛經常中雜有咒語，甚或以咒語為主的經籍也不少，但湯用彤認為光有咒語，而無壇場科儀，不能視為密教。湯說較為合理。大抵說來，小乘佛教以釋迦為主神，鄙棄咒語、壇場及術法；大乘以阿彌陀佛為主神，雖雜有咒語，但無壇場科儀、三密相應等說。密教以大日如來為主神，有壇場科儀、三密加持、護摩等法，如以此為準來看，那麼《大正藏》密教部所收的經典，如吳．支謙《佛說無量門微密持經》、東晉．帛尸梨蜜多羅譯《佛說灌頂經》、

❸湯用彤《隋唐佛教史稿》，新北，台灣佛光文化事業出版，2001 年，頁 275 至 276。

姚秦．鳩摩羅什譯《孔雀王咒經》、劉宋．求那跋陀羅譯《阿難陀目佉尼呵離陀經》、元魏．曇曜譯《大吉義神咒經》、梁．僧伽婆羅譯《舍利弗陀羅尼經》、隋．闍那崛多譯《佛說一向出生菩薩經》等等譯經，這些經典僅是重視咒語，尚無壇儀及三密法，亦無大日佛等觀想對象，根本不能算密教典籍，不應置於密教部。相對的《大正藏》般若部第八冊所收的唐．金剛智譯《金剛頂瑜伽理趣般若經》、唐．不空譯《大樂金剛不空真實三麼耶經》、唐．般若譯《大乘理趣六波羅蜜多經》、宋．施護譯《佛說遍照般若波羅蜜經》、宋．法賢譯《佛說最上根本大樂金剛不空三昧大教王經》、宋．天息災譯《佛說觀想佛母般若波羅蜜多菩薩經》等等，則反而都應擺入密教部中，而不應擺在般若部。

密教為佛教最後期宗派，受道教影響甚深。早年的學者，大都不認為中土文化影響佛教，更不相信道教也影響了中土佛教，甚至影響了印度佛教的發展；但近年來學者大都已開始注意到道教和佛教的關係，也逐漸察覺到道教不僅對中土密教有影響，甚至對印度密教的形成和發展有影響。

筆者十多年前曾以道教與密宗為題，發表了《道教星斗符印與佛教密宗》、《道教與密宗》、《道教術儀與密教典籍》三本書，論述中土密教受道教及中土文化影響的情形。筆者的論著，偏重由中土所保留的文獻中，來探討道教與密教的關係，以此來推測印度密教也受到中土道教的影響。最近黃心川等學者，更直接引證印度學者對道教與密教的相關研究，足以看出道教對密教的影響，不僅是影響了中土的密教，也已影響了印度的密教，且是在密教傳入中國前，就已受到道教的影響；當然傳入中國後，這種交互的影響更快速。

第二節　中土密教經典中所呈現的道教成分

筆者長期來研讀佛、道兩教經藏，由於對佛經中出現了諸多的符籙咒印深感訝異，於是便開始著手兩教間相互影響的研究，第一次發表相關的文章，是在 1990 年，中國文化大學主辦第二屆敦煌學國際研討會，發表了〈從敦煌寫卷中看道教星斗崇拜對佛經之影響〉，此後不斷的撰寫這方面的論文，發表於學術刊物上；其後將這些論文增補，而於 1993 年 4 月由新文豐出版公司出版了《道教星斗符印與佛教密宗》及《道教與密宗》二書，接著 1994 年 3 月，又由新文豐出版了《道教術儀與密教典籍》一書。筆者五年內所寫的這三書及多篇論文，都是由道教影響於密教經典科儀處，來著手論述。《道教星斗符印與佛教密宗》是將密教典籍中受中土道教星斗崇拜及符印影響之佛經，逐一臚列探討。《道教與密宗》，是從壇場科儀及術法等，來論述密教受道教影響的情形。《道教術儀與密教典籍》，則是將《大正新修大藏經》第十八冊至二十一冊密教部所收，受到道教影響之經典，逐一摘出論述。其後筆者又於 2005 年 3 月由新文豐公司出版了《道家道教影響下的佛教經籍》一書，此書雖以藏經所收全部佛經為主，但對密教受道教影響處，也有所增補。大抵來說，道教影響於密教的，約有下列主要項目。

一、星斗崇拜對印度密教的影響

道教以為天空諸星，代表著天帝及諸神，主宰著人事吉凶禍福。在天上星群中，尤其重視北極、南北斗及二十八宿。北極是天帝所在處，而南北斗則為紫微大帝的二司兩極，分別掌理水火、陰陽，道教有南斗主生，北斗主死之說。南北斗經所說的南斗六星君為：天府、天相、天梁、天同、天樞、天機；北斗七星君為：貪狼、巨門、祿存、文曲、廉貞、武曲、破軍，及外輔、內弼二星君。南北斗星神，不僅主宰人之生死壽夭，也轄掌日月星辰及二十八宿。南北斗又屬於紫微大帝及玉皇大帝所管轄。整個天上的星宿，是神祇的化現，有階位及職司，掌管世人吉凶禍福。這是道教星斗崇拜的說法，也是中土周秦以來逐漸形成的說法。

在星斗崇拜方面，中土將黃道附近常見星群區分為二十八宿（角、亢、氐、房、心、尾、箕、井、鬼、柳、星、張、翼、軫、奎、婁、胃、昴、畢、觜、參、斗、牛、女、虛、危、室、壁），再將二十八宿歸屬於東蒼龍、南朱雀、西白虎、北玄武四大星團，蒼龍、朱雀、白虎、玄武，也稱為四靈，每一個各統領七宿，每一宿各由數星組成。二十八宿的區劃方式，和印度的區分法有極大不同。印度承受希臘羅馬的說法，將星空區分為十二宮（獅子宮、女宮、秤宮、蝎宮、弓宮、摩竭宮、瓶宮、魚宮、羊宮、牛宮、夫妻宮、蟹宮)。中、印這兩種區分方式，是各自將天上星群做不同的聯想、區分，兩者不能並存；再者，佛教認為日月星群僅在天界最低層的四天王天上，過此即無日月星辰，所以並無星斗崇拜的思想。但受中土影響，佛經中出現不少這一類的經典，如三國吳．竺律炎、支謙譯《摩登伽經》、竺法護譯《舍頭諫太子二十八宿經》、東晉．失名譯《七佛八菩薩所說大陀羅尼神呪經》、隋．那連提耶舍譯《大方等大集經》卷四十一、四十二及卷五十六之〈日、月藏分〉、唐．義淨譯《佛說大孔雀咒王經》、唐．尸羅跋陀羅譯慧琳筆受《大聖妙吉祥菩薩說除災教令法輪》、唐．金剛智譯《北斗七星念誦儀軌》、大興善寺阿闍梨述《北斗七星護摩祕要儀軌》、婆羅門僧將到此經唐朝受持《佛說北斗七星延命經》、唐．不空譯《文殊師利菩薩及諸仙所說吉凶時日善惡宿曜經》、唐．不空譯《七星如意輪祕密要經》、唐．不空譯《佛母大孔雀明王經》、唐．一行撰《七曜星辰別行法》、唐一行撰《宿曜儀軌》、唐一行撰《北斗七星護摩法》、唐．一行修述《梵天火羅九曜》、唐．波羅頗蜜多羅譯《寶星陀羅尼經》、唐．法全集《供養護世八天法》、天竺婆羅門金俱吒撰集《七曜攘災決》、敦煌寫卷伯 2194 號　《佛說大威德熾盛光如來吉祥陀羅尼經》、伯 2322 號《二十八宿真言》《文殊破宿曜真言》、伯 4071 號《十一曜見生圖等曆算玄文》、宋．法天譯《佛說聖曜母陀羅尼經》、宋．法賢譯《難儞計濕嚩囉天說支輪經》等等，這些經典大都被歸類為密教典籍，收錄於《大正新修大藏經》第十八至二十一冊中。

上述的這些經典，或在經中論述二十八宿，或論述星神祟病及祭祀，或說北斗七星君主人壽夭吉凶，或將二十八宿及十二建除相配用來擇日，或以星宿來推算人命等等。其祭法有紙錢、酒、脯，其科儀甚至有披散頭髮；這些都足以看出道教對密教的影響。詳細舉證及論述，請見筆者《道教星斗符印與佛教密宗》一書。

二、道教符籙咒印對密教的影響

「符」是將文字屈曲成篆籀星雷之形，是天上聖神所使用的文字。「籙」是神祇名錄，上書神祇名諱、圖像及符咒。「咒」是天上聖神要語。「印」有兩種，一種是道士職司之印；一種是符文之印，上刻神符，功用與神符相同。道教以符籙咒印來治病驅鬼、來證道修仙。上述符籙咒印四者，因為佛教原已有咒，所以道教影響於密宗者為符、籙、印三者。受道教符籙咒印影響的經典，如東晉．帛尸梨蜜多羅譯《大灌頂經》卷七〈佛說灌頂伏魔封印大神咒經〉、梁．佚名譯《阿吒婆拘鬼神大將上佛陀羅尼經》、唐．婆羅門僧譯《佛說北斗七星延命經》、失名譯《龍樹五明論》、唐．瞿多三藏譯《佛說常瞿利毒女陀羅呢呪經》、唐．不空譯《佛說金毘羅童子威德經》、唐．一行撰《曼殊室利燄曼德迦萬愛祕術如意法》、唐．阿質達霰譯《穢跡金剛禁百變法經》、唐．般若惹羯羅撰《聖歡喜天式法》、唐．婆羅門僧《佛說北斗七星延命經》、唐．一行撰《七曜星辰別行法》、一行撰《北斗七星護摩法》、敦煌寫卷伯 2558 號《佛說七千佛神符益算經》、斯 2498 號《洗眼符難產符等》、斯 4524 號《佛說咒魅經》、斯 4690 號《金剛神符》、伯 2602 號背面《觀世音菩薩符印》一卷、伯 3853 號背面《佛說大輪金剛總持陀羅尼法》、伯 3874 號《觀世音及世尊符印十二通及神咒》等等。

上述的這些密教經典，都可看到道教的符印，有的甚至刻意將咒語神符化。不僅經中出現符印而已，密教也用符印來治病、驅鬼及成就佛法，其使用方式、佩帶吞服等法，都和道教有關。詳細舉證及論述，請見筆者《道教星斗符印與佛教密宗》一書。

三、道教壇場及陰陽五行生剋說對密教壇場術儀的影響

密教壇場最主要者為金剛界及胎藏界兩大曼荼羅，其胎藏界曼荼羅係仿自中土帝王之郊天祀地壇；而金剛界則仿自道教九宮壇。密教胎藏界主要典籍為唐·善無畏及一行譯《大毘盧遮那成佛神變加持經》七卷（簡稱《大日經》）；金剛界主要典籍為唐·不空譯《金剛頂一切如來真實攝大乘現證大教王經》三卷（簡稱《金剛頂經》）。此外，善無畏譯《三種悉地破地獄轉業障出三界祕密陀羅尼法》、善無畏譯《佛頂尊勝心破地獄轉業障出三界祕密陀羅尼》、善無畏譯《尊勝佛頂脩瑜伽法軌儀》等等經典，對密教的壇場及修持法門，也都有所述及。

密教壇場修持法，常以五方、五色、五佛、五智、五梵字、五輪、五形、五部、五蘊、五行、四季等相搭配；這種方式，其實是

出自中土五行生剋之說。其金剛界的大曼荼羅，為仿自中土道教的九宮神壇。詳見本書第一章〈一、道教壇場與佛教密宗金胎兩大曼荼羅〉。

又，最可看出密教受中國五行說影響的，舉經典來言，如唐·善無畏譯《三種悉地破地獄轉業障出三界祕密陀羅尼法》、善無畏譯《佛頂尊勝心破地獄轉業障出三界祕密三身佛果三種悉地真言儀軌》、善無畏譯《佛頂尊勝心破地獄轉業障出三界祕密陀羅尼》、善無畏譯《尊勝佛頂脩瑜伽法軌儀》等經，經中將五梵字（阿、鍐、藍、含、欠）、五輪（地、水、風、火、空）、五形（方、圓、三角、半月、火焰）、五色（青、白、紅、黑、黃）、五相應部位（腰下、臍中、心上、眉上、頂上）、五方（東、西、南、北、中）、五部（金剛部、蓮花部、寶部、羯磨部、虛空部）、五蘊（色、想、受、行、識）、五臟（肝、肺、心、腎、脾）、魂神（魂、魄、神、志、意）、五佛（阿閦佛、阿彌陀佛、寶生佛、不空成就佛、大日佛）、五智（大圓鏡智、妙觀察智、平等性智、成所作智、法界性智）、五行（木、金、火、水、土）、四季（春、夏、季夏、秋、冬）等等相配係，如梵字阿為地輪，為方形，為青色，相應部位為腰下，為東方，為金剛部，為五蘊的色，為五臟的肝，為五佛的阿閦佛，為五智的大圓鏡智等等；用此儀法來觀身修煉，使自己與佛相契，即身而成佛。其中五行、五方、五色、五佛、五臟、四季之搭配，和中土《尚書·洪範》、《呂氏春秋》、《大戴禮·夏小正》、《禮記·月令》、班固

《白虎通德論》等說法相同，只是密教把中土的五帝，換成五佛罷了。而其中五方、五佛、五色三者的配繫，並不僅是上述善無畏譯經的說法而已，它已是密教金、胎兩界的共法，也是唐密、東密、藏密的共法，如此而說印度不受中土影響，實很難自圓其說。筆者在所著《道教與密宗》和《道教術儀與密教典籍》二書中，曾將中土和密教有關五行、五方、五色等相配情形，分列圖表，兩相比較，抄襲之跡不言自顯。

四、道教修持法門及房中術對密教的影響

在修持法門上，道教房中、導引、辟穀、食氣、叩齒、咽津、噴潠等法，對密教也應有某些程度的影響。

密教無上瑜伽將男女性愛比做金剛界與胎藏界相結合，理智合一，其實是肇自道教房中說。密教的五輪觀身修持法門，以臍下、臍中、心上、眉上、頂上為觀想部位，且將諸神和體內部位相配係；這些做法，也和道教以泥丸（眉間退入三分處）、絳宮（心臟處）、命宮（臍下三指向內處）及黃庭、氣海、關元等為觀想處相近；而六朝上清派的存思法門，即是觀想人體內重要部位之神祇吐炁入身，鎮守身中各相應部門。身神之說出自道教將人體視為一小宇宙，宇宙中有此神，人體內亦有此神。因此，印度密教的重視男女雙修，及拙火上行身體中諸蓮輪，甚至將諸神和體內各蓮輪等部位相配之說法，應是受自道教影響，且和東晉上清派以存思內神，配合叩齒、

咽津、誦經、念咒、用符，觀想神祇光氣進入吾身中運行周身，留置於相關部位中有關。

道教認為吾人身上與生俱來，即有諸神主司人體各部組織功能，這些神祇，玆簡稱為「身神」，也稱之為「內神」。身神的概念，顯然是將人體內部各器官的組織功能神格化，且把人體視為一小宇宙而來。身神（內神）的思想，在漢代讖緯《龍魚河圖》已出現；而「內神」一詞，則出自《太平經．卷七十二．齋戒思神救死訣》❹。《太平經》將體內的五臟神稱為「內神」，以之與外界的「外神」相對。本文沿承其意，用來稱呼吾人身體內及體表，與生俱存的眾多神祇，這些神祇各有各的名諱、形貌及職司，司掌吾人身上髮、膚、齒、舌、五臟、六腑、血、脈等等諸功能。道經中敘述內神的名諱及存思內神的修煉法門，漢世已肇其端，至東晉《上清經》而達極峰。

在漢世，身神和外神有別，讖緯書中所見的髮、齒、眼、舌等身神，僅是小神。東漢在身神方面，逐漸增加了三丹田（見《太上靈寶五符序》），並將身神區分為三部八景二十四真（《二十四生圖經》），也出現了腦部九宮的概念（見《黃庭內景玉經》第七章、二十一章）；同時全身的身神愈分愈細，以為身神的結構與天界神祇結

❹《太平經．卷七十二．齋戒思神救死訣》云：「思之，當先睹是內神已，當睹是外神也。或先見陽神而後見內神，覩之為右。此者，無形象之法也。亦須得師口訣示教之。」（《正統道藏．太平部．傅字號》，新文豐刊本第四十一冊頁 239）內神指體內五臟神，外神指身外自然界之神祇。

構相應（《太上老君中經》）。到了六朝《上清經》時，將三丹田腦部九宮之存思，視為修仙捷徑，並發展成了身神即外神，大量擴大身神的數目；以為身神階位有大有小，身神中之大神甚多，尤以腦部九宮為最；且人體內有一神，天界亦必有一神與之相應。如《大洞真經》說上清三十九帝入身中三十九戶而說經。再如《洞真太上素靈洞玄大有妙經》說腦部九宮的洞房宮，中為黃老君，左無英公子，右白元君；而《洞真高上玉帝大洞雌一玉檢五老寶經》說：「白元、无英、中央黃老，皆是上清天真官位之號。」❺可見東晉的上清經派，是將身神與外神相合而為一了，視人體為一小宇宙。

上清經派，是由南嶽夫人魏華存降授楊羲《上清經》三十一卷而來。上清經派的特色在於觀想身中神祇，使外神與內神相合為一，而達煉形易質，長生不死的目的。上清經派的三十一卷經書以《上清大洞真經》為首。上清經派的修行法門，依次為守一，也稱守三一，係指存思人體內三丹田（泥丸、絳宮、丹田）真一（守宮神祇）之法；進而為守腦部九宮之雌一（腦部九宮中之女性神）、雄一（男性神）；進而為修行《上清大洞真經》人身三十九身神，使迴風混合成「帝一」道體之法。存思帝一的法門，以《上清大洞真經》為主；存思腦部九宮及守三一者以 《洞真高上玉帝大洞雌一至檢五老寶經》、《洞真太上素靈洞玄大有妙經》為主，此三經合稱為道之三奇。

自漢代至魏晉之道書，如《龍魚河圖》、《太平經》、《太上靈寶

❺見《正統道藏．正乙部．右字號》，新文豐五十六冊頁 158 上。

五符序》、《黃庭內景經》、《二十四生圖經》、《洞真造形紫元二十四神經》、《太微帝君二十四神回元經》、《上清眾經諸真聖祕·卷一·九真中經黃老祕言》等，都是廣泛的敘述了人體內各部位的神祇名諱及存思修煉之法。上清派是存思身神修煉法之集大成者，此派中在存思時，須觀想人身百穴生門死戶守護尊神之法相名諱、所守部位；順此神在吾身中之運行而吸氣、吐氣，並配合用符、誦經、念咒、叩齒、咽津等方式進行。

東晉上清派存思內神，及觀想光氣在體內各部位運行的修煉法門，影響了印度密教的修行法。不僅如此，道教術法好用童男女，《史記·秦始皇本紀》載秦始皇「遣徐市發童男女數千人，入海求僊人。」而密教的術法亦重視童男童女❻。道教以壇場術法來召遣鬼神，以降魔治病；密教亦借由壇法來勾召鬼神，用以伏冤、降魔、治病❼。術儀上道教有叩齒、咽津、潠水，密教亦用之❽。又，密

❻如唐·阿地瞿多譯《佛說陀羅尼集經》卷二、唐·善無畏譯《大佛頂廣聚陀羅尼經》卷五、唐·不空譯《七俱胝佛母所說准提陀羅尼經》、宋·天息災譯《佛說大摩里支菩薩經》等。宋·贊寧《宋高僧傳·卷一·唐金剛智傳》文末係語云：「五部曼拏羅法，攝取鬼物，必附麗童男處女，去疾除祅也絕易。」其實重視童男女，是受道教影響，自秦始皇以童男女入海求仙始，道經中即常見用童男女來製藥行法。

❼道教亦以召遣鬼神，治病降魔為主。初期佛教不重視術法，至密教起而大量採用術法。

❽見梁·失名譯《阿吒婆拘鬼神大將上佛陀羅尼經》、唐·阿地瞿多譯《陀羅

教所用藥材有中土的藥物之名❾。密教修煉法門上有道教的辟穀、食氣術❿。而道教之人偶厭勝術，和密教的人偶降滅法間有密切的關係。另外，佛教認為女身不能成佛，須先轉成男身，但密教受道教的影響，女性神佛非常多。再者，密教典籍中出現中土的泰山府君、司命、判官、北斗七星君等神祇，以及文簿相移、稱名啟請等章奏形式，這些都是受自道教的影響。詳細舉證及論述，請見筆者《道教與密宗》、《道教術儀與密教典籍》二書。

五、道教習尚及禁忌對密教的影響

道教在煉丹合藥及立壇作法時，須慎選時日，避忌為俗人、雞犬、婦人、小兒、喪家所見，尤其忌諱產婦及月經期之婦女進出道場。《抱朴子．金丹篇》所言：「勿近穢汙及與俗人往來；又不令不信道者知之，謗毀神藥，藥不成矣。」至於在經典術法傳承上，禁

尼集經．卷一．佛頂索印咒第二十三》、《龍樹五明論》卷上等。

❾如唐．不空《聖迦柅忿怒金剛童子菩薩成就儀軌經》、唐．菩提流志譯《如意輪陀羅尼經．佩藥品第六》、唐．伽梵達摩譯《千手千眼觀世音菩薩治病合藥經》等等，不僅有中土藥名，而合藥須擇日，忌俗人見等忌諱，亦與道教同。

❿見唐．金剛智譯《不動使者陀羅尼祕密法》、不空譯《如意寶珠轉輪祕密現身成佛金輪咒王經．放鉢品第一》、唐．智通譯《觀自在菩薩怛嚩多唎隨心陀羅尼經．觀世音說療一切病壇法》、善無畏譯《慈氏菩薩略修愈誐念誦法》卷十第十品、《龍樹五明論》等等。

諱不經師徒盟誓而私自盜法，及妄傳不該傳習之人，否則死後入地獄，九玄七祖受風刀之考，這類的載述見於《太真玉帝四極明科經》（《正統道藏．洞真部．戒律類．雨字號》）及六朝道經中。

道教的習尚及禁忌，對密教也有深遠影響。密教的合藥及立壇上，亦忌為俗人、雞犬、婦人所見，禁經期女、喪家等出入道場。唐．善無畏譯《大佛頂廣聚陀羅尼經．卷四．造珍寶品》：「(作金方及藥）咒師著新淨衣裳，壇前誦咒守之，婦人、孝、六畜、狗等並不得見，見即不成，慎之大吉。」⓫唐．伽梵達摩譯《千手千眼觀世音菩薩治病合藥經》說：「(製藥）時唯須淨護，莫令新產婦人及狗見。」⓬唐．善無畏譯《七佛俱胝佛母心大准提陀羅尼法》：「此壇鏡法不得人見，若見，即不好不成。」⓭唐．智通譯《觀自在菩薩隨心咒經》：「若欲聞持不忘，取菖蒲去皮，剋記節……慎之，不得見喪孝哭泣，若見，即失。」⓮《龍樹五明論》卷下文末：「修行者慎見死尸及產乳、六畜產生乳血光，及婦女、小兒，及雞犬之聲。常淨身澡口，見汙穢之時，必須咒解穢之；咒水三返，以洗面目，然後入室，不爾者，法不成，及被殃害，體面生瘡。」⓯唐．不空

⓫《大正新修大藏經》第十九冊頁 165 中。

⓬《大正新修大藏經》第二十冊頁 104 上。

⓭《大正新修大藏經》第二十冊頁 187 上。

⓮《大正新修大藏經》第二十冊頁 463 上。

⓯《大正新修大藏經》第二十一冊頁 968 下。

譯《菩提道場所說一字頂輪王經》卷三：「新產及死家，殘食及祭食，月經女作食，及以彼家食，旃陀羅家食，臭穢陳宿食……如是等之家，悉不往飲食，及不往止宿，破壞悉地故。」⑯以上密教的這些禁忌，可以說是沿襲道教之說，而和原始佛教不同。

又，在傳經授法上，密教亦是強調須傳於壇場受灌頂者，傳受非人，自身將受其殃，如唐．阿地瞿多譯《佛說陀羅尼集經》卷五：

「咒師必須得他布施白馬，若無白馬，用銀作馬而與咒師。若無銀作馬，任咒師意所須之物，以代馬用。若無物者，好心孝順，持戒堅固，能得不違阿闍梨教嚴決之者，方教此法。」⑰

失名譯《阿闍梨大曼荼攞灌頂儀軌》：

「汝又不應於未入壇場受灌頂人前說此法事，汝若說者，非但違失汝三昧耶，亦自招殃咎耳。」⑱

供施財物，請師傳法，不可輕傳於未灌頂人，否則死入地獄，密教典籍中這類的記載不少；這種習慣和傳統佛教相違，而和道教

⑯《大正新修大藏經》第十九冊頁 208 上。

⑰《大正新修大藏經》第十八冊頁 832 中。

⑱《大正新修大藏經》第十八冊頁 190 中。

相近。道教師徒相授受，須於壇場盟誓而後傳受經法，戒妄傳於人，否則自身及九玄七祖等眷屬將受災殃，這樣的記載，屢見於六朝及後世道經中。密教主張於壇場灌頂再傳授經法，戒所傳非人，這些都是受自道教的影響。

第三節　印度學者研究中所見中土道士對印度密教形成之影響

道教對佛教密宗的影響，不僅影響中土的密教，也影響了印度的密教；不僅密教成立後受影響，甚且在密教形成前也已受影響。道教對印度密教的影響，在中土所保留的文獻中，雖可以由兩教眾多的相同處推測而知，但更直接的，則須由印度學者所撰寫及印度史料中所保存的來論述。

印度學者的撰述，見於印度アジット・ムジケルジー撰、日本松長有慶譯《タントラ東洋の知恵》一書中所述道士對密教的影響，以及黃心川《道教與密教》一文所引印度學者論述道教對密教的影響；本書第二章第五節〈二、道教房中術與佛教密宗〉有詳細討論，不另贅述。

第四節　結論

密教興起於西元八世紀，約中國唐玄宗朝。自唐至宋，印度僧人翻譯出不少密教典籍；而由這些典籍中，可以看出密教已深受道教影響。密教經典，或用中土四靈（青龍、白虎、朱雀、玄武）、二十八宿之說；或採用北斗七星主人生死之思想；或用道教祭拜星斗科儀；或沿襲中土星辰為祟之說。不僅星斗崇拜受道教影響，密教經典中，或用道教靈符以治病驅鬼，或用中土藥材雄黃、雌黃等來煉長生丹藥；或仿襲道教壇場儀制，以五行生剋法來安置壇場；或用道教存思身神及導引、食氣的修持法門；或仿襲道教男女房中術，而倡導男女雙修，及女神崇拜。密教受道教的影響，大抵從中土現存文獻中，已可推知。

對道教與密教兩者關係的研究，最近學者的研究愈來愈多，除由中土所保留的密教文獻著手外，也逐漸重視印度學者的研究成果。而由中印兩邊學者的研究中，已可明確的斷定，道教確實影響了密教，不僅中土的密教受影響，也直接影響了印度的密教；不僅是密教形成後受影響，在密教形成前也已受到道士的傳授修持法門及製藥煉丹之法。

印度的密教，雖然在十二世紀後隨著佛教的消逝而滅絕，但在印度以外，今日仍有不少地方信仰著密教。以地區來分：有流傳於西藏的藏密；有流傳於日本的東密；有流行於雲南一帶的滇密。流行於日本的東密，是沿承中土唐代密教而來，屬於八世紀至十二世紀間較早期的密教；藏密及滇密則是十二世紀後所傳入的密教。密教除受道教影響較深遠外，密教流傳至各地時，也常和當地的文化習俗結合在一起，顯現出密教的包容性極強。這些都是研究密教的好題材，因此對於密教的研究，我們仍有許多空間可以發揮。

本文原為2018年10月19至23日浙大道教與地方文化國際學術研討會稿件，經多次修改而成此文。本文曾刊登於香港《弘道》，2014年第4期/總第61期。

參考書目

《大唐大慈恩寺三藏法師傳》　唐・慧立本、彥悰箋（《大正新修大藏經》卷五十〈史傳部二〉）

《付法藏因緣傳》　元魏・吉迦夜共曇曜譯（《大正藏》卷五十〈史傳部二〉）

《高僧傳》　梁・慧皎撰（《大正藏》卷五十〈史傳部二〉）

《續高僧傳》　唐・道宣撰（《大正藏》卷五十〈史傳部二〉）

《宋高僧傳》　宋・贊寧撰（《大正藏》卷五十〈史傳部二〉）

《弘明集》　梁・僧祐撰（《大正藏》卷五十二〈史傳部四〉）

《廣弘明集》　唐・道宣撰（《大正藏》卷五十二〈史傳部四〉）

《出三藏記集》　梁・僧祐撰（《大正藏》卷五十五〈目錄部全〉）

《大乘玄論》　隋・吉藏撰（《大正藏》卷四十五〈諸宗部二〉）

《肇論》　後秦・僧肇作（《大正藏》卷四十五〈諸宗部二〉）

《金剛錍》　唐・湛然述（《大正藏》卷四十六〈諸宗部三〉）

《曆代法寶記》　失名撰（《大正藏》卷五十一〈史傳部三〉）

《景德傳燈錄》　宋・道原纂（《大正藏》卷五十一〈史傳部三〉）

《傳法正宗論》　宋・契嵩編（《大正藏》卷五十一〈史傳部三〉）

《大唐西域記》　唐・玄奘撰（《大正藏》卷五十一〈史傳部三〉）

《大乘起信論義疏》　隋・慧遠（《大正藏》卷四十四〈諸宗部一〉）

《佛果圜悟禪師碧巖錄》　宋・圜悟禪師撰（《大正藏》卷四十八〈諸宗部五〉）

《六祖大師法寶壇經》　（《大正藏》卷四十八〈諸宗部五〉）

《禪源諸詮集都序》　唐・宗密述（《大正藏》卷四十八〈諸宗部五〉）

《太平經》　（《正統道藏・太平部》）

《洞玄靈寶三洞奉道科戒營始》　（《正統道藏・太平部・儀字號》）

《無上黃籙大齋立成儀》　（《正統道藏・洞玄部・威儀類・白字號》）

《洞玄靈寶齋說光燭戒罰燈祝願儀》　（《正統道藏・洞玄部・威儀類・化字號》）

《要修科儀戒律鈔》　（《正統道藏・洞玄部・戒律類・唐字號》）

《太上北斗本命延生妙經》　（《正統道藏・洞神部・本文類・傷字號》）

《太上老君說安宅八陽經》　（《正統道藏・洞神部・本文類・傷字號》）

《太上老君說益算神符妙經》　（《正統道藏・洞玄部・神符類・潔字號》）

《太上老君說長生益算妙經》　（《正統道藏・洞玄部・本文類・女

字號》）

《雲笈七籤》　宋・張君房集（《正統道藏・太玄部》）

《正一醮宅儀》　（《正統道藏・洞玄部・威儀類・忠字號》）

《太上洞神太元河圖三元仰謝儀》　唐・杜光庭（《正統道藏・洞神部・威儀類・忠字號》）

《上方大洞真元妙經圖》　（《正統道藏・洞玄部・靈圖類・國字號》）

《抱朴子》　晉・葛洪

《上清大洞真經》　（《正統道藏・洞真部・本文類・荒字號》）

《赤松子章曆》　（《正統道藏・洞玄部・表奏類・豈字號》）

《老子說五廚經註》　（《正統道藏・洞神部・玉訣類・是字號》）

《黃庭內景玉經》　（《正統道藏・洞玄部・本文類・人字號》）

《荊楚歲時記》　梁・宗懍

《初學記》　唐・徐堅

《藝文類聚》　唐・歐陽詢

《入唐求法巡禮行記》　日本・圓仁撰

《太平御覽》　宋・李昉

《玉歷至寶鈔》　北宋・淡癡

《東京夢華錄》　宋・孟元老

《古今圖書集成》

《全上古三代秦漢三國六朝文》　清・嚴可均輯

《淵鑑類函》　清・張英等編

《全唐詩》

《帝京歲時紀勝》　清・潘榮陛

《燕京歲時記》　清・富察敦崇

《通俗編》　清・翟灝撰

《筆記小說大觀》　臺灣新興書局

《魏晉南北朝佛教史》　民・湯用彤

《隋唐佛教史稿》　民・湯用彤

《太平經合校》　民・王明

《偽書通考》　民・張心澂

《道教》　民・湯一介　陝西師範大學社　西元 1988 年 4 月一版

《中國哲學史》　民・馮友蘭

《中國哲學史》　民・勞思光

《中國道教史》　民・任繼愈

《中國佛教史》　民・任繼愈

《宋明理學研究》　張立文著　中國人民大學社　西元 1985 年 7 月第一版

《中國道教思想史綱》　民・卿希泰

《禪學的黃金時代》　吳經熊著　臺灣商務印書館　西元 1969 年 11 月初版

《六祖壇經流行本敦煌本合刊》　臺灣慧炬月刊社　西元 1970 年 9

月初版

《神會與壇經》　印順法師著　臺灣海潮音社　西元 1971 年 5 月初版

《禪學隨筆 Studies in Zen》　日本・鈴木大拙著，孟祥森譯　臺灣志文社　西元 1972 年 1 月

《禪與日本人》　日本・鈴木大拙著，李孟翰譯　學海書局　西元 1972 年 1 月

《道教研究》第一冊　日本・吉岡義豐編修

《臺灣風俗誌》　日・片岡巖著，陳金田譯　大立出版社　西元 1986 年

《臺灣信仰傳奇》　黃文博　臺原出版社　西元 1989 年 8 月

《南洋的興化目連戲與超渡儀式》　容世誠、張學權合著　西元 1994 年 5 月臺北「中國祭祀儀式與儀式戲劇研討會」所發表的會議論文

《敦煌俗文學論叢》　蕭登福　臺灣商務印書館　西元 1988 年 7 月

《漢魏六朝佛道兩教之天堂地獄說》　蕭登福　臺灣學生書局　西元 1989 年 11 月

《先秦兩漢冥界及神仙思想探原》　蕭登福　文津出版社　西元 1990 年 8 月

《道教與密宗》　蕭登福　新文豐出版公司　西元 1993 年 4 月

《道教星斗符印與佛教密宗》　蕭登福　新文豐出版公司　西元

1993 年 4 月

《道教術儀與密教典籍》　蕭登福　新文豐出版公司　西元 1994 年 3 月一版

佛性思想

釋恆清／著

佛性（如來藏）思想複雜且豐富，對中國佛教有很深遠的影響。本書共收六篇專文，前三篇是印度佛教中有關佛性思想之經論的研究。第四篇討論《大乘起信論》的心性說。第五篇討論初唐性宗和相宗關於「一性」、「五性」的爭辯。最後一篇則是從天台宗主張草木有性談到現代深層生態學，以論證佛性說可為現代生態學的哲理基礎。

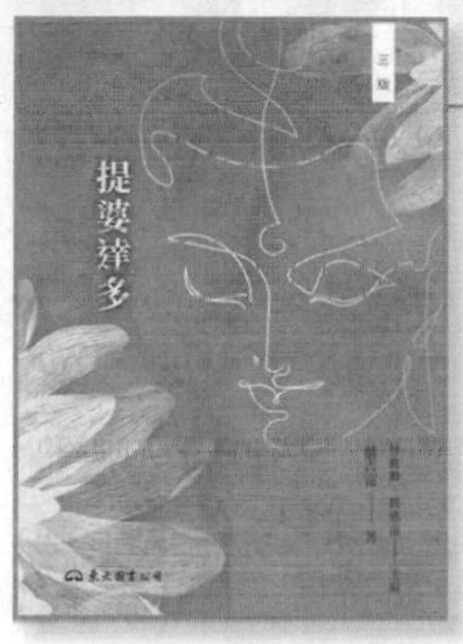

提婆達多

藍吉富／著

本書是印度佛教史上「提婆達多事件」的綜合論述。全書透過不同視角，深入分析提婆達多其人其行。企圖以較客觀的態度彰顯提婆達多的歷史定位及其破僧行為的歷史意義，也擬提醒讀者：歷史詮釋往往受某些觀念、團體或文獻左右，更會因不同時代而有不同解讀，讓後人難以釐清歷史的原貌——印度佛教的發展也不例外。

佛教史料學

藍吉富／著

本書綜合討論佛教文獻，是專為佛教研究者所設計的史料學專書。面對難以計數的佛教文獻，佛教研究者該如何入門？如何應用？本書首先將各常見大藏經作實用性的分析；其次介紹重要的佛教叢書與工具書；分論印度、中國（含西藏）、南傳、日本等系佛教文獻的內容及特質；最後以實例說明研究過程中不容忽略的佛典翻譯、版本、藏外文獻、偽經與遺跡等項目。

禪宗六變

顧偉康／著

禪宗乃是最典型的中國化佛教，本書運用文化選擇理論，從印度佛教中國化的角度契入，把一部禪宗史分為達摩禪、東山禪、曹溪禪、南禪、宋元明清禪和當代禪六個階段，系統地描述了這「禪宗六變」。對禪宗史上大量偽託的故事和著作的考證和「還原」，乃是本書的一大特色，使得本書對禪宗史的追溯和詮釋，迥異於以往的禪史成說。

簡明佛學概論

于凌波／著

本書概述佛教之史傳、佛學之理論，及佛法之修持三大單元。在史傳篇中，簡介釋迦牟尼的生平傳略，及印、中的佛教發展。在理論篇中，以緣起論、五蘊百法、十二緣生觀、三法印、四聖諦、空性哲學六章，概述大小乘、空有二系之基本哲理。在修持篇中，由對佛教之認識、五乘佛法之組織、修持，以及修密念佛四章，概述大乘小乘修持之方法與步驟。

佛教思想發展史論

楊惠南／著

佛教，從印度到中國，不管在教團、戒律、教義等各方面，都有不同的內容發展。作者以佛教概論和佛教史的雙重角度，分析、考查中、印佛教在思想上的發展。概論式的面向，著重在佛教哲學問題的橫面意義，討論了佛教哲學中的各種重大問題。本書即是以這雙重面向，討論了中、印佛教各宗各派的哲學內涵，因此它既是佛學概論，也是佛教史。

龍樹與中觀哲學

楊惠南／著

龍樹一生著作甚多，其中以《中論》及《大智度論》最為著稱。本書作者楊惠南教授，潛心鑽研印度佛學，專心研究龍樹的著作，並透過論文釐清龍樹哲學中一些重要概念的問題。例如：「空」的真義是什麼？龍樹的方法論是黑格爾(Hegel)式的辯證法(dialectic)嗎？集結多年心血為一書，是研究龍樹與中觀哲學不容錯過的重要著作。

臺灣佛教一百年

闞正宗／著

本書旨在介紹近百年來在臺灣具有重大影響力的佛教宗派，在本書都有適當的說明。臺灣佛教的宗派主要傳承自福建鼓山湧泉寺，以臨濟宗為最多，在日據時代初期才有傳承曹洞宗派的覺力法師由閩來臺，其亦出身於鼓山湧泉寺，是臺灣佛教四大法派的開創者，光復後的臺灣佛教以大陸來臺僧侶為主導力量，至今仍是臺灣佛教的主流力量。

三民網路書店

百萬種中文書、原文書、簡體書
任您悠游書海

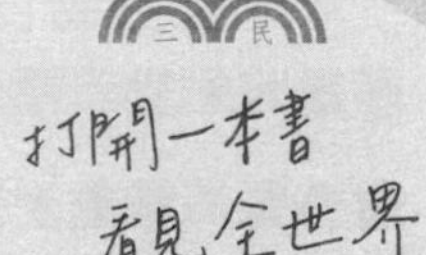

sanmin.com.tw

國家圖書館出版品預行編目資料

道教與佛教／蕭登福著.－－三版一刷.－－臺北市：東大，2023
面；　公分.－－（現代佛學叢書）

ISBN 978-957-19-3345-0（平裝）
1. 佛教 2. 道教

218.2　　111021011

現代佛學叢書

道教與佛教

作　　者｜蕭登福
發 行 人｜劉仲傑
出 版 者｜東大圖書股份有限公司
地　　址｜臺北市復興北路 386 號 (復北門市)
　　　　　臺北市重慶南路一段 61 號 (重南門市)
電　　話｜(02)25006600
網　　址｜三民網路書店 https://www.sanmin.com.tw

出版日期｜初版一刷 1995 年 10 月
　　　　　增訂二版二刷 2013 年 2 月
　　　　　三版一刷 2023 年 2 月
書籍編號｜E220400
I S B N｜978-957-19-3345-0

著作權所有，侵害必究
※ 本書如有缺頁、破損或裝訂錯誤，請寄回敝局更換。

東大圖書公司